EXCLUSO

Maurício Abud

EXCLUSO

ILUMINURAS

Copyright © 2007
Maurício Abud
e-mail: mauabud@yahoo.com.br

Copyright © 2007 desta edição
Editora Iluminuras Ltda.

Capa
Carlos Clémen
sobre foto de Tom Ribeiro

Revisão
Ariadne Escobar Branco

DADOS INTERNACIONAIS DE CATALOGAÇÃO NA PUBLICAÇÃO (CIP)
(Câmara Brasileira do Livro, SP, Brasil)

Abud, Maurício
   Excluso / Maurício Abud. — São Paulo : Iluminuras, 2006.

   ISBN 978-85-7321-259-4

   1. Ficção brasileira I. Título

07-2387   CDD-869.93

Índices para catálogo sistemático

1. Ficção : Literatura brasileira   869.93

2007
EDITORA ILUMINURAS LTDA.
Rua Inácio Pereira da Rocha, 389 - 05432-011 - São Paulo - SP - Brasil
Tel: (11)3031-6161 / Fax: (11)3031-4989
iluminur@iluminuras.com.br
www.iluminuras.com.br

Este é um manuscrito de miséria
Construído sob a mais turva dor
Ainda assim achei manifesto aqui o melhor de mim

"O mistério da vida me causa a mais forte emoção.
O sentimento é que suscita a beleza e a verdade, cria a arte e a ciência.
Se alguém não conhece esta sensação, é um morto vivo, pois seus olhos se cegaram."

Albert Einstein

Desterritorializado ao extremo, não pude deixar de considerar filosofias que calam na alma:
O território pode ser construído no movimento (...)
Não há território sem vetor de saída (...)
O território é um processo.

Gilles Deleuze

PREFÁCIO

O Excluso *é mais que um diário de bordo entre grades em pátios belgas, é mais que um desabafo do convívio com a miséria humana, seus matizes e sua (ainda que pareça contraditório) riqueza. Esse livro é um testemunho de quem foi ao inferno e voltou. Sabemos notícias de gente que partiu para incursões na mais profunda lama e poucos sobrevivem para contar e menos gente ainda tem verbo, repertório, olhos e arte possíveis e capazes de traduzir a viagem para os outros. Mas esse autor pode, porque junto com ele também foram abatidos um poeta, um diretor de teatro, um diretor de cinema, um amante e um revolucionário. Munido desses seus dons este autor nos trás em seu livro de estréia um tratado resumido das mil páginas que escreveu como prisioneiro. Fiquei em estado de choque quando recebi estes manuscritos, ainda no seu estado mais bruto, onde ele para manter-se livre e para compreender essa parte do seu destino, refaz sua trágica saga. Ele escreveu este livro para não morrer. Escreveu-o munido da mais profunda coragem num lugar onde o medo é o Deus.* Excluso *é um livro com muitos personagens e em muitos deles nos reconhecemos. É uma obra com cheiro, tato, cor, forma, rito, arte e cidadania. São notícias do inferno daqui e por suas mãos percorremos com ele o calendário dessa dor e sob essas mãos, voltamos sãos e salvos da viagem.*

Elisa Lucinda

Bruxelas, fevereiro 23, 1996, Prisão de Saint Gilles

ALLAH HO AKBAR!!!

Algumas vezes por dia um árabe canta no outro pavilhão. Olho a luz que invade a cela pela janela suja em seus pequenos 10 cm de passagem de ar, desse ar gélido europeu. Me ergo. Debruçado, vejo lá fora duas velhas torres medievais, o bando de corvos que grunhem e os malditos e queridos pombos de sempre que se aproximam para comer os destroços jogados pelos presos. O canto do árabe me aproxima mais e mais da janela, e sei que esta é seguramente a viagem mais longa e a mais difícil; sei também que assim estou me aproximando de mim.

O canto islâmico faz ressuscitar em Deus, em humanidades. Eu choro um choro despejado que fere e atravessa o ar frio. Começo então pelos *quantus*, nomenclatura masculina prum sítio tão feminino — a prisão. Sessenta presos saem para o pátio e caminham em círculos. Há apenas um belga, todos são estrangeiros, e eu fui *adotado* por um também estrangeiro, o português chamado Toni Escada. Ele já cumpriu seis anos na Espanha, agora está no quarto ano na Bélgica, onde deverá ficar onze anos. Depois voltará a Portugal, para cumprir mais dez anos. Não consigo imaginar o significado de tanto tempo para um homem de espírito alegre e bem-humorado como ele. Quarenta e três anos, fala pelos cotovelos, é feio, mas de olhos muito inteligentes e vivos. Ironicamente ele divide a cela com seu irmão, o que deve ter provocado a ira dos juízes: uma associação de criminosos numa mesma família, embora a pena de seu irmão — um lindo jovem português — seja uma pena menor. Ele sairá em poucos meses, e já prometeu ao irmão colaborar com sua fuga. Escada tem muitas histórias. Foi pego traficando num barco nada menos que 19 kg de heroína, o que deve dar uma soma astronômica em dinheiro. Fico feliz de tê-lo por padrinho, mesmo porque sou um pato que acaba de cair neste imundo lago negro e dourado. Ele me orienta em como lidar com os chefes, conseguir trabalho, não misturar as águas — a de cozinhar e a de lavar — como conseguir sair da cela de vez em quando e, importantíssimo: como usar esta infame caixa de plástico, que serve como privada, e não me infectar, no mais sórdido dos cerimoniais, pois tenho um furúnculo na bunda esquerda. Ele é maluco, e eu de certa forma tive que romper minha afiliação com ele, porque ele quer que eu passe aos olhos de todos como alguém que não fala o francês. "Diz prá eles que eu sou o teu *intérprete*" — e ele diz exatamente assim com o acento no pré, intérprete. Me emprestou luvas, por se compadecer em me ver batendo os dentes, tiritando de frio; e para a minha boa chance, o sol bem-aventurado hoje visita, ainda que timidamente, esta desconhecida terra de Jacques Brel.

No pátio, domingo à tarde, havia um angolano protestante, preso por tráfico de mulheres. Acreditava num acordo assinado pela justiça belga, e reiterado pela ONU que propunha um fraterno e democrático relacionamento de homens brancos e pretos. Naquela Bruxelas, capital do Parlamento Europeu, ele falava com uma tal esperança no olhar que eu não pude deixar de me lembrar de outros tantos utopistas; a sua esperança alegre me marejou os olhos, os quais enxuguei rapidamente. Ah! Os homens de bom coração, que acreditam ainda num acordo feito com o homem branco. Desejo estar curado deste desprezo atávico ao homem branco, tão inerente aos revolucionismos. Afinal, preciso confiar! Apenas.

Tento escrever, mas a folha permanece indelével, intocada, branca e fria a minha frente, os meninos árabes gritam, xingam e brincam pelas janelas de um pavilhão a outro, apenas pra não ficarem malucos, discutem, sarreiam, e ainda, apesar de tudo, se alegram. As notícias que chegam do Brasil, e a entrevista com o secretário do embaixador me fazem ter uma catarse necessária... No vôo eu decidira não voltar mais pro Brasil, e sem dormir a viagem inteira desci do avião com duas borras vermelhas de sangue, a tristeza e o medo de quem se auto-exila, para não ter que se esfolar, por se estar pedinte sem ter pão que nos acuda, na mesma pátria mãe, hoje amuada e pedinte como eu, madrasta de tantos.

"Do pé rapado ao ministro. Do arquiteto ao camelô.
O brasileiro é um humorista nato.
E eu diria mesmo, que o povo brasileiro só não se enforca no próprio cinto, porque o humor o salva e o desagrava.
Todos os dias devemos dar graças a Deus, por essa predisposição dionisíaca"
Nelson Rodrigues

TEATRO I

Tento comer alhos e cebolas que me deram os outros presos, e assim tento não sentir tanta falta dos vegetais. Como artista precisa-se, além do saber fazer arte, aprender o quanto custa, como pagar, cumprir promessas, acordar cedo, responder com a fala clara do mundo dos homens, mesmo que às vezes não se concorde com a realidade, isto aprendido sob muita chibatada do mundo da profissão. A quem quer que se queira honradamente amador, logo perceberá que o artista comum é pessoa não grata pra contracenar com os outros "artistas", e que, nessa minha profissão, há uma grande maioria em busca de ascensão meteórica (proposta televisiva), sem dimensão de valia, de profundidade ou mesmo tempo de trabalho, esforço, de feitos, e de casa. Para a maioria desses artistas, falta biografia, farão o que for necessário para "bem-suceder-se": para isto, acreditam, precisam do ativo, do pai e da sua virilidade, que confundem com violência, secura, maus-tratos e as tantas crueldades do mundo dos fracos. Assim os medíocres e os atores comuns, querem a mesmíssima coisa: ser muito bem oprimidos sim senhor! Imploram, e se isto não acontece, dois pontos: definitivamente não há transferência. Aqui se apresenta a idéia da necessidade patriarcal, do masculino de cada um em sua força de construção que produz o sujeito competente. Dizem que é uma questão de técnica, e o que poderá ser a técnica prum artista-ator que não a capacidade de se autogerir, em gesto, grito, e decupagem interior? Acredito que a arte, a criação, passa pelo compreendimento das energias. E em muitos sentidos esta é a primeira coisa a aprender, depois aprendemos a isolá-las, aliviá-las ou condensá-las. Não estará tudo na vida e na obra num pendular entre **feminino neutro e masculino** questão nietzscheana tao zen budista artaudiana da física quântica yogue jesuscrística ou apenas de vida vivida ou o que quiserem. Mas a que espécie de ser ou artista isto interessa? Então tentarei ser simples com o que não é simples nem complexo apenas é.

O masculino está tão cultuado, tão em excesso na vida das pessoas, e por isso mesmo numa enorme ausência... Os artistas, como todo mundo, querem papai, pois que papai neles está murcho e, fatalidade: justamente porque papai neles está em excesso. E aqui pra nós, pobres daqueles pobres que ainda nos dias de hoje querem precisam de papai!

Me vieram buscar pra fazer um scanner num hospital fora da prisão, afinal saí do Brasil depois de uma crise com uma paralisia facial — suspeita clara de toxoplasmose cerebral. São eles dois policiais grandes e louros, cada qual nos seus vinte e poucos anos. Sair da prisão... é como ser convidado a passear num parque ensolarado.

PREÂMBULO

Marc é meu amigo, meu irmão, alguém de quem sinto a proteção, talvez, a princípio, quisesse que ele fosse meu amante, mas não, Marc é apenas um anjo, e sei que irei perdê-lo mais cedo ou mais tarde. Marc, como todos no Brasil, quer me persuadir, diz que terei, gratuitamente, o tratamento mais moderno do mundo, os melhores medicamentos. Sei que ele quer que eu me sinta feliz, ou ao menos reconfortado, está seguro de que só vou sair daqui no mínimo em um ano. Se isto acontecer estarei definitivamente deliqüenciado. Nãoooo! Acreditando nas forças da Ordem Natural que regem o movimento das coisas, na metafísica e na ausência de descasualidades, para concretamente não pirar de ansiedade ou enfartar por esta sensação claustrofóbica de estar aqui, e a necessidade definitiva de pôr um fim ao pensamento obsessivo de julgar a mim mesmo: besta, fera, amoral, selvagem, e criminoso. Desde menino aprendi a ser severo comigo mesmo, e a acreditar, e a duvidar, e quando duvidar, fugir. Eu já era triste e fugitivo, talvez minha tristeza fosse porque já compreendesse que o mundo era mundo e de que matéria era feito. Eu talvez tenha sido precoce, e quando alguém descobre o mundo muito cedo, entristece, pode se alegrar depois, mas de cara, entristece.

Hoje é domingo, e o servente marroquino que tem me tratado mal, e de quem eu tenho medo, vem entregar uma pequena garrafa de refrigerante. Hoje é domingo, e é o primeiro dia que não saio da cama, estou descalço e de cuecas. A caneta falha, tenho receio de ficar sem ela, comprei papel e caneta, mas devolveram-me a lista por falta de pagamento. É incrível como a vida da gente está absolutamente aprisionada às ínfimas coisas que, com sua ausência, ficamos desestabilizados: caneta, pão, água, frutas quaisquer crus, organismos crus que não passaram pelo fogo. Crus que entorpecem os sentidos, crus que saudificam santo o organismo. Estou há quatro dias sem crus, mentira, ontem eu ganhei da bicha gorda e vivaz como a raposa, um kiwi e uma pêra, que ela a bicha ladina tirou generosa dos bolsos cheios. Como devagar, saboreio, degusto. Penso que pra ser feliz é preciso sentir, e pra sentir é preciso da multiplicidade, pessoas, amores, sexos, odores, cores, texturas, águas e suas temperaturas e verdes verduras, mas agora vejo que mesmo na multiplicidade é preciso pouco, e para contentar-se com pouco é preciso ser simples. Felizmente eu aprendo, e espero não esquecer, na prática de todo dia ser simples. Desejar menos, muito pouco.

> *"Fundamentos gerais de todo estilo: dizer o que se sente exatamente, como se sente, claramente, se é claro; obscuramente, se é obscuro; confusamente, se é confuso; compreender que a gramática é um instrumento e não uma lei."*

A DROGA DA DROGA

Entorpecimentos e alegrias transitórias embora quentes, a droga da droga, e a necessidade sempre de algo mais, nada além da afirmação concreta de que a vida sem Deus é michuruca. E pensar na força da droga e nas histórias que ela pode contar, o dinheiro que ela poderia comprar — **narcodólar** — o bolso cheio pro artista inconstante em economia doméstica, a bolsa cheia para o teto quente e a geladeira, e, sobretudo, pro espetáculo não parar. Narcodólar, um qualquer levante de uma economia ainda que desrespeitosa, sul-americana, cultura nascente e em plena ruína. Narcodólar, último sustentáculo de um capitalismo degenerescido que ruiu. Solidão, poderio, cobrança, matança, crianças de olhos vidrados, cafungadas em Copacabana, lugar em que o Deus das castas pobres não quis fazer as suas leis. E dali parti eu, caminhante, como se artista fosse.

Caminhantes alguns guardam sementes; eu conheci um velho e bom homem que guardava pão nos bolsos. A minha velha e boa avó guardava frutas no guarda-roupas, seus casacos tinham sempre um cheiro fresco do porvir, frutas que madurnam protegidas e resguardadas de ares quaisquer. Na caminhada cavalgadura da vida, do que de fato poderá um homem se orgulhar? Pouco além da infância profunda, da lembrança do gosto de um devir laranja, um devir ameixas, um devir fruta-do-conde; guardar-se criança ante os obstáculos pelos anos a fio, com o cheiro da proteção das sementes nos bolsos, das frutas no armário, de alguma proteção de uma avó...

Na janela um sol nascente recortado por tiras das barras de ferro, nestas paragens de paredes que exalam outras tantas dores recortadas, fragmentos de rostos, mãos que suplicam, imploram outros arredores. Fora, fora, fora, preciosa via de acesso. Dentro, claustro, quarto, parto, e agora a opção derrisória do nascer em mim.

E você precisa saber que aqui não é lugar de nascença, é planície sem terra com porta de ferro do século dezessete.

E pensar que no final do século num dos países mais ricos da Europa um detento defeca numa caixa de plástico, dessas que se leva para acampamentos. Dentro de cada cela a caixa de merda. Hoje é sexta-feira, o dia da limpeza, os pavilhões se inundam de um cheiro mais forte que a morte, compreendo que o odor é o que nos nivela a todos, e revela: somos todos iguais, somos todos feitos de nada, todos putrefamos no dentro em nós, e nos expomos, e no lugar do vazio no dentro carregamos bolo fecal, quente e úmido e...

Aqui o que também nos iguala é o fato de não se ter direitos, mas sim obrigações, deveres e penalidades. Aqui, no umbigo do sistema da sociedade civilizada, como lá fora, não há nem haverá jamais, lugar para todo mundo. Infelizmente cada um, uma vez na vida, deveria expiar suas culpas, mas já que detido é pra ser o homem que erra, eis-me aqui, detido e penitenciado. Então aqui, como no Brasil, detidos serão os mais pobres, Marrocos, Argélia, Polônia, Iugoslávia, Bulgária, adjacências de uma suburbanidade oprimida e penitenciada. Ainda bem mora aqui viva a África e "neguinho", aqui como em qualquer lugar, é feliz. O mundo à margem daqui são eles. Preto, então, é feliz e doloroso. Gritam e falam alto, e se divertem como nossos negros.

Ouço barulho na porta, um homem muito branco, de uniforme azul, carrega uma televisão, percebo se tratar de um inquilino não escolhido, muito menos convidado.
— O diretor me prometeu o direito à solidão, digo eu ao carcereiro que o acompanha. Pô!, já tá tão difícil conviver comigo mesmo nos cerimoniais de detento... Porra, como é que eu vou dividir o meu barraco com este polaco babaca e empolado? Que como eu fala mal o francês, embora viva já há cinco anos em Bruxelas. Sem nenhuma escolha aceito-o e pouco a pouco descubro em suas atitudes que ele é um homem rico, um empresário de CD-ROM, preso há três meses, com um pedido de extradição pela Inglaterra, fora acusado por uma companhia de seguros de colocar fogo na própria empresa, naturalmente um trâmite de milhões de dólares (três) em contrato. Em pouca conversa — os prisioneiros sempre falam tudo rapidamente, contam suas histórias, e em poucos minutos revelam-se. Ele tem uma crise de asma e desembesta:
— Você fumaaaaaaaa??? (começa a tossir) sou alérgico socooorro!!!...
Eu ia dizer que quase não fumo, mas estão conosco o carcereiro e o médico de plantão, não, agora não, nada de compaixão, não posso mais uma vez tolerar, agora eu devo pensar em me cuidar, talvez para isso é que esteja nesta situação limite.
— Eu fumo, eu fumo sim, eu fumo muito! E não quero dividir minha casa, minha cela. Meu cafofo pela primeira vez se apresenta bonito, reluzente, iluminado por um sol que, mesmo que perpendicular e fraco, enche este céu desacostumado a tanta luz. Então não, merda! Depois, caí em mim e, finalmente, aceito o homem que será o meu companheiro de cela até resolver-se qualquer coisa, e, nessa mesma primeira manhã de meu compadecer, arrependi-me com repulsa visceral ao homem e, sobremaneira, a minha atitude. O *businessman* há três anos perdeu a mulher de trinta e seis anos que lhe deixou dois filhos: um de sete anos e uma pequerrucha

linda de três anos que eu conheci por fotografia. Ele se ocupou deles até três meses atrás, quando estava pondo as crianças pra dormir, e chegaram os *home* com o mandado de prisão. Conseguiu, a muito custo, ligar pra um amigo; queriam levá-lo e deixar as crianças adormecidas sozinhas. Desde que está na prisão, nenhuma visita. As crianças estão com a avó no interior da Inglaterra, seus conhecidos de trabalho esqueceram-se dele, o banco que financiou sua nova empresa tomou tudo de volta vendendo sua casa a preço de bananas. Naturalmente, ele desenvolveu crises cardíacas, falta de ar, emagreceu vinte quilos. Impressionante os detalhes dos requintados negócios ilícitos do sistema da pressuposta "legalidade". A embaixada da Inglaterra se recusa a qualquer pronunciamento; os ingleses têm nome à zelar, diz o assessor do cônsul. Imagine uma cultura que não conta com erros, que simplesmente rechaça, nega. Ele está só.

Penso nos porquês dos acontecimentos, na razão do destino, nas casualidades, nas coincidências que não devem existir, e, sobretudo, nas desproteções, essas sim que às vezes arrastam a nossa vida prum num sei onde... Não quero viver reclamando do mundo, querendo que ele não fosse. Quero sim que ele seja, quero tudo o que ele é, e quero ver se deste inverno preparo a primavera em mim. Assim *desumanizo-me*.

ILUMINAÇÃO

E eu que acreditava que a arte estava acima de tudo.

Hoje, como prisioneiro amador leigo, tento tecer em mim e ver em tudo uma retomada de certa decência, de um censo de equanimidade com todos, de minha parte, assumo a árvore genealógica a qual pertenço. Apreendi com mestres e artistas *desimportar do si mesmo*, e andando em contrafluxo lembro de que me apoiava em minha pátria mãe, que mesmo que lá atrás, tinha seu quanto de dignidade na vera, da dignidade da desimportância dos si mesmos. Lembro e isto quase vai bastando, grito, urro os acontecimentos, choro a *mater* dolorosa que esta pátria mãe de brasileiros lega, choro às pitangas a impressionante inviabilidade dos sistemas dos homens. Creio que existe uma dor anciã fundada na hipocrisia humana. As traições nos fazem sentir como vermes, desumanizados. Então, será uma questão de traição de humanidades? Assim construí um pensamento de mágoa e me debati, cansei. E nessa luta tive que me desdobrar em muitos, ser mais do que eu, mais do que artista. Poeticamente é maravilhoso ser-se muitos, creio que é um ideal de todo artista, mas agora que vos falo, não quero nem mais me contentar em ser o artista, excluído, de vanguarda, que levava com orgulho a pecha de "maldito". Agora compreendi que ser apenas artista engajado ou não, não basta, que há uma vida simplesmente para ser vivida. E eu acreditava que estava a arte acima de tudo, dos homens, seus sonhos e desejos, seus ideais e suas mundanices, querelas... Agora e hoje, finalmente, me percebo além do artista outros eus em mim, outros seres nobres que não são artistas, e são sim o demasiadamente humano. E assim acho que me acho, e a vida não vai menos dolorida, e se no final computo mais dores que alegrias é que talvez saiba que a vida às vezes pode ser de fato assim.

TEMPO DO APURO

O sol entra pela janela e ele é de verdade quadrado. Só agora entendo o provérbio, ver o sol nascer quadrado. Os carcereiros não me deixaram em paz nas últimas quarenta e oito horas, e cada vez que olho pela fresta da porta o corredor das galerias me irrito, pois vejo a chegada de frutas e iogurtes aos outros presos e o meu pedido vai ficar para a semana que vem, e merda, passar a seco neste labirinto de desumanidades com seus pávidos cerimoniais. Batatas e hambúrgueres, bifes, arck! e batatas!

Chove muito. Troco as meias úmidas, mais porque tenho medo da merda da merda dos pombos e o pátio está pleno da merda de pombos. Tento ter cuidado, atento, como dizia Genet: *de dia ser uma dona de casa atenta para que uma migalha de pão, um grão de cinza, não caia sobre o chão, e a noite,* a noite continuo eu, a noite o que me visita não é com certeza meu pau duro sob as cobertas numa natural alusão onanista a qualquer solidão em curso. Não! me vem uma saudade de algo que não sei se existe exatamente, de um mundo que eu nem sei se a alguém pertence. Penso no amor pelos meus, essa espécie de amor rocha, pois que se conserva sólido e inquebrantável...

E eu portador de certa radicalidade, por isso mesmo desreconhecido e paradoxalmente prestigiado, vivendo da escassez que tantas vezes representa miserabilidade, e depois de comprovada força de trabalho criativo e duro, e maaais, portador de um vírus na célula, e agora na cela em São Gilles. Não se sabe exatamente se o vírus já se desencadeou, e também quanto tempo levará embora pareça certo que isso acontecerá. Nem importa! Mesmo porque vivemos com uma certa *urgência metafísica*, que a tudo horroriza e bendiz tal como uma boa aventurança que depura e lapida. *Tempo do Apuro,* diz o Santo Daime.

Respiro e aprendo que existir é apenas estar em si, caber, apenas isso. Respirar nesta prisão do santo Gilles, nesta porra desta cela, defecar numa caixa imunda de plástico contaminado, e ter na bunda, ó calamidade! Um furúnculo e o medo do alto dos rins, o medo de o contaminar e algo começar a me comer por dentro. Caminho todo dia neste abundante terreiro de lixos, pior que qualquer favela da pior, das piores periferias do mundo, assim é o pátio em que caminho faça chuva ou faça sol durante duas horas todos os dias. Caminho e só assim parece que vivo, lado a lado com os presos escuto as histórias dos pobres diabos, dos poderes degenerescidos de rebeldes decaídos, anjos, marginais, prisioneiros. Na maioria marroquinos, alguns anjos de austera beleza, viris, mas no geral a maioria na prisão, é feia, desprovida de graça. Mas há o cigano... zingaría em minhas noites solitárias e manhãs vazias de sentido. Com Gianni, o cigano, falo o italiano, e recordo canções que eu aprendera em romanesco, a língua cigana, que escuto desde minha infância e foi a primeira língua (sinônimo de pátria) que aprendi depois da minha — algo estranho à medida que os ciganos sejam apátridas, embora que em matéria de língua a pátria deles é imensurável. Ele é belo, forte, usa suíças, veste as calças de detento com justeza, carrega muito ouro nos punhos, no peito e nos dedos como cabe a qualquer cigano que se preze, tem cabelos negros e os olhos aveludados, nariz de grego, cochas que nas calças justas se apresentam maiores, mais grossas.

Tem as mãos grandes e sempre carrega nelas gestos rápidos e como que encantatórios, suas mãos grandes são coroadas estranhamente por uma unha comprida em cada dedo mindinho como usariam os canalhas. Como ele mesmo diz: Roubar, este é meu *mistieri*. E eis de fato o seu metiêr, seu trabalho, seu mistério que não vamos entender nunca. Ele, como todo bom cigano, vive com a família respeitosa, tem tudo do melhor e o que possa vir a querer, mas tem uma envergadura nata, uma tendência quase espiritual para roubar, e então muito comumente é convidado por ladrões organizados, que sempre lhe propõem as mais desafiantes e estrambólicas tarefas-crimes. Ele é iugoslavo, odeia a pátria, fala seis línguas, vive em Amsterdã, e mais que um freqüentador é um cliente do sistema penitenciário, conhece seus regulamentos e históricos, compara prisões alucinantes da Holanda — ideal de qualquer detento, sobremaneira dos narcotraficantes — fazendo críticas sempre pertinentes com um sentido raro de sociabilidade. Como já disse, ele pouco entende de leis, mas intrigantemente sabe histórias fascinantes de juízes italianos, bávaros, tchecoslovacos, húngaros. Penso no grau de atraência dos húngaros e no que comporta de atrativos a figura de um juiz.[1] Não sei se como uma premonição, nem nada além, além de, de...

No pátio esta manhã faz muito frio, quero caminhar sozinho, estou de alma sisuda, de bico, de mau humor me afasto dos presos mas me vem o irresistível semblante que nunca pede licença de Djiane — será pronunciado e escrito assim este nome, e assim o santifico, sacralizando como palavra dita que mesmo escrita santifica a língua em que foi proferida, e da língua à pátria, nunca houve distância, então trataremos aqui de santidades de homens e de nações — mesmo de mau humor sucumbo ao sorriso de gato do zíngaro, e começamos nossa caminhada em ovo sim, pois o pátio não é pequeno e é retangular e não redondo, fazemos nossa caminhada em ovo e a poucos passos dali surge a bicha velha, baixa, gorda, feia, mas absurdamente atraente quando ri, pois parece um menino com sua boca de lábios grandes e dentes pequenos e brancos, pintosa, e quando não sorri é séria, e por ser velha lhe é conferido um ar de respeito entre os homens, e seu poder econômico e criminal lhe referenda, mesmo entre os olhares indagadores ou perplexos dos marroquinos. Confesso que quando ela veio ao nosso encontro, não pude deixar de sentir uma certa vergonha, que logo foi quebrada pelo cavalheirismo e pela enorme disponibilidade despreconceituosa de Djiane.

Na memória tenho viva a lembrança da extrema segregação a que eram submetidos os ciganos: sua conseqüente e necessária união, e um certo instinto social que só os que são minorias podem ter. Falo de uma certa disponibilidade para o entendimento do que vem de viés; uma predisposição ao encontro, sem medos, com as putas, as bichas, as lésbicas, os ladrões, mendigos, os políticos, os corruptos, as bichas, os policiais, os hereges, gente da direita, da esquerda, da macumba, os protestantes... naquele tempo o bairro nascia, havia nele muitos eucaliptos, barro e vento forte.

CAIO NA REAL

Num telefonema com o Brasil, me pediram pra eu ligar pra minha mãe. Ela não sabe, não é? Não, felizmente ela ainda não sabe que seu primogênito caiu em desgraça e está... disseram: liga pra ela, ela quer te escutar, diz qualquer coisa, que as coisas estão difíceis na Europa, que você vai pra Itália, sei lá, diz qualquer coisa. Penso. Não suportarei ouvir a sua voz, ainda não.

---

[1] Minha juíza, veio a ser a mais bela, interessante, de moral e rigor ideológico, a um só tempo compadecida e austera, deslumbrantemente linda, e totalmente tesuda nos seus mais de cinqüenta anos.

Faz 21 dias e qualquer contato com o Brasil me faz entrar numa espécie de catarse. Já me chegaram mais de quarenta fax, inúmeras caixas contendo livros e presentes, achei que fazia aniversário nos primeiros dias, mas esta semana tudo arrefeceu. De fato apenas hoje começo a sentir o verdadeiro isolamento, nem um sinal do externo e ao mesmo tempo nem um sinal do sistema prisional, que antes não me deixava sossegado pra nada; todos os dias saía da cela por algum motivo. Abandonado, fico quieto, mas maquino possíveis saídas: visitar o centro médico, vivo inventando dores, inclusive porque lá eu posso usar uma privada decente, e o telefone; aqui os telefonemas, devem ser previstos no dia anterior, listado nome e número da pessoa chamada, e claro, o horário pretendido. Fora que às vezes tem fila, e falamos ao telefone com o carcereiro próximo da gente, por, no máximo, cinco minutos. Tento ir à missa, ou ao culto protestante. Caído do céu Marc, o arcanjo, me dá uma trégua nesta minha existência sub. Ele é belo, olhos verdes, cabelos dourados e finos postos de lado, tem braços enormes, músculos no peito, e nas cochas, tem nariz retilíneo, fala mansa, mãos com toques poderosos, é afável, não é gay, embora tenha ficado um tanto deslumbrado com meu estilo brasileiro, arrojado e inocente de traficante amador. Bem, ele me chama ao centro médico para um exame de sangue, acho estranho, chego e ele está fazendo um café, o primeiro, e talvez o único, café bebível nesta pocilga, me entrega um jornal, uma revista, oferece seu maço de cigarros. Há quatro dias só fumo as beatas dos presos. Me oferece a cadeira e diz relaxa, só te mandei chamar pra sair da cela um pouco, e desata a perguntar sobre o Brasil, o Brasil de todos os sonhos de todos os carnavais.

Olho pro teto, aqui se olha muito pro teto. Creio que na vida da gente sem perceber olhamos muitas vezes pro teto, e encontro na textura do cimento sobre a minha cabeça, a estrela de cinco pontas, o mesmo pentagrama de pintas que trago no antebraço direito. São sete horas da manhã de um dia cinza de domingo, e ouvindo uma música triste penso que a dor assim fica maior. Desligo a música, o barulho vindo do pátio, o achincalhe geral dos marroquinos excitados, que, aliás, gritaram a noite toda e continuam sua festa atirando dejetos pelas janelas no piso já imundo pela merda dos pombos. Todos os dias meus sapatos voltam cheios de cacos de vidros e restos de comida e merda.

BASE E FORMAÇÃO DE DELINQÜENTES

Meus olhos luzes do meu mundo me amedrontam, meus olhos que mesmo enuviados causam espécie, peço a Oxalá e a santa Luzia que guardem meus olhos, ou melhor, meu olhar! Sou obrigado a aumentar a música triste a fim de não ouvir a algazarra lá fora, caem as lágrimas, mas eu não tenho medo, difícil não associar esta bela música com esta aventura sem precedentes. Tomo consciência de que aqui, como lá, não temos direitos, quero dizer, apenas alguns poucos têm direitos, que o mundo civilizado, aqui ou acolá, é uma mentira, que a vida tal qual nós a conhecemos é a vingança do homem para com o homem, de que o homem branco europeu, e incluo aqui seus descendentes brasileiros, não prestam, pois que se originaram do que nunca prestou. Povos de desregrados, e seu conceito de civilidade natimorto está degenerescido. Capitalismo, novovelho fruto neoliberal, encurtando caminhos e fingindo adentrar demarcadas fronteiras, numa ilusão maquiavélica do sonho de um mundo que nunca foi concebido, um planeta sem fronteiras. Então eles, com a frieza e o distanciamento das coisas, do mundo, dos seres, não conheceram nunca uma idéia tribal, e copiaram o mundo tecnológico, pois não tinham sementes. O europeu está perdido num universo que ele aprendeu a recriar, mas que de verdade não lhe pertence, não brotou dele e aqui instalou-se sob uma aparente ordenação uma espécie de caos sem retorno. Nós sabemos na velha e boa Europa tudo está falho, este tal mundo civilizado e sua tentativa de olhar e enxergar o homem de frente é uma negação. Ainda não conheci o olhar de seus juízes — o quanto se pode conhecer de um povo quando se olha de frente nos olhos de seus juízes — conhecendo o cotidiano de prisioneiro, seus advogados, promotores, carcereiros, partes de um sistema que vela pela moral humana sob uma falsa não-violência, e que de fato impõem, a todo aquele que passa por "detrás das grades", uma perspectiva de fixação da marginalidade. Existe nesse sistema uma vingança primeira do homem pelo homem, do homem que não aceita o mal em si, que não perdoa nunca e, finalmente, e sem chinesismos, o homem que não se aceita como homem. Então, chamo de trabalho de base de formação de delinqüentes, útero de ladrões, traficantes, pervertidos, pedófilos, assassinos, arrependidos, recorrentes tresculpados, drogados e drogados, homossexualizados, etceteras e tais. A rejeição do mal, e a transformação do mal em desnatural e crônico. Poderia ter sido pior, muito pior, dizem meus amigos. Marc continua; terei o melhor tratamento do mundo.

 O inglês partiu e deixou-me de legado, provavelmente por tê-lo suportado com a sua TV flamenga constantemente ligada, uma cafeteira elétrica, uma garrafa térmica, e cartões de telefone vazios, que darei de presente ao servente que troca as roupas sujas pelas limpas, e assim, agradando-o conseguirei uma blusa de linho limpa, afinal eu já estou com esta há vinte e um dias.

SEJA POETA! SEJA MARGINAL!

E Oiticico sim, só me resta repetir, repetir antes que me matem e eu aceite o morrendo. Pois que aqui mesmo terra de cego é não ter terra e tudo ser de outrem, nesta puta madre terra de ninguém, terra de ninguém é, portanto, chorar pedinte que os dias passem ligeiro pra um futuro qualquer que há de vir... devir? Então, é chorar pedinte que os dias passem ligeiro, é ter que dar um véu, velar a criança, a mulher que chora no Brasil, na Bolívia na África em Marrakesh, devagar passando longe, e agora o arrastão das gentes se arrastando que nem cobra pelo chão, e os negros... Os negros das ruas da terra, cobras criadas, aviso apocalíptico anunciado ao mundo branco masculino, aviso aos cidadãos: somos iguais nesta noite... avisam, além dos pretos, os vermelhos, de que o céu ainda pode cair sobre nossas cabeças! Como se já não estivesse desmoronando! Ai que... que desespero que o céu já esteja no prazo do dia a dia, na rebarba da borda, na soleira da porta na ínfima briga pelo naco do pão, o pão.

Quero tomar em conta apenas o ponto de vista da poesia, em tudo, no todo, pra isso diz a maestria iniciática: parto do nada, dali é que começo. Não ser. Dizemos poesia, e melhor se a vivemos e um anjo passa. Só a poesia pode revelar ao homem, a sua essência a noção de pátria, não em território mas em língua mãe, melhor então falar de mátria, não pátria. Que o poeta entre nós seja elevado às alturas, mesmo que nos nossos dias andem os poetas nas sarjetas sob as ruínas iminentes de nossa mátria e nesse nosso soçobrar nas ruínas dos próprios mins. Eis-me então aqui, e como em ato confessional tento mostrar meu aprendizado com o mim, e espero enfim que eu sirva de algum valor, pois que aqui agora algo em mim se vergasta, e insisto e tento qualquer canto que convenha.

"Os erros são tragédias para quem os comete, e comédia para quem deles ouve falar. Portanto, ride das minhas aflições e aprendei com elas."
Do livro *A Terra dos Papagaios* — 1536

OLHAR VER E REPARAR

A entrega da cantina de frutas, causa de minha felicidade, foi bloqueada. Estou há 5 dias sem frutas ou iogurtes e preocupado de ter de ficar por mais uma semana. O advogado disse que viria hoje, são quase três da tarde, estou com um pouco de falta de ar, não espero muito por ele, espero de verdade o banho fervente causa de minhas caspas enormes, acho que o médico geral gosta de mim, me mandou um anticaspas... São cinco da tarde, já tomei a ducha fervente. *Abud avocat.* Ele veio. É simpático, louro, prestativo, não sei se devo acreditar em advogados, sobretudo, louros, (ridículo!) anoto dezesseis questões seqüencialmente enumeradas uma a uma. Ele vai anotando tudo, discute, pergunta, argumenta, pede para eu repetir, meu francês, afinal, não é mesmo tão bom, tento respirar... "Quando deixei meu país eu tinha qualquer doença"...

A porta fechada é que aflige, hoje é segunda-feira. Olho pela janela, agora não há mais a visão aterradora de torres medievais e de corvos que grunhem empoleirados. A visão hoje é das casas européias encortinadas dos burgueses, tristes, solitárias, pouco movimentadas, silenciosas. As cortinas guardam segredos. Diria Genet: elas têm ouvidos. Mas por aqui nestas paragens elas não se mexem muito. Cortinas foram feitas pra serem corridas. Cortinas lembram teatro, passagem. Abertura e Fechamento. Entradas e Saídas. Saídas, a bem-aventurada saída, que traz no seu próprio bojo entradas. Nouvelles. Movimento. Penso no cotidiano destas casas acortinadas e se gostaria de estar livre dentro delas... é engraçado, quando penso na liberdade, penso nos bem amados. Penso no mar...

O detento que serve a comida já me recusara algumas vezes ovos cozidos, outra vez, café, e ainda outras vezes fechava a porta bruscamente. Na hora da comida são eles que fecham a porta que foi aberta pelos "chefes". Hoje havia ovos, salsichas, e a uma vez boa e dez vezes desgraciosa sopa. Eu recusei a salsicha. Se eu comer toda a carne que o menu daqui propõe, morro com os intestinos eletrocutados, explodindo. Ele recusou com um *ho ho ho ho*. Eu fiquei nervoso, chamei o chefe, de novo pedi os ovos, só aí então o servente replicou: *Este é um regime muçulmano e você, você é cristão.*

Eu disse: eu quero mesmo assim, ele diz: Não! Vem o chefe e confirma: Não. Eu disse: porque você não me disse antes, já que há dias eu lhe pedia os ovos, ele disse ok. ok., e foi fechando a porta. Então vi na cela em frente à minha o belo muçulmano, que, pela primeira vez, me fez ver alguma graça e sensualidade masculina, o que senti no que vi não foi exatamente tesão, se havia algum desejo era de um esteta, de um voyeur. Hoje e nos últimos 2 dias passei a fumar 6 cigarros e tomar 2 calmantes, em vez de 1. Na conversa com o advogado pedi perspectivas de tempo, ele se negou, disse que meu caso era particular e que só poderia dizer depois de conhecer o dossiê. Pedi numa visão pessimista o que poderia acontecer... Ele disse 2 anos, talvez 1. Enquanto ele discorria sobre as leis belgas e os contratos da convenção européia, me via num esforço natural de compreender os termos técnicos e os numerais franceses que sempre me desconcentraram, sempre tive que pedir pra repetir. Os numerais desta língua são medievais — dá para ter uma idéia de uma língua que chama 80 de 4 vezes 20, ou 96 de 4 vezes 20 + 16? É uma loucura, parece brincadeira de código infantil. Acendo o meu cigarro digestivo,[2] ouço o canto sagrado da longínqua voz grave e definida do árabe que canta na janela, reza. Percorro o plano geral das residências belgas ao longe. A caída da tarde é cinza esfumaçada, não há frio. Apenas na minha alma. Mesmo assim eu sorrio, aliás, eu tenho chorado e sorrido muito!

No pátio, pensei em encontrar os brasileiros que teriam sido julgados ontem. Eles não foram, segundo o português que também seria julgado com eles não houve julgamento, adiaram. Encontro a Batata Gorda, minha amiga, assim Feliciano foi batizado pelo cigano Djiani. Gosto de falar com ele, ele é como todo cigano, alegre, provocador, sarrista, tem orgulho das muitas línguas que fala, e faz tudo pra expor seu talento. Quando me percebe acabrunhado, diz logo: Você não escolheu ser esperto, não quis passar no aeroporto com souvenires proibidos, agora agüenta, sofre, mas agüenta. Ele continua: estou aqui há quatro meses. Fui convidado por um amigo dono de um café pra entrar num apartamento onde eu encontraria 10 mil US$, claro que eu fui, só que o esquifozo não me disse que a grana estava em um cofre forte, se eu soubesse teria levado meu material e assim tudo seria rápido e tranqüilo. Mas não, filho da puta, lá estava a caixa forte e eu sem nada de meus instrumentos. Arranjei um martelo na cozinha, bati, bati, forcei, mexia na fechadura quando percebi vozes, passos e as luzes se acendendo no apartamento do vizinho, era meio-dia. Saí pro terraço certo de jogar lá de cima o cofre na calçada. Havia operários na rua trabalhando. Fiquei intimidado, de novo as vozes, compreendi que o vizinho já tinha dedurado meu ato. Desci antes que a polícia chegasse, lá embaixo minha velha BMW vermelha, mas meu amigo, que deveria estar me esperando pronto pra partida, dá no pé saindo correndo. Troquei o casaco vestindo o forro, corri ao longo da calçada, amedrontado com o sonido das sirenes que se aproximavam, o que faria? Corri atrás dele, a viatura já dobrava a esquina, e fugir de carro não daria tempo. Subi calçada acima, ao longo. Polícia posta, revólveres, raio infravermelho mirando na testa, não dava mais tempo; parei, me deixei pegar, negando qualquer pergunta ou acusação: Che niente se me frega. E assim aqui estou eu, e o pior é que o maledeto não me falou do cofre, senão era tudo rápido. Ninguém me viu, e quem poderia ter me visto a 500 ou 600 metros de distância só poderia me acusar pelas

---

[2] *Cigarro digestivo*, escrevia assim porque tinha medo que lessem meus escritos, no tempo em que me acreditava um detento de alta importância já que supunha que o sistema penitenciário fosse se dar ao trabalho de ler escritos. Cigarro digestivo = marijuana holandeza, de primeiríssima qualidade, verde, tenra, cheirosa, daquelas que dois tapas renovam a alegria de viver.

minhas vestes e não pela minha cara. Não se tem então nenhuma prova, nem de quem me viu, nem no apartamento onde tudo está completamente velado no que diz respeito a minhas impressões digitais...

Perguntando se eu estava sozinho na cela, querendo dividi-la comigo. Resmungou sobre a dificuldade de conviver com o iugoslavo com quem dividia sua cela e contou justamente uma briga por causa da TV ligada depois da meia-noite — ele queria ver Mike Tyson e o outro queria o direito de dormir. Parece minha história com o inglês, só que o meu caso tinha o agravante do inglês assistir toda a programação da TV em flamengo. Quero esperar um pouco mais e tentar qualquer mudança com a menor margem de erro possível, como um amaciamento pra uma nova amizade. Sempre decidi tudo de supetão e achava que era melhor acompanhado, precisava estar acompanhado. Hoje não. Respeito a solidão e tento me desencasquetar sozinho. Voltei a ler como na juventude: os Evangelhos, Che Guevara, Genet, João Silvério, Noll, Pessoa, e Saramago — deste último a contemporaneidade me assusta e mobiliza, rumino-lhe os provérbios santos, sobremaneira: *é preciso olhar, ver e reparar.*

Leio e também rumino o Tao Te Ching, tento escrever em francês, sou obrigado, aqui não se pode pedir nada, comunicar nada com ninguém, que não seja por escrito. Quero minha fita cassete que está na minha mala, que é presa, tenho que escrever um *raport* e datar e assinar e especificar qual é o departamento, bureau do trabalho, chefe do quarteirão, Pastor Protestante, pra eu trocar um simples curativo, esperei um dia e uma noite dirigindo-me com um raport ao centro médico. Só agora estou aprendendo algumas coisas, como não querer telefonar ao meio-dia, embora o almoço seja às 11 horas. Eles estão ocupados e o chefe precisa vir na tua cela, te liberar, assinando o papel. Às 8:30 ou 10:30 estão os prisioneiros indo e voltando do pátio, é a hora do movimento que se sai e se retorna à cela por um número, chamado pelo alto-falante. 1ª Sessão 1.046, tempo, 1.044, tempo, 1.042, tempo, pra cada um ser revistado. Na maioria das vezes minhas luvas são retiradas e bem percorridas, de vez em quando um carcereiro é aproveitador e passando a mão nas coxas percorre recantos de minhas pernas. Nessas horas são mais de 10 homens carcereiros que se posicionam com rigor. Eles devem estar atentos ao tráfico de drogas, ou de armas. Diz-se que nos anos 90, antes da grande rebelião que incendiou grande parte da prisão, havia overdoses de heroína a cada semana, hoje ainda rola, é claro, mas sobretudo haxixe. O dinheiro que pode traficar a droga é um cartão de telefone. Esse é o dinheiro do prisioneiro, portanto, perdi o costume de ir ao pátio com os cartões de telefone no bolso. Dizem que a tal rebelião foi desastrosa, era um verão insuportável e eu imagino o que seja um verão em que a ventilação está restrita aos 10 centímetros de abertura da janela de 80 centímetros, a 30 centímetros acima de nossa cabeça; os presos suplicaram para que fosse aberto o pequeno postigo de 10 centímetros da espessa porta de ferro, no qual aparece hoje pra mim à noite e pela manhã duas mãos com um copo plástico contendo os comprimidos, pra minha pseudo ou semi ou quase toxoplasmose. Então eles imploraram que estas pequenas janelas das portas ficassem abertas para ventilar, mas receberam um exato não. Não demorou muito e organizou-se uma rebelião; quebraram todos os vidros, e quando a segurança chegou, queimaram colchões, a mobília de madeira, o pequeno armário, a mesa, a cama, e a cadeira. Parece que antes ainda nos anos 80 o regime era de delírio total. Os presos não podiam ficar deitados. Hoje, acordamos às 6:15, para às 7, vir o pão e a água quente, e na época, os prisioneiros deveriam acordar, fazer a cama e ficar sentados na cadeira o dia inteiro, sujeitos a penalidades se isso não acontecesse. Depois da rebelião houve então a queda do rigor inumano. Hoje pedi trabalho, assim pago meus gastos que deverão ser, comprando coisas boas para comer, em média de US$ 120, 150 por mês. A possibilidade de ir para uma ala melhor, onde tudo é novo, privada, água encanada, janelas de verdade. A minha além dos 10 centímetros está quebrada, faltando um vidro que fora quebrado provavelmente por falta de ar. Lá tem janela, geladeira para alugar, gente diferente, até belgas, mas tem, sobretudo, um pátio limpo, os detentos não jogam detritos, aqui onde caminho de manhã ou de tarde é uma lata de lixo, meus olhos incham, há muita comida, roupas, vidros quebrados, garrafas cheias de mijo, uma água que escorre no chão por causa de um encanamento quebrado, os pombos não saem de lá, o dia inteiro uma revoada, um rufar constante de asas. Bom, para mim e para minha ligeira hipocondria (e eu que imaginava ter contraído esta maldita doença por conviver com os pombos paulistanos; aliás, me convenceram disto) sei que esses ratos do ar são os maiores transmissores de doenças, e de toxoplasmose específicamente.

PRISIONEIRO N# 1234 (E ESTE NÚMERO NÃO É FICÇÃO)

Deus me ajude nesta tentativa, nesta nova empreitada.
Pedi trabalho: jardim, biblioteca, pintura, cozinha. Deus me conceda humildade. E assim desenrolo o papel no palco da vida vivida. Posso dizer que não sou um ator, mas que tenho técnica, e por assim dizer, sucesso. E estou ligado e desligado e nenhuma coisa nem outra. Estou os três. Orgulhosamente tenho uma lata de sardinha, três azeitonas pretas no vidro, uma pequena caixinha de geléia e um montão de uma margarina nojenta que eles servem e que eu até os

últimos dias vinha rejeitando, e agora não há dúvidas, como-a, com o pão integral que dia tem dia não, e consigo passar melhor. Medo. Um dia o inglês que dividia a cela comigo recebera a visita de um pastor, e pelo pouco que eu entendi da conversa inglesa dos dois, eu descrí mais uma vez no discurso dos cristãos, então eu não sabia ou sabia mais ou menos do que eles estavam falando, e não sei porquê, talvez porque o pastor se parecesse com o meu avô, era grande, de olhos azuis, queixo quadrado, mãos enormes, e um elegante jeito de cruzar as pernas alongadas. Sei que eu pedi para ver o pastor protestante. Passaram-se dias, aqui tudo são dias, não se fala nada em agora, hoje. Acabei de receber do meu pedido de trabalho a resposta que devo pedir novamente em 1o de abril. Parece brincadeira, né, 1 o de abril... Graças a Batata Gorda, de vez em quando, ganho uma fruta. Me regozijo, não quero reclamar; precisa-se de pouco. É definitivo para mim este mergulho. Vejo o que já tinha visto, mas não havia enxergado bem. Vejo que há tempos as mesmas menções me causam espécie, que sou de alguma forma eu mesmo, que a minha busca já existia e que continua. Sem esta cela eu não seria salvo de mim mesmo, nunca, nunca mais. E não que eu esteja salvo de mim mesmo agora, acho que nunca estamos totalmente salvos de nós mesmos, mas a promessa que vem no bojo da saia do manto da morte é sem dúvida uma possível salvação de si mesmo.

— *Visita!*

Eu rápido me arrumo, penso que há algo errado, quem poderá ser... Vamos lá. O cerimonial é bestial, descemos as escadas de ferro do 3o andar, até o rés do chão, onde está a central do pavilhão. Me mandam entrar numa cela de espera junto com mais 15 detentos, colocamos uma jaqueta branca sobre o uniforme chumbo, com três letras decalcadas à esquerda "VIS", fecham a porta. Todos falam alto árabe, francês e holandês. Reparo num garoto de uns 18 anos, pouco assunto, está há cinco meses sem julgamento ainda. Fala pouco, responde monossilábico, não quer assunto. Questão droga. Perguntou se eu também e por quanto, eu disse: 400 g. Pergunto quanto? Ele diz: muito, muito... Seus olhos são fugidios e belos, seu ser inteiro é como a maioria da juventude argelina, tunisiana ou marroquina, de uma sensualidade pálida, sem sal, mas com odor. Esperamos nessa gritaria de homens falando alto e na presença de um trator com uma retroescavadeira na janela que com sua imagem imponente e sua rapidez dava a impressão de estar pronto a implodir a ala arremessando-se sobre nós. Saímos finalmente em fila indiana, rumo ao parlatório, passamos pelo círculo central, portas e portas de ferro se abrindo e se fechando atrás de nós, e a repetição dos números 1.040, 1.112, 2.031, 1.234 a cada passagem, revistados minuciosamente. Corredores sinistros. Esta prisão é de ferro e tijolo aparente, parece um hospício.

Seus corredores dão a impressão de que rumamos a uma câmara de gás. Em cada corredor um bloqueio, até que chegamos ao Paluart, um grande salão com mesas e pessoas sentadas. Quando estou chegando vem uma criança correndo em direção ao detento na minha frente, impressionado arrepiei-me, e logo seu riso infantil e alegre por rever o pai me reconfortou. Entro no salão, sou um dos primeiros prisioneiros, pergunto pro chefe quem me espera, ele disse para eu caminhar e ver, eu disse que não conhecia ninguém, ele disse: — ande. Esta sensação quase não posso descrever. Nas mesas, as famílias dos detentos, europeus do leste, húngaros, búlgaros, poloneses, sei lá. Mulheres velhas com dentes de ouro e véus coloridos nas cabeças, mulheres de negro, crianças, muitos marroquinos cheios de ouro, belas crianças de todas as raças, e não sei se já lhes falei o quanto acho a contemporaneidade bela, as crianças de nosso tempo simplesmente deslumbrantes. Passo, olho e procuro. Fiz um dos travellings mais impressionantes de minha vida, não sei de verdade o que havia naqueles olhares que procuravam ávidos os seus bem amados, na tão esperada hora da visita. As pessoas pra virem aqui precisam de uma certidão de antecedentes expedida pela polícia, não podem trazer nada, e devem chegar ao meio dia, esperar 1:30h do lado de fora, passar numa máquina detectora de metais, esperar em uma outra sala mais 1 hora. Há um número certo de possíveis lugares, quem não chega cedo perde o lugar, muitos ficam do lado de fora. Esta minha visita é de alguém que eu não conheço ainda, amigo belga de um amigo suíço que mora no Brasil, Pierre Wanderbeck, um sujeito fabuloso, cristão raro, solidário, pronto a ajudar, esbanjar vida, trocando afeto. Ele já havia me escrito se oferecendo pra o que fosse preciso, eu disse que não sabia se ele poderia me visitar e este homem perdeu uma tarde de trabalho pra vir aqui esperar três horas para estar comigo durante 60 minutos em quais primeiramente não resisto esconder lágrimas de gratidão. Ele me ofereceu dinheiro, possível contato com um amigo de infância que é diretor de uma prisão há 60 km daqui, mas parece que provavelmente eu ficarei aqui, até o julgamento. Assim que sair a condenação talvez eu devesse mudar de prisão. Ele ofereceu-se para especular seu amigo. Falamos de coisas comuns, Rio de Janeiro, Bruxelas, ele trabalha em publicidade, reclama do cansaço esgotante apesar das facilidades do primeiro mundo. Falamos de filhos, de religião, os maravilhosos e hipócritas cristãos. Falamos sobre velhos, da necessidade de se ter crianças e velhos por perto. Falamos obviamente sobre estrangeiros, um assunto constante nessa corroída Europa. Aqui não se pode deixar de falar sobre estrangeiros. Durante os 60 minutos que conversamos consegui esquecer um pouco.

Aquele salão era o grande parlatório, e às vezes por alguns segundos um silêncio dolorido pairava no ar, no ar cheio de descredibilidade e ao mesmo tempo de esperanças humanas. Falamos mais, falamos sem parar, tanto eu quanto ele, incrível como é fácil puxar assunto sobretudo quando temos o tempo contado para isso. Discorríamos sobre as prisões na Turquia, no Marrocos, no Brasil, e que apesar de tudo, na Bélgica pode- se contar com alguns privilégios. Acaba a hora da visita, primeiro para o lado de lá, depois de uns 2 minutos pro lado de cá. Beijamo-nos no rosto como fazem os bons amigos, eu timidamente agradecido. Fui a primeira pessoa-detento a chegar, e por conseguinte, o último, a levantar-se para sair. Assim que passei pelo corredor obscuro, a porta fechou-se atrás de mim, nela havia uma janela de vidro que rapidamente foi cerrada por um pano preto. Estamos uns 20 homens no tal corredor obscuro, no fim da linha uma outra porta de ferro e um velho belga mal encarado, deve ter sido um belo espécime forte viril, ainda expõe seus braços completamente tatuados, nas suas mãos enrola e desenrola o sempre ativo molho de chaves dos carcereiros, perto deles há sempre um tilintar de metais. Seu olhar é persecutório, percorre cada um de nós como se esperando alguma má ação. Esperamos, neste momento ninguém fala. Ladeados uns aos outros, os corpos virados na direção da saída, as cabeças baixas. Cada um curtindo o gosto da afetividade trocada, substituída agora como uma fruta chupada, pré-acabada. No pensamento falo com o carcereiro mal encarado: somos todos estrangeiros meu caro senhor. Eis aqui a terra de ninguém, e falo pelos de dentro e pelos de fora da prisão, eis o fato.

Num dos assuntos que trocamos eu e Pierre, falei sobre acreditar nos homens sagrados, nos profetas, nos santos, nos iniciados, e de minha gratidão, pois se estivesse num lugar como este sem saber meditar ou rezar, estaria perdido. Antes rezava um pouco, mas que agora passei a rezar de verdade, e demorei pra fazer isto, pois que como todo bom cristão sou um hipócrita. Ele contou sobre o filho de três dias que ele perdera e que isto o fez rezar, rever a razão de que a vida não vale nada e ao mesmo tempo o aproximou mais de sua mulher e de seus dois filhos.

Passam dias, me sinto longe, muito longe, e paradoxalmente mais perto dos meus bem amados. Mas antes disto eu estava contando do pastor que eu quis ver, que tinha algo do meu avô, se lembra? Pois estou indo para a ducha e vejo um homem belo, velho, vestido a paisana, acho estranho. Seu olhar cruza com o meu, não paro, não perco tempo, aqui nunca se está mole perdendo tempo, tudo é rápido: os passos, os gestos e até os fatos são contados são a toque de caixa. O assunto de que mais falamos são números, quantidades, os tais quantos, tão venerados pelo mundo viril masculino. Entre os presos é todo dia quanto de drogas, de roubos, quanto de tempo de pena, quanto da estada já cumprida, quanto a cumprir, quanto de lei antes e depois da condenação. Isto fez Genet escrever "*Descobrindo o senso singular de cada coisa, a idéia de numeração me abandonou.*"

(Tilintar de chaves. Interrompo. O carcereiro esfrega o metal sobre o metal na porta)

Amanhã vou ver se numero estas folhas, já que estão desgrudando da brochura e posso perdê-las. Amanhã vou ver se chego a contar pelo menos um conto, um conto macabro que vivi hoje.

AS ALGEMAS

25 dias de prisão. No Palácio da Justiça, passei pelo Juiz de Instrução que passaria o meu dossier do flamengo (curiosamente, tive como tradutora, uma bela, gigante e inteligente holandesa, que fazia traduções de peças do teatro brasileiro). Os presos foram alojados no subterrâneo, onde passei 12 horas numa solitária fria, sem ar, com cheiro de tinta fresca, sentado numa tábua de tinta não seca de um pequeno banco, sem água, sem comer nada das 8 da manhã às 8 da noite. Me debati, falei francês aos berros, cantei samba com eco e afinação, desisti dos meus desejos, voltei ao ataque, ninguém passou nem pra olhar se eu me suicidava, quanto aos berros vinha sempre um *gendarme*, um PM daqui, que era sempre uma mulher. E eu pela terceira vez consecutiva me intimidara com isso, com estas visitas louras tingidas, belas, perfumadas, o perfume e os cabelos pintados eram os únicos indícios femininos nos corpos possantes de gestual e passos viris, roupas e armamentos masculinos. Eram tesudas, me intimidaram e percebendo minha timidez diziam que era assim mesmo, que daqui algumas horas eu seria transferido para Saint Gilles. Nunca imaginei dar valor a minha cela na ala A, a 1.234. E nunca havia constatado quão verdadeiro é o dito de que quem canta, os seus males espanta. A música acalmou meu ódio. Senti um cansaço bom. Deitei sobre a tinta molhada e adormeci.

BENDITA ERA, A MAÇÃ E A BICHA

Como disse a Batata Gorda: *Se usted non para de pensar se pone loco, loco y acabas haciendo algo que jamás pensaste en su vida.* Por isso ela caminha, caminha durante as duas horas no pátio, não pára um segundo, me trouxe uma maçã, bendita a maçã, bendita a fruta, e bendita a bicha.

Sexta feira, a caixa da merda cagada durante uma semana é posta junto com o balde de mijo e o balde de lixo na porta da cela. No olho de acrílico do centro superior da porta de ferro de Napoleão posso ver seis ou oito portas do outro lado do pavilhão. É o primeiro dia que não vou ao pátio, chove lá fora e os rapazes estão mais ágeis, gritam e correm, em seu quase violento futebol marroquino. Vou a janela, grito ao português e à Batata Gorda que caminham, ela olha para cima, e fala com o português: Parece que é conosco! É difícil me verem direito, ponho a cara pra fora da janela que tem o vidro quebrado e ainda assim é difícil, estou no terceiro andar e as barras de ferro me impedem, e eu preciso contar que estive 12 horas preso sem água nem pão, sem nada, numa solitária pelada, ouvindo gritos de machos das celas ao lado que estouravam seus pés na porta pedindo água ou banheiro ou recusando-se a prisão, e o choro lancinante das mulheres jovens, e que quando estava diante do primeiro juiz ouvi estopins na rua lá embaixo e consegui ver de relance a turba de jovens estudantes em piquetes, gritos, correrias, ao som de sirenes. Jamais conseguirei descrever a suntuosidade do Palácio da Justiça belga, é indescritível, nem na sonhadora Itália idólatra de monumentos vi algo parecido, tantas colunas robustas, tetos fora do comum, gigantescas estátuas, brasões, frontões e mais frontões, escadarias e abóbadas. Não tenho cultura plástica ou de arquitetura pra distinguir seu estilo, só consigo perceber que é múltiplo, violentamente ostensivo, o edifício mais obscuro, suntuoso, fascinante e amedrontador que eu conheci. Pois parte de minha vida hoje está dentro dele, cenas nunca imaginadas em viver. A delegacia onde estive na tal solitária é também desconcertante, pois a juventude belga, contando entre homens e mulheres, belos fortes, sorridentes e bem humorados, está toda servindo a polícia; um bando de pós adolescentes se ocupando dos presos nos corredores de inúmeras celas, que eu chamo solitárias, plenos de gente, um entra e sai que eu não acreditaria que pudesse existir. Posso dizer que se todas essas pessoas que eu vi entrarem e saírem dessa delegacia forem presas, não haverá prisões suficientes neste país pequeno. Quando estou raivoso, no meu francês enrolado há palavras que unidas me quisitam um acento, uma silabada e outra consecutiva ligeira que não alcanço. Mesmo assim eu gritei da porta: Ei, alô, há alguém aqui, alguém pode me dizer se existe de verdade uma lei belga, se existem na Bélgica, direitos humanos? Ouvi risos e indagações das mulheres pêemes. Nada, não adiantava me debater, chutei a porta, enrolei meu cachecol simulando um travesseiro e tentei dormir. Pouco depois veio um bandido jovem belga e a ele explicaram que não tinha comboio de transferência para Saint Gilles, só mais tarde. Canso de pensar que estou doente e ter que usar disso. Uma hora eu disse: estou doente, não posso ficar aqui nesse cheiro de tinta, sem água, estou em jejum, tenho fome. O peeme disse: Ah é?

Como você há tantos outros... Desisti, puxei assunto com o belga, bofe forte, musculoso, que me contou que assaltara um banco com mais dois amigos já há três anos. E que foi dedurado. Teve êxito numa empreitada de 3 milhões de francos belgas.

> "Os primeiros oitenta foram anos intrépidos, em que o tempo e nós mesmos dávamos muito de nós, além de sermos mais jovens e mais magros, o desconhecimento fazia com que nos lançássemos em tudo com alegria, não sabíamos o preço das coisas, nem pensávamos no mercado, não tínhamos memória e imitávamos tudo aquilo de que gostávamos, e tínhamos prazer em fazê-lo e quanto mais plagiávamos, mais éramos autênticos. Estávamos cheios de pretensões, mas a falta de perspectiva produzia o efeito contrário. As drogas só mostravam sua parte lúdica e o sexo era algo higiênico, *e não sabíamos que já era contaminável*, não pretendo generalizar, estou falando de mim e de mais umas cem pessoas que eu conhecia, hoje dezenas delas já estão mortas, mas foi para elas e no ambiente delas que nasceu."
> Pedro Almodóvar Prefácio para *Patty Difusa e outros textos*

ARTISTAS PERFUMADOS CONVIDADOS À FESTA

Solidões, desvínculos, cada um na sua, embora todos num desespero total de serem queridos. Na base real e cotidiana das relações existe hoje um grande pega pra capar, cuidado que o trem vem aí, uma correria, uma escolha pela negação imediata.

Aqueles que se alçam, mesmo que seja para um mísero degrau social, mesmo que a um ínfimo status quo se sente diferente e fatalmente aprendeu que esta ascensão é tudo que faltava, como se fosse degrau existencial nobre. Mas se você for ver com raras exceções, há apenas fragilidades e superficialidades de competência e de capacidade na maioria das áreas. Isto é triste! Num tempo assemelhado a democrático, mas sem o ser. Mas o que eu queria dizer é que não há nesses tempos que correm degraus de verdade, e sim algumas hastes forjadas sem sustentação, numa coluna que não sei se rui ou se se fortifica ruína cada vez mais. Eis o fenômeno mundial, a televisão mídia. No mundo inteiro ela alça frágeis poderes, no mundo inteiro ela rouba a cena da vida vivida do cotidiano dos povos, e assim rouba a sua própria cultura, desnudando culturas, deixando pelados pobres e ricos. Desrregionaliza e portanto desuniversaliza, pasteurizando. No mundo inteiro ela movimenta e faz crescer indústrias do consumo. E eu que vim escolher a cidade de São Sebastião do Rio de Janeiro pra viver, pra ter guarida... Não há na TV meios termos, não há na TV dualidade, portanto não há dialética e não há vida que pulse ainda viva e que sobreviva. E então neste pacote, nesta recente e idiota globalização, vai tudo: os jornais, a propaganda, a telenovela, seus autores, dramaturgos e todo o manancial de artistas nacionais envolvidos (quão enorme!), enrodilhados até o pescoço, sobretudo que este pseudo degrau ergue e achincalha sob as nossas cabeças o mais santo dos trabalhadores, na mais possivelmente esotérica das profissões, aquela de onde não se poderia mentir, a profissão orgânica por excelência, melhor, ao ofício onde a arte é feita com os órgãos. A profissão mais humana, o ser inteiro em pensamento voz e movimento: o ator. Hoje alçado não às alturas como parece, mas lançado a um abismo quase derrisório, a um campo onde já não há mais batalhas. Podemos imaginar um comercial, um jornal cotidiano, uma revista, um noticiário, até um documentário desdialético, mas não podemos imaginar arte assim, um teatro, um filme dessa maneira é catastrófico — é o que se vive, se vê, na nova ordem mundial: tantos artistas foram convidados a uma festa e se arrumaram todos, vestiram suas melhores roupas, se perfumaram, prepararam os ânimos, os assuntos. Chegam na festa e não há ninguém, ou por outra há a casa plena, mas a casa grande demais e seus donos resolveram pôr cada convidado numa sala, para preenchê-la. E assim rola uma grande festa num puta cenário, bem regada e farta, mas solitária. Apenas às vezes um ou outro mais sedento sai ao terraço e se comunica com um ou dois outros que estão mais por perto. Mas quem não está no casarão rico e solitário está na rua, dialeticamente no sentido de liberdade e de marginalização; na sarjeta. Ou se está no teatro — e o teatro é a sargeta, pois agora, e isto é tão recente, meu Deus, o teatro está vazio. E saber o que significa a experiência de vida vivida num teatro vazio. O teatro está vazio, e o teatro estando vazio as pessoas que continuam fazendo teatro convidam essas pessoas que estão na festa para se apresentarem nas cenas mais vulgares, mais esdrúxulas. O empoamento gasto para irem e manterem-se na festa desgastou a verdadeira e única máscara-personagem, e os atores primeiro não tem crítica, depois perderam a máscara. Com a máscara desgastada não se tem comparação, não se quer mais. Então essas pessoas que fazem o teatro convidam estes atores desmascarados para irem, a pretexto de personagens ligeiros, e mostraram-se a si mesmos. Como se o grande público pequeno burguês ficasse feliz de ver neste descaramento o verdadeiro reflexo de si mesmos; vêem uma galhofaria, uma palhaçada — aplaudem, pois, a si mesmos.

O MOVIMENTO

Eu talvez lá atrás quisesse falar do pastor protestante a quem eu pedira que viesse me visitar, o tal que tinha um ar de avô, pois veio um outro. Estava indo tomar banho e vi o homem de rosto sincero, um olhar diferente do de um carcereiro, um olhar a paisana. Entrei no banho, ainda não consegui controlar o velocímetro e todos fazem com que tudo seja muito apressado, te apressam, primeiro porque têm muito trabalho, e é exigida muita atenção pro cerimonial de todo dia. Eles têm que estar atentos ao como eles chamam "movimento" — as entradas e saídas deste teatro dramático que é uma prisão — além de, de fato, terem medo do prisioneiro. O prisioneiro é um possível inimigo potêncial. Dentro de cada um de nós pode a qualquer momento vir à forra, desabrochar um assassino. Já temos auréola, nos falta pouco para santidade, e a santidade aqui pode ser derrisória, pode ser criminosa.

Aqui vou eu, tentando mostrar pra você meu aprendizado desta espécie de santidade, partindo de uma iniciação não escolhida na carceragem, num efetivo mergulho em um caminho que através da arte considerava percorrido. Aqui vou eu às vezes bem, muitas vezes mal. Mas não vou sucumbir, pois que acredito não na nova ordem mundial do mundo civilizado, mas mais que nunca na humanidade neguinha terceiro mundista, esta mesma que corre no meu sangue suburbano, na imensa capacidade de olhar em volta, atento. Revejo passos já trilhados, e percebo uma capacidade de empatia e de reconhecimento do lado obscuro dos homens. O absoluto poder de entregar-se aos seres e fatos e sorver neles alguma possibilidade de amar, mesmo se em desagravo. Seria isto uma espécie de santidade?

O SÓ DO MORRO O PÓ

Aqui junta-se o tempo aos pedaços, são tantas as requisições... Muitas vezes erram meu nome, são muitos nomes árabes, ontem mesmo por duas vezes fui ao Centro Médico e não era comigo. Bom, eu me lembro que queria contar que o pastor veio, eu estava na ducha, ele voltou, eu não tinha chegado, ele voltou ainda outra vez, e lá estava eu, num dia dolorido, em que o advogado me fez cair na real e não esperar facilidades. Acabrunhado, pensava nos amores perdidos, no mofar nesta cadeia imunda, o medo de não resistir a possíveis infecções, não resistir ao processo kafkiano que é o sistema viril penitenciário de um mundo de machos. Pensando e doendo com o pior. Daí entra o pastor, que começou a especular de onde eu vinha, se tinha amigos, aqui ou lá, se família, falou um pouco sobre estar estrangeiro no país sem documentos, pensou que este fosse o meu caso. Um dos motivos da prisão estar cheia é a ilegalidade. As leis fronteiriças... como se os homens fossem os donos do mundo. Ele é doce, atencioso, terno, paizão, me deixou pronto para contar minha história, quando eu comecei meio atabalhoadamente, ele me conduziu, dizendo docemente, fique tranqüilo. Em meio a lágrimas, discorri minha versão. Ele me contou vários casos, uns sem pé nem cabeça. Seu jeito de falar o francês é claro, sonoro, calmo, transparente. Conto que quando eu era menino, a família era grande e minha avó tinha uma irmã protestante, que éramos todos católicos desses sem muita prática, de famílias comuns no Brasil, que vão ao kardecismo, à umbanda, à quiromancia, ao que pintar de facção místico-religiosa, mas que quando havia na família um problema mais grave, minha avó se cercava de nós todos e nos levava até a família de sua irmã. As mulheres com seus véus, de joelhos, num manancial de preces e palavras bendizentes, louvores a Deus, a Jesus, glórias e aleluias, com tamanho fervor e entusiasmo... Ali me impregnei das primeiras impressões verdadeiras da religiosidade viva, demonstração real e possível da devoção e mística da fé humana. Era uma visão, uma experiência realmente impressionante. Os protestantes são alegres, entusiastas, elegantes, respeitosos e criativos em meio à orquestra com tantos componentes, nos deslumbrantes coros de vozes, sanfonas, violinos, e os arrepiantes testemunhos dos congregados, as imprecações contra o mal feita pelos pastores. Aqui agora este homem pastor me coloca a mão sobre os ombros e me exorta a ressuscitar, pede a Jesus, ao Pai, ora suplicante pela minha saúde, dizendo coisas lindas em seu amor pleno por mim, em seu amor por um outro, por Deus e mesmo por aquilo que emana dele mesmo. Demorei um tempo para, acompanhando-o ajoelhar-me. Flecti os joelhos tombando meu corpo no rés do chão. Há quanto tempo eu não fazia isso... Algo como o espírito do Deus dele me fez sentir novamente sangue quente em mim, e através de uma torrente de lágrimas eu era de novo menino. Inocente. Penso na protestantização do Brasil (apesar do caráter duvidoso de alguns de seus líderes) ser uma saída inevitável, uma espécie de cura social. Pro povo miserável que hoje se espalha sem controle nessa instável quintamundição brasileira dos últimos anos. Conheço uma dona de casa, empregada de serviços domésticos, que me serviu durante uns 6 anos. Ela é brava, forte, preta, grande, suave, moradora do morro do Borel. Ela e sua família. Todo mundo na luta, todo mundo povo santo e honrado, ela era do samba, da escola, da antiga e hoje tão longínqua vida feliz da favela. Nos finais dos 80 eu a acompanhei (e merda! nunca pude fazer nada!) sua história, sua vida modificada sem direito à escolha, de mudança melecada pela droga, por uma droga não fabricada lá mas transladada por líderes comunitários que em desespero lamentável passam a traficantes, e sem querer caem no horror. O comércio dessa espécie de metal nobre que tem mais valor que ouro. Mãos pretas que se arriscam, apenas pedindo lugar ao sol... sem saber de fato o que é o tal do narcodólar. E se o poder em qualquer uma de suas possibilidades corrói e corrompe os caráteres mais bem nascidos e incontestáveis, porque não transformaria um comum líder comunitário desesperado por proteger os seus? (Os homens pretos no Brasil são entre si, mais do que entes queridos, seus amigos e familiares são muitos, as vezes uma vila inteira.) E para esta proteção pela união, antes bastava ser conhecido. E aqui a relação com outro segmento e o mais pernicioso: a polícia, e a polícia, não são os soldados que estão nas ruas, mas sim os cherifes-mandantes protegidos em seus gabinetes. E daí, entre becos e bocas, as rivalidades, e entre os chefes; a luta pelo monopólio. Brigam Espanha e Holanda pelos direitos do mar. E essa minha senhora preta, minha mãe e minha amiga, passou a viver o inferno nos domínios da selvagem luta pelos poderes e os mandos no morro. E assim a desterritorialização: a verdadeira luta armada sob uma breve guerra num pequeno e desprovido Vietnã. Helicópteros, fuzilaria, ARs-15, armas ultra modernas, tecnologia de primeiro mundo, produto bélico importado e da melhor qualidade americana. Durante muitos anos, vi o desespero em seu semblante desgastado já por tantos carnavais e tantas faxinas na casa dos brancos, tantas desatenções, tantos ônibus guiados por cocheiros. Maria Inês, já cansada de deitar com rapidez a cabeça no chão, e a dos filhos também, no Borel casa de paz e de samba, hoje guerra de tráfico e destruição. Sim, como poderá a polícia admitir com os seus parcos salários, como poderiam eles admitir que no morro existam atravessadores, como existe de alimentos num mercado, ou em outro departamento legal? Estes atravessadores, quer dizer, estas pessoas que não fabricam a droga, mas que mandam buscá-la, manipulação, secagem, empacotamento, translado, sobe morro, desce morro. Mocós. Como poderia a polícia admitir que esse mercado proibido e precioso, possa render tanto mais que seu ínfimo salário. O que se sabe de fato, é que um chefe do tráfico, agente de comunidades não ganha muito, não é o delírio que se imagina do salário de um mafioso de verdade. Este salário de tanto de trabalho e de atenção ao movimento da comunidade, pode ser ilegal, mas é real. E esta atitude tribal está ainda viva no Brasil como um fenômeno a ser estudado e, no mínimo, respeitado.

Pelo amor de Deus. Prendam os brancos, os homens do asfalto que compram as drogas, encham as cadeias deles e tudo vai voltar ao normal.

SOBRE O CONTENTAMENTO

O cigano fica deliciado com as canções que eu ainda sei cantar em romanês. Apresenta-me do pátio outros presos ciganos iugoslavos, lá do alto no terceiro andar da ala B. O Gianni é forte e alegre como a maioria dos ciganos, e ontem ele dizia: quero ir para casa, quero ir embora. E eu imagino a dor do coração oprimido por quatro paredes de um cigano que nasceu livre, que viveu a vida sem casa, como viajante. E eu como ele... Depois do 25o dia tudo começa a ir melhor, como se fosse possível conseguir acostumar-se a tantos códigos, e sobremaneira como um ser humano comum pudesse se acostumar com a reclusão involuntária. Sei que isto fora um dia devaneado por mim. Sei que no fundo esperava, pois sabia os riscos possíveis daquilo que estava fazendo, e. Sabia que na vida vivida da maneira como eu a traçara jamais teria tanto tempo para mim. Tanto dever e agora possibilidade de encontrar comigo mesmo. Falta apenas clareza e capacidade de contar as histórias... quem sabe estou aqui pra aprender.

Tenho ganhado de presente tudo que me falta. Chá de menta, frutas; quanto mais agradeço, parece que esta gratidão abre portas, caminhos; nos primeiros dias foi um sufoco a falta de dinheiro, penso: se um monge estivesse no Tibet, no alto da montanha, a neve lá fora e a dificuldade de encontrar de tudo, naturalmente se criaria por si uma conseqüente supravalorização das coisas. É o que nós brasileiros ainda não aprendemos: valorizar as coisas, não esbanjar, não jogar fora. Talvez tanta fartura e exuberância de tudo, com a facilidade de encontrarmos tantos tipos, cores formas e sabores que nos deliciam e querendo mais, sempre muito mais, nos chafurdamos entojados na nossa própria diversidade. Sempre vi santidade e virtude nisso, e eu tenho a dizer que esta mesma virtude é um vício. Aqui agora também aprendo a contentar-me com só alguma coisa. E estou bem, trabalho como nunca, estudo com um pequeno dicionário, tento afiar ao máximo meu francês para o dia do julgamento. O único problema são os olhos, é que os utilizo demais e, mesmo que eu lave o tempo todo com água boricada, eles estão irritadiços e acordo com eles inchados. Ontem demorei a dormir, mas fiz questão de não utilizar nenhum calmante.

O cigano não saiu ao pátio, mas da janela da cela me conta que telefonou para casa, que estava feliz porque esperava sair não em menos de seis meses, pois lhe disseram que o advogado prevê saída para a semana que vem. Vou sentir a sua falta, mas desejo do fundo que ele tenha logo a liberdade. Quanto a mim, só espero conseguir nesta tentativa de escrita um mínimo de um *"estilo descarnado com os ossos à mostra..."*[3] Hoje é domingo cinza, e prefiro pela primeira vez na vida que faça frio. E espero que no almoço sirvam um frango finalmente. Penso na multiplicidade, no Brasil. Penso elementarmente na culinária, ou na utilização e

---

[3] Citação de Genet: "Quero falar de elementos transpostos de minha vida de condenado, mas temo que eles não digam coisa alguma sobre o tormento, embora eu me esforce por um estilo descarnado com os ossos a mostra. O que pior poderá me acontecer do que já me aconteceu? A moral está presa em mim por um fio tênue e contudo ainda estou com medo."

na transformação que o homem faz da natureza. É assim que me sei esteta, amador e artista: na culinária primeiramente, a arte fundamental da vida. O fim de semana na prisão é mais tranqüilo, não há raports pra escrever. Os chefes estão mais tranqüilos, a comida é melhor, vem algo além de batatas. Hoje veio até cerveja no almoço. Dei-me ao luxo de tirar uma soneca depois do almoço, que foi logo quebrada pelo barulho dos chefes perguntando de porta em porta: Pátio? O detento deve dizer sim ou não. Se quer sair para o pátio ou não. Daí outro chefe passa com um metal batendo em cada porta de ferro: TlimTlimTlim, na ala inteira. As alas retumbam os sons, passos, vozes, batidas dos metais; tudo é de metal, e o som de chaves, de portas, dos carrinhos que portam as bandejas e panelas, dos jarrões do café imundo que jamais tomei, que experimentei e cuspi imediatamente.

OM MANI PADMA HUM

Assassinar. É o que tenho que fazer nestes escritos: cuspir, vomitar, pôr para fora o indigerível mundo do cárcere. Mesmo que provavelmente eu tenha motivos, como a maioria dos santos para estar aqui. Aqui nesta prisão do tempo de Napoleão, em que há mais de 200 anos foi um leprosário e depois um hospital de contaminados da peste bubônica, e depois ainda um hospício. Sente-se do fundo do granito de tijolos duplos um qualquer miasma de condição humana desesperada. Sente-se nas entranhas destes metais gritos parados silenciados no ar. Os corredores das alas exibem uma arquitetura que lembra a nave de uma igreja, plataformas de ferro, escadarias nos dois extremos que sobem e descem para os três andares. O centro é vazado: de um lado o grande portão de ferro maciço e pesado, de onde só se atravessa acionando um botão que liga a central que pode te ver e se você estiver inscrito na lista você passa. Se não, não! No outro lado, os vitrais em três níveis diferentes remontam os vitrais das igrejas. Estou exaurido, este calabouço infernal e o cuidado necessário e difícil com o furúnculo ao lado do cu. Mato mosquitos diariamente. Falo com eles, xingo-os. Passam-se dois ou três dias eles proliferam, e são feios, além de sujos. Eu sou aqui então um assassino de mosquitos. Correm boatos entre os presos de que daqui a uma semana mudaremos de ala para uma nova, que tem toalete, água encanada, geladeira, é tudo limpo, e sobretudo tem janelas que abrem e fecham. Na parede de minha cela quando cheguei haviam fotos de revistas coloridas de mulheres peladas, todas louras, de pernas abertas e desfraldadas, umas enfiavam o dedo; e do outro lado fotos de tubarões, de serpentes marinhas, bichos do fundo do mar, todos monstruosos, horripilantes. Quando não eram feios estavam fazendo algo obsceno; botando ovos ou devorando pequeninos peixes.

O LOURO ANJO CHAMADO MARC

No dia de minha chegada, à noite, fui para uma cela especial. Marc, o enfermeiro de rosto desenhado, rubro de coramentos, caminha sobre suas altas coxas grossas, guiado por uma cabeça altiva de águia com par de olhos azuis e profundos (coisa rara entre os portadores de olhos azuis) e definitivamente coroada por um colar de dentes oferecidos, brancos e brilhantes. Ele veio rápido ao meu encontro como se eu já fosse esperado, senti medo, achei-o nazista, na maneira rápida de seus braços tatuados, no intuito de ajudar a desnudar-me pra fazer radiografias dos intestinos.

Um laxante líquido foi imediata e acuradamente preparado, eu devo beber com um litro de água. Gosto doce, horroroso, ao mesmo tempo a idéia agradável de me limpar por dentro, colaborei, fui rápido. As radiografias não ficaram boas, refiz duas vezes, (merda, me irritam os raios xíses!). Talvez esteja bem aí, associado ao stress violento e duas noites sem dormir ou comer direito, o motivo de uma abrupta queda de cabelos. Não imaginei nunca que pudesse cair tanto cabelo de uma só cabeça, achei que ia ficar careca. Achei que eu ia morrer naquela semana. Que era irreversível. Ah garoto! Tô aqui forte, estimulado que poderia sair por esta porta e atravessar este país belga a pé em direção ao mar claro, a outras Espanhas.

Com Gianni eu poderia falar francês, mas ele adora se mostrar poliglota, e assim ele fala holandês com um, romanês (língua cigana) com outro, francês com aqueles lá e italiano comigo. Ah sim, ele também fala iugoslavo e inglês. Bom, então, falo francês com a maioria, e queria só falar o francês, o que me ajudaria muito a enfrentar o tribunal. E com a bicha Feliciana, que me enche de presentes, posso falar espanhol. Ela é mula poderosa, trás para ricos, foi pega com 4 kg vindo do Brasil, não desceu em São Paulo porque é muito procurada, tem amantes no Rio, em Brasília, um marido em Amsterdã, é sustentada por um cabeção e sua equipe, não lhe deixam faltar nada, além de pagar todos os gastos, advogados etc., sustentam o marido e a mãe dela, passagens pra vir da Holanda visitá-la. Ele-ela caminha o tempo todo e aprendo com ele a andar mais de uma hora sem parar num grande círculo que os presos acabam naturalmente fazendo no pátio. É um grande passeio com alas, janelas dos dois lados, e na ponta do vértice está a grande abobada com torres rococós de tijolo aparente e sobre ela uma intrigante cruz meio torta. Mais abaixo a cabine de vidro onde um chefe observa, ou melhor, vigia o movimento. Voltamos do pátio e novamente a revista, chegam a tirar as luvas e chacoalhá-las.

Mas eu estava no enfermeiro belga e no primeiro dia. Cagava-se numa privada ali mesmo, dentro da cela trancada a chave a porta de aço imensa, subindo pequenos degraus está a latrina. Não compreendi direito, depois que caguei a primeira vez percebi que a segunda porta de aço ao lado, também trancada, tinha uma enorme caixa de metal e acrílico ligada a um cano grosso, que trazia a merda da latrina ao lado e por isso mais acima; para ser examinado. Na caixa acrílica, tinha as munhequeiras com luvas onde o enfermeiro anjo metia as mãos e acionava por dentro pás de metal que espremiam a merda numa peneira; procuravam droga, boletos ingeridos — é assim que se atravessa a fronteira também. Eu disse, redisse; já entreguei tudo. Escarafuncharam os dejetos. Uma sensação de perda de intimidade, a própria merda sendo tão especulada. Fiquei dois dias nesta cela especial. O enfermeiro Marc é filho sem pai e me disse sem nenhum traço de mágoa que com nove meses sua mãe o entregou para uma casa de correção da qual ele saiu aos 17 anos para pela primeira vez, viver sozinho, ao contar-me isto resvalou uma certa tristeza em sua voz. Então, Marc se tornara meu fiel amigo. Me visita nos dois dias em que dá plantão, trouxe fitas de Brel e Guinsbourg, com direito a uma carta singela de sua namorada. Reclamei do dinheiro. Ele trouxe uma sacola de frutas escondida numa caixa de aparelho médico, me dá cigarros e, imagine, me trouxe jornais brasileiros. Ontem me chamou no Centro Médico pra eu fazer um teste de sangue, e era mentira, era só pra eu sair da cela um pouco e poder telefonar com alguma calma. Via de regra, telefonar é um suplício com os carcereiros em cima. Ontem, me deu uma caixa de chás, benditos deuses! Agradeci, eram chás com etiquetas verde escrito Brasil, eu em minha tentativa de parar de tomar calmantes, e na minha frente o pacote de chá de *"fruit de la passion"*, a sagrada e boa maracujá. Pus em infusão numa terrina branca de louça, a água ficou anil, dali a pouco aquela vermelhidão maravilhosa e de gosto surpreendente. Marc tem posto minhas cartas no correio, trocou minha cadeira quebrada, trouxe-me lençóis limpos. E disse pro carcereiro que olhou estranho: ele tá doente, se eu não fizer por ele vou fazer por quem? Este carcereiro me tratava mal, e desde então passou a me respeitar. Marc tem uma simplicidade de um anjo. Como todo estrangeiro que ama a vida, as pessoas e as mulheres, sonha com um Brasil carnavalizado, de mulheres bonitas e praias paradisíacas, sonha também com um modus vivendi mais relaxado, e quase tudo isso ainda é verdade. Ou talvez quase. A noite toda os presos bateram nas portas de ferro, cantaram, brigaram, os aparelhos sonoros tinham som alto. Foi difícil dormir, uma vez que há três dias tento não beber comprimidos calmantes, outra que pensar em minha própria defesa e as possíveis idéias e conexões não me dão sossego, ainda mais que no fundo de mim vai indelével a sensação culposa de detento. Além do que, entre nós todos, há sempre latente um passado qualquer. Levamos no fundo do peito alguma ação indigna, seja ela mínima, temos sempre uma história imprópria, pequenina sem importância ou às vezes grande e definitiva. Talvez seja esta sensação que nos faça humanos. Sempre uma possibilidade de algo que vive na sombra ser levantado. Esta noite o vidro da janela, quebrado e tapado com um papelão, não conseguiu evitar de deixar entrar um vento gélido que me dava frio e ao mesmo tempo me refrescava o calor. Estou assim entre calores e frios. Daqui a pouco é hora de telefonar, me concentro, me preparo, tenho que ser rápido, objetivo. Não há tempo, tudo agora deve ter a terribilidade da tontura abismal de um mergulho no ar, das alturas.

SESSENTA DIAS SEM PAU DURO

Há um preceito oriental de ficar cem dias sem gozar, estou há cinqüenta ou sessenta dias sem mesmo ficar de pau duro, sem inclusive ter algum desejo erótico. Anteontem lendo o artigo de Genet me esbarrou o vento santo do sexo e assim rápido só me delineou que ainda estou vivo. Penso muito em Genet, em Verlaine, em Artaud, Oscar Wilde, Darcy Ribeiro, em mentes que tiveram encarcerados seus corpos e que assim começaram ou terminaram o real alçar vôo. No artigo Genet diz que quando ele estava em liberdade parava de escrever e, contínua, diz ainda que como Proust acredita que a escritura provenha da infância profunda (vide Nelson Rodrigues) e profundo é ver que o detento é por excelência uma criança ou é um homem de alma infantil. Quero ir embora sem escrever um livro obrigado, mas eu vou escrever, e não posso pensar em querer ir embora atravessar esta porta de ferro, o pavilhão, os grandes portões, a cidade magnífica e fria lá fora, o aeroporto de Zaventem, o céu raso europeu da capital do Parlamento Europeu, a bela Espanha, e no magnífico Portugal, atravessar o Atlântico maroceano, aportar enfim sob o céu mais que profundo da minha ilha Brasília, de exilado aportar no colo de minha mãe, de minha Helena, outro peito e no sorriso de meu bem amado. Tudo isto pela Vasp. A Vasp tá visada, aqui são quatro prisioneiros que vieram Vasp.

BACTÉRIAS SÃO MONSTROS METAFÍSICOS

Ouço lá fora no pátio as vozes dos ciganos que conversam aos gritos, pois que não se ouvem muito bem de ala pra ala. Minha cela já está limpa, já matei treze mosquitos num jornal do Brasil dobrado e já manchado de tantos sangues. Na manchete suja do sangue dos pernilongos, leio o nome Marcelinho Vp. Eis o ídolo, a efígie, sacramentado como sagrada imagem arquetípica, é um símbolo de compadecimento e da coragem do herói de ir à luta, ah! Marcelinho Trafí, eu tenho vergonha diante de ti. Há outra réstia de sol sobre os escritos. Ou melhor, sobre esta folha ainda por escrever. Tenho a impressão que na prisão se peida mais, ou por outra, que na cela de uma prisão os peidos tem maior importância e, ainda em Genet, "mais solenidade", as pessoas devem achar seus peidos benfazejos, pois **esvaziam**.

A briga contra qualquer coisa que me quer o olho. Bactérias são monstros metafísicos que devem ser destruídos, diz-me o Toni português. Acrescento: as bactérias precisam ser amadas. Não está fácil, ainda bem que ganhei alguns limões e uso o caldo para pingar gotas, ainda assim lavo com água boricada, super protejo meus olhos, pois os utilizo como nunca, ler, escrever, estudar, o tempo todo. Ontem comi o último dente de alho que o meu padrinho Toni Escada havia me dado; fatio em finas tiras que esfrego nas pálpebras, ainda assim a vista esquerda continua inchada. Ontem à noite enviei a terceira carta ao médico diretor implorando o direito aos meus antioxidantes, ao menos as pílulas de alho, antiviral natural. Ele me nega, o puto! Hoje a escrita sai pesada, demorada, no tempo dela. Medito a cada quatro linhas, repenso, procuro. Não sei se calo ou se grito. Merda! Merda! Merda! O que deveria estar fazendo um diretor de teatro, alguém que dedicou muitos de seus dias ao teatro? Fazendo teatro! Estudando, falando, experimentando, dando o cu a cara a bater. A resposta é certa, derrisória. E porquê não meu Deus? Porque não estou lá fora, sem escrever livro nenhum, afinal, não sou escritor, sou encenador. Sei ler e transformar idéias e histórias em seres vivos. Falei com o Brasil, eles já se acostumaram com a idéia de eu ficar aqui por muito tempo. Fatalmente penso no que eu estaria me movimentando se algum de meus amigos estivesse preso. O assunto do neoliberalismo é que tudo passa a ser uma questão de mercado, da possibilidade de competir. Não é que não posso competir, mas é que traçar uma meta, usando o artístico por meios estratégicos, com fins essencialmente mercadológicos, me é estranho. Fico pálido tenho ainda uma amadora divinização, mesmo supra-valorização da obra de arte, relação mítica, mas... Isso parece não é mais absolutamente importante como era, hoje não sem muita dor aprendo que obra de arte pode inclusive ser produto.

MANDALA

Só agora na hora do jantar fui avisado do culto. Merda! Na hora da merda da sopa, que eu tomo não sem antes agradecer e que se não estiver quente é intragável. Agradeço as últimas laranjas e, merda! Mais uma semana sem frutas. E dá-lhe carne! Se eu passar por esta, rezo baixinho — devir laranja, manga, caju, goiaba, devir carambola. Paro a reza e penso: meu país destruído. Frutas sem gosto. Minha mãe magoada. Crianças na rua. Um filho ainda por fazer. Um vírus na célula. Em mim a corrupção diária do pensar apenas em mim.

No culto, ouvi da boca do pastor quase em transe palavras do evangelho, história poesia de Isaias João Marcos Judite, promessas de justiça respeito humano união desracismos auto-estima entregas. Havia quinze homens na sala, cantamos hinos, as vozes não eram tão afinadas como costumam ser as vozes dos pretos. Todos pretos, eu e um polonês éramos os únicos brancos. As palavras do pastor; profunda igualdade. Penso nos brasileiros. Almas solidárias sensibilidade tribal agregados ainda que subdivididos: umbandistas candomblês mesa branca santo Daime profissões de fé(s) de negos jês nações de angolas, ketus nagôs pais de santo padrinhos caboclos e pretos velhos xamãs de cultos de luas e de estrelas. Na nova orientalização zenbudista, taoísta. E penso numa espiritualidade brasileira tão infinda e aí penso em nossa ética social e.

Hoje no pátio fazia muito frio. Poucos marroquinos saíram, houve alguns momentos em que o círculo era pleno, homens andando a dois, a três ou sozinhos como eu. Não vieram os brasileiros, Feliciano, nem o português, ou o Gianni. Descobri anteontem que ele tem dezoito anos! Caminhamos duas horas sem parar enfrentando o vento gélido, é preciso circular o sangue, é preciso o círculo se instaurar metafísicamente como uma carranca, um anagrama cósmico na terra inscrito por culpados penitentes e corpos inocentes num mesmo solo chão nivelado, sedimentado por tantas outras maldições de proscritos leprosos refugiados loucos cancerosos desterrados e prisioneiros. E pasmo que no topo da galeria norteando o círculo, paira uma intrigante cruz negra e torta. Creio que esta construção só se segura pelos santos que vibram seus solitários campos energéticos.

Refeito de sol a sol, o círculo é sacralizante, e de alguma forma restabelece uma relação primitiva precisa perfeita e se reflete como um duplo imagético no anagrama do céu, onde algo pode ser transmutado e da escória pulsar refeito e vivo o lado mais humano e divino.

A voz árabe canta ao longe, meu coração se enleva e vibro a cada frase da cantilena que chama para a oração. Conheci finalmente um belga nesta ala, ladrão de lojas. Acha que sairá daqui a um mês — pois então assalto a mão armada e roubo de 230 mil dólares dá só cinco meses de cadeia? Caminhamos, dali a pouco aparece o romeno que está há oito meses na Bélgica e veio fugido do comunismo, da falta da grana e trabalho. Atravessou *Checoslováquia*, entrou sorrateiro na *Deutschland* onde viveu de roubos de automóveis por quatro anos, foi preso sete vezes e não sei como (é difícil falar com ele, ele incrivelmente fala quase nada de francês) conseguiu entrar na Bélgica sem visto, o normal teria sido ser extraditado pra Romênia. Mas aqui está ele, ajudou um camarada romeno a sair de uma casa que acabara de roubar, e pra isso roubou o carro mais próximo, ele entende bem de carros. Disse que gostava da Alemanha, mas que lá não pode continuar trabalhando, leia-se roubando, pois já esteve uma vez na prisão e se reincidir pega o triplo. Não tem amigos nem familiares na Bélgica, sua advogada é do Estado belga, portanto ela trabalha de graça e não aparece já em três julgamentos. Deve ser uma péssima advogada... Estava sem meias, batendo dentes, não tem um puto nem pra cigarros. Tem uma cara faceira de menino deve ter vinte e três anos, é tesudo, sorridente. Falei pra ele ir pro Brasil. Ele sorriu e ficou claro que ele como Gianni, não quer saber de trabalho: "Ora, trabalhar pra quem, pra qual stronsso?. Ma io hem?" Gianni dizia que o dinheiro de roubos é grande, volumoso, que valia a pena.

Medito e oro. Revela-se na desdita crisis corte choque peste, e só aí, a possibilidade do religar-se. Há que se escolher um culto, um mestre, para que nos auxilie a nos igualar com nossos irmãozinhos prisioneiros: escolho o protestante! São dramáticos, cantam alçando as vozes fervorosamente como gregos falando com os deuses, ou portugueses fadeando, e também como estes consideram a ética. Durmo com a esperança no coração. Esta noite três ou quatro vezes a lâmpada se acendeu e rapidamente foi apagada, o que sempre aterrorizou-me, mas nesta noite nem isto incomoda. Quando isto acontecia à noite, era motivo pra fritar na cama como um penitente antes de voltar a dormir. Esta noite não, talvez seja a chegada do segundo mês que como dizem os presos: você começa a não ver tudo com cara de pavor.

Esta página sai de mim demoradamente. A Primavera chega em sol matinal deslumbrante, a cela está plena de luz, nunca havia visto aqui o sol tão cedo, 7:30 hs da manhã. Preciso tirar a única banana que pus do lado de fora da janela, a geladeira de cela. Tenho que tirá-la senão o sol é capaz de apodrecê-la. Colei papelões na janela, substituindo os vidros quebrados, mas mesmo assim o vento entra gélido. Eu sabia que não poderia vir mais pra Europa não nestas condições; portanto, *petit souvenirs de mon pays*, mesmo pros amigos... mas se o destino além de nossas cabeças algo pode, ele pode comigo, me arrastou pra esta cela. Confesso que estava em desvalia espiritual, entregando os pontos. Hoje sei, se não levasse este tapa tava fodido, e pra ser mais paulistano ainda:

"*...pena de mim não precisava, ali onde eu chorei qualquer um chorava, dar a volta por cima que eu dei, quero ver quem dava*"...

Feliciano quando me viu no pátio me chamou até a janela de sua cela. Ele que nunca deixa de vir ao pátio, ontem foi dormir às 5 hs da manhã e perdeu a hora. De fato o carcereiro pergunta se você quer sair da cela, às vezes baixinho pra sacanear, e se você estiver dormindo ele faz questão de te impedir, numa espécie de reles vingança. Feliciano me deu um pacote pela janela e como ele está no primeiro piso, posso dar um pulo alcançando com as mãos uma salada de frutas enlatada e uma laranja da terra. Rio e consagro. Depois daquele frio todo e daquelas histórias do jovem romeno de não ter amigos, nem dinheiro, dei-lhe um pouco de tabaco e a lata de frutas, e mantive comigo a sagrada laranja da terra (ungüento para o meu estomago e vísceras, eu que nunca fui acostumado a tomar medicamento alopata). Quando recebeu os presentes o romeno ficou assustado, e não entendeu nada, só depois do susto é que aceitou feliz. Os pequenos gestos podem conseguir tudo, até assustar um ser humano. Ele estava feliz e grato. Penso nas águas do Arpoador, na cozinha de minha mãe iluminada, no prato de arroz e feijão e saladas. Devir salada. Dentes fortes e hálito puro; porque não falam dos verdes toda a verdade sobre eles? O que há de vir. O que virá. Imagino as dificuldades que Genet enfrentou na Paris cidade luz para preferir estar numa prisão, ele devia viver muito mal. Lembro suas palavras indomáveis — "*Amanhã é o dia do julgamento. E o que será, será. Desisti dos meus desejos. Estou "já além disso". E se for condenado? (...) e se amanhã estiver liberto?. Liberto, exilado entre os vivos, liberto, ir aos cafés, fumar, ver os burgueses.*" (cospe).

MEU SEXO NOVAMENTE VIVO

O sol bate na folha e na caneta preta com riscos dourados, o brilho do sol me faz querer ir, voltar a uma terra que hoje me parece seca, inóspita, devoradora de fraquezas, abocanhadora de tornozelos finos. Com toda a vivência desoladora dos últimos meses eu ainda quero em profundo desejo ir pra casa. Meu pau fica duro depois de quase cinqüenta dias. Tô aqui com a caneta na mão sobre o papel e o pau endurecendo sob a cueca, querendo por a cabeça pra fora. Queria esporrar mas tenho medo, toda vez que fico tanto tempo sem gozar dói quando gozo... Tentarei... No balde de mijo, sim é uma boa idéia. Se o chefe aparecer no olho da porta, estou mijando, sim mas não posso esporrar no balde, o servente irá saber. No papel higiênico, mas perto do balde, assim posso olhar de soslaio pro olho de acrílico da porta e penso, imagino, punheto, sobre as coxas, os peitos, as mãos, a bunda, o encontro à carne, a virtude da carne, os paus...

É rápido o gozo. Ejaculação precoce, sem perfume ou deleite, a porra uma onda líquida amarela sem quase gozo, ou por assim dizer um gozo frio. Acabei de me limpar da porra, e penso que nos limpamos depois de gozar mais para não nos revelarmos aos outros assim de que da nossa mais intima essência, o sêmem, meu ainda que contaminado e transsagrado sangue, seiva. Vem o carcereiro: — "Visita!" Eu: visita? Pensei na psicóloga do presídio. De novo os homens. Quinze na cela gélida. O sol lá fora é pleno num céu de azul profundo primaveril. Aqui o frio aumenta estrondosamente. Jaquetas brancas. Hoje tudo vai mais rápido. Talvez porque seja fim de semana. Tudo é mais rápido e mais calmo. Quando vi já estava no grande salão. Aí pensei em minha mãe e jamais quererei que ela me veja com esta jaqueta, nesta calça cinza e larga e com esta blusa de linha que visto há mais de um mês.

As mães quase todas tinham panos coloridos nas cabeças; quase todas da Europa do leste ou da África do Norte, Argélia e Marrocos, túnicas coloridas, douradas e brilhantes, a maioria dos presos eram jovens bonitos e hoje pela primeira vez eu comecei a reparar na bunda deles. As crianças vieram como sempre correndo na direção dos pais. Isso é doloroso, isto é de verdade impressionante! Quero ir embora. Já vi demais e o pior, sei que ainda não o suficiente. Liguei o rádio pela primeira vez. Chopin. Lembro-me de São Paulo, do inverno, da casa de meu avô e a mais bela ária de *La Traviata*. No rádio uma soprano trina alongando as sílabas. Estou quase pronto ainda não totalmente. Vislumbro boas novas, careço e mereço, eu preciso, agora mesmo serei outra vez outro. Que importa a idéia que têm de mim, ela não difere muito, pois que de mim podiam esperar tudo e isso é apenas mais um dado desta aventura de sempre. É bom ter um amado que nos fortifica. Seres amados. É bem pra isso que se está vivo. Eu acordei várias vezes durante a noite, um pouco preocupado, mas logo respirava fundo rezava um pouco e caía de novo no sono. Alguns carcereiros são sujos e sua entrada no pavilhão às 6 hs da manhã com o ruidoso tilintar das chaves e a batida de fechar as portas já bastante sonoro sem se fazer para isto nenhum esforço. Imagine você quando as chaves são instrumentadas por um porco sujo de carcereiro que acha que deve acordar o gado... então meu amigo, isto aqui parece um hospício. Lamento não ter vinte e poucos anos quando podia passar uma locomotiva do meu lado enquanto eu dormia que eu não estava nem aí. Hoje era um carcereiro novo; gordo, grande, peitudo, cabelo liso brilhantinado esticado pra trás, bicha escrota, eu escutei sua delirante instrumentação no tilintar das chaves e claquetes nas portas grossas de ferro. Desde a primeira porta, há uns 50 m já se ouvia sua raiva desperta às 6 da manhã. Assim veio vindo cada vez mais próximo o estopim. Quando finalmente chega até a minha cela, a bicha entra e dá uma curvada pra esquerda, eu digo puto: "Bon jour Monsieur!" Ele não responde e rápido pega os papéis e dando outra virada sai batendo a porta. Esse mundo é de porcos bons e maus porcos. De porcos limpos, embora que ainda porcos e de porcos sujos. Continuo firme na massagem nos pés, na meditação, agora rezo os doze hinos daimistas. Leio os Salmos de David em francês. O cigano no pátio disse que fez pedido pra mudar de cela e que gostaria de estar comigo. Eu disse topo, mas de verdade prefiro continuar sozinho. Dali um pouco ele disse que na Holanda homens podiam casar entre si, eu disse, também na Inglaterra. Ele disse, dou dois tiros na testa, eu disse, dá nada. Ele disse, você não?. Eu disse, não, eu não, porque daria? Junto a nós duas bichas falavam dando pinta, misturando português e espanhol.

Feliciana: Porque yo, me voy con tacones bien grandes.
Carlos (imitando-a) E yo, yo voy con mi vestido negro.
Feliciana: Ah te vas de negro, yo no, yo voy de oro, de la cabeza asta los pies.
Carlos: Mas yo, yo voy tambien con un *chapeau noire, avec plumas*.
Alguém: E posso saber aonde vão?
(O cigano me olha cúmplice e faz cara de não entender)
Eu: (tento ser engraçado) Vamos sair esta noite pra jantar fora.
Gargalhada geral e assim nos entretemos com pouco. Que saída?

Gianni diz que a família vem em caravana de Amsterdã pra montar acampamento em Bruxelas, querem estar perto dele. Eu não quero ninguém aqui, ninguém. Odeio o cerimonial dos presos no dia da visita. É parecido com o caminhar dos judeus nos filmes para o campo de concentração, é violento, impressionante. Dói. Ainda bem não tenho família e o único amigo é Pierre, que eu espero não venha muito. Hoje no pátio, o cigano me encheu o saco: Levanta a cabeça Maurício. Ele me chama também de Gianni Stechino, diz ser um prisioneiro que ele conheceu na Milano. O cigano o imita engraçadamente: Maurízio guarda sul, dirito, no guardare jú. Maurício olhe pra cima, reto, não olhe pra baixo. Eu digo, olho pra onde eu quero, embora diga isto sei que preciso levantar a cabeça e disfarçadamente mas na mesma hora eu ajeito os ombros onde os ossos fazem clac clac, e assim volto a cabeça para o eixo. Sorrio, mesmo triste, sorrio sempre. Havia sol e ainda bem o futebol não durou muito, é que aqui como em toda parte o futebol tem prioridade, domina todo o espaço e concentra todas as energias. Eram poucos os marroquinos, então, eu inventei uma nova caminhada que muitos aderiram em direção ao sol. Deus bendito. O sol, motivo de culto e alimentação.

Dor de estômago, tento respirar, expirar, inspirar. Saudade do sol, do sol, do sol, da terra, do doce-amargo Brasil. Não agüento, não suporto esse tal de Azt, me faz mal, a enfermeira gorda e bruxa diz que é só acostumar. O médico disse pra eu escolher entre mal estar e constante sintoma de gripe, ou infecções oportunistas. Escolho Jesus. Hoje, o jovem pastor argelino que viveu na França veio me visitar e, carinhosamente, me disse coisas belas. No Evangelho, lêem e falam de João, João, João. Sou amigo de João sem lhe conhecer, conhecia-o remotamente porque quando fui um missionário leigo e tive que estudar a Bíblia. Nem me lembrava que era João, o que recostava a cabeça no peito de Jesus, era ele o mais chegado. Falando em João, o Marc teve aqui, eu ainda sem dinheiro, ele pegou mais três cartas pro correio escondido, disse que vai saber sobre a contagem do CD4 do teste de sangue que eu fiz hoje de manhã e domingo me trará frutas. Deuses. Solidarienok. Amigos. Devires.

DEVIR LIMÕES PERAS E LARANJAS

Frutos da terra; limões, laranjas, maçãs. Tenho um aperto na boca do estômago. Creio que seja a tensão de ir ao Palácio da Justiça e seu surreal cerimonial, o medo de estar preso naquela solitária por muito tempo sem comer e sem beber. O limão está em minha frente. Intrigante saber que o limão embora ácido ao entrar no organismo humano se transforma em alcalino. Amanhã cedo tomarei o seu sumo e devorarei sua polpa macia e suavemente encostarei em meus lábios ressecados seus gomos frios. E contarei assim com a proteção in natura do mais poderoso de todos os frutos. Comi a laranja que guardada por tanto tempo quase passou. As frutas são como as chances e ocasiões, podem passar do tempo e perderem o frescor. Frescor. Lembro-me das minhas obras primeiras, das escolhas, dos convites, da reverberação, do plano nenhum de futuro, mas da segurança n'alma de que tudo viria a seu tempo. No fundo bem no fundo levo e trago esta perspectiva intacta. Na frente bem no raso acho que estou fruta passada. Mas o fundo de onde o homem de verdade tudo tira, me diz sou fruta fresca; sou **DEVIR**, e colho tempestades ingenuamente semeadas. Ao mesmo tempo aqui, nesta desesperada e sem propriedade vida de prisioneiro apenas detento não condenado ainda, nessa desvalia, sei que a vida me ensina, aponta, exige mudanças. Eu que sempre escarafunchei alguma santidade, não me livro deste jugo, desta marca de aprender, de sempre me esfolar e transmutar. Seria esta a óbvia boa nova proposta pelo destino, transmutação? E por que não tornar-me um bandido profissional assim que sair daqui, ou mesmo já aqui. Ou santificar-me de vez, assumindo o tal do taoísmo presepado em teoria há tantos longos anos, o punhetado e escarafunchado **Tao** proposta única de *contentamento* ante tudo, ante o todo. Regozijo na simplicidade. Alegria de ser um homem comum. Pois é isto que sou afinal, de resto há uma memória nítida do que fui, talvez do que finalmente eu ainda seja, mas é memória, é imagem e não sou nada. **Zé Ninguém** de mim mesmo. Sempre fui isto, o diretor Jorge Takla, meu patrício de origens, disse um dia que eu era capaz de fazer o que fazia apenas porque não sabia nada. Batata! Total razão! E esse não ser nada me redime, me torna diferente, por que enquanto artistas nos levam a acreditar demais em bobagens, em coisas por demais transitórias, mutantes, e quando caímos no canto sereico da imagem, entramos numa grande teia. É difícil escapar e.

Lá fora o canto árabe. Sinto mudar de ala e perder o som da oração, da voz árabe, não sei se ela é reza em si, sei que no meu peito reverbera como uma canção de amor. Canções de amor sobem até os deuses e assim são rezas, preces a todas as coisas.

Chegou correspondência Stefano; piadas que se não me fazem rir, me fazem sorrir pelo simples fato de ter um amigo. Kátia sonha comigo, me unge com suas palavras, com seu testemunho, com o quanto conhece de mim. Com o quanto conhece de humanidades. Agradeço por ela e reencontro a cada passo Isaias um profeta por intermédio de quem ela me faz conhecer um lado cristão que eu desconhecia. Evohé! Jesus! Katia amada incisiva, conhecedora da vida. Sua escrita purificadora, como tudo o que brota das suas mãos, seu jeito de jardinar as flores, seus doces, suas curadoras e terríveis agulhadas de acupuntura, sua massagem liberadora, sua alquimia nos corpos, nas vidas, sua pintura, sua música, e agora sua escrita, num domínio da língua portuguesa extasiante, oh língua porreta quando bem falada, me mandou um livro papel de seda e envelopes. Acredita na minha breve estada aqui. Reza e jejua por isso, e isso me faz bem. Falou barbaramente sobre a matrilinea, algo que não pode discorrer quem não foi mãe, quem não pariu, ou talvez quem não protegeu alguém apenas por magnânimo, puro e indefinível amor.

Seis e trinta da manhã, faz muito frio. Meu estômago passou a dor. Hoje são romenos em maioria, um turco (aparenta) e um senhor muito distinto e bem vestido, cara de libanês, puxei assunto, ele respondeu em inglês com bruto sotaque árabe. *I don't understand*. Eu não quis dentro do camburão começar a sofrer pra conseguir me expressar em inglês, e mais, queremos silêncio quando vamos ao tribunal.

PENSO NA PALAVRA PENITENCIÁRIA

Hoje no Palácio havia muitos romenos gostosos, bundudos, sorridentes e sensuais. O cric crac das algemas é sinal de movimento. O comboio que parece aqueles usados na guerra pelo exército alemão comporta doze homens um ao lado do outro muito próximos. Os *gendarmes* são também especialmente lindos e saibam porque: são altos, mãos alongadas, cabelos rapados, bocas desenhadas, e nunca, e isto é fascinante, nunca totalmente apolíneos. Há um noviço que cumpre o cerimonial da revista do esfrega-passa a mão de verdade, e ele, jovem menino demorou-se na revista; as luvas, o cachecol, chacoalhou, desenrolou, olhou dentro do maço de cigarros. Sem nenhuma pressa; na gola de meu capote, nas espáduas, a cintura, peito, braços e abdome, desceu com as luvas de borracha grudadas na minha roupa. Desceu percorrendo lento, tateando, sentindo as curvas dos ossos, os músculos das minhas virilhas, roçou-me da bunda às botas e até sobre o couro das botas ele pressionou seus dedos. Cric crac, ao meu lado, o velho libanês, o italiano gordo, a preparação solene que nos dá afinal alguma importância. Rumamos à Câmara do Conselho. Creio que no Brasil, ao Fórum.

Na volta eu acabo de entrar na cela, vem o chefe: — Abud telefone! Eu na escrivaninha frente à folha branca, debruçado sobre um porvir de escritura, esquecido que era a hora previamente marcada pra telefonar, e por um instante, dois, pensei: finalmente telefone para mim. Delirei por um momento vivendo a sensação de deter um dos direitos mais legítimos de um cidadão qualquer, poder atender a uma chamada telefônica. Agradeci ao carcereiro e não quis telefonar pro Brasil com aquela fila enorme na velha galeria num frio alucinante.

Bem, estava eu no comboio, alguns punks na rua acenam cúmplices pros presos. A cidade e sua fria e organizada beleza européia, as bancas de frutas nas esquinas tiram-me os ares, os vegetais, o sempre por todo sempre Devir, loas aos coreanos que introduziram este costume pelo mundo afora. Na solitária do Palácio me imaginei cercado de agriões, mentas, brócolis, escarolas, alfaces romanas. Escuto

Pat Matheney — *The Secret Story*, e emolduro-me à dor tremenda, aqui tristeza é questão derrisória. Dói o peito abaixo do plexo, acima do diafragma no ponto da angústia que é um ponto virado pra dentro. Dizem que você só o toca se enfia o dedo debaixo do osso externo, mas o seu dedo tem que estar curvado em gancho. Hoje então, depois de esperar na solitária, que é apenas mais uma no gigantesco edifício, que é uma caixa de seis andares com grades de metal de piso e teto, paredes com largas e ostensivas barras de ferro. Marroquinos, argelinos, turcos, europeus do leste; albaneses, iugoslavos, romenos, búlgaros, e até gregos, e claro, sul-americanos, em uma palavra: pobres de todos os cantos. Da minha porta fico estatelado e sereno ao mesmo tempo. Vejo em cada andar uns trinta cachôs, umas trinta pequenas celas e em cada uma, um ou dois prisioneiros. Algumas mulheres jovens ao passarem levam ovações da geral. Aqui nesta espécie de delegacia do fórum misturam homens e mulheres. Não posso imaginar uma prisão feminina, onde imagino que os sentimentos devem ocupar almas e corações; e haja algo como que um livre acesso na expressão do desespero. Entra o lindo albanês, magro, alto, calças justas e um blusão fino que lhe desenha o corpo forte, esguio. Pergunta-me se eu sou marroquino. Eu tremo de frio e antes que eu responda, ele é levado da cela. Olho pra cima e vejo as pernas dos *gendarmes* que literalmente deve significar *gente das armas*; "peemês", dentre eles algumas jovens lindíssimas.

Hoje fui entre-algemado a uma delas que por sinal nem me olhou, a algema prendia meu braço direito ao esquerdo dela. Dizem que um policial que deixa o preso escapar leva a pena do culpado, responde processo e às vezes vai para a prisão. Penso na fragilidade deste corpo que é aliançado ao meu e como seria fácil derrotá-lo, embora se saiba que elas sejam muito bem treinadas.

Os presos fumam. O cheiro é insuportável, falam uns com os outros ao mesmo tempo e muito alto. Depois de 4:30 hs de espera, meditando bem quieto tentando caminhar, o que é impossível já que esta solitária mede aproximadamente 80 × 80. Não paro de me tocar afundando-me os dedos nas mãos, pego pesado massageando durante quase uma hora. Depois de um tempo de nada, nada por nós a não ser esta infinita e terrível solidão involuntária. Penso na palavra PENITENCIÁRIA. Baixo a cabeça, penso na culpa de tantos, e incluo pela primeira vez os que estão livres sob o mesmo sol que não escolhe nem pretere ninguém. Penso na desvalia, no destino traçado pelos deuses à custa de experimentação, de ensino e aprendizado e não engulo seco como outrora quando me encontrava em situações perigosas, provações. Agora apenas curvo a cabeça. Humildade? Acredito que esta experiência seja única e que ela faz transmutar, procurando algo no em si, não sei se um sentido de contentamento. Penso no super valor das coisas mais ínfimas, e que, se eu não tivesse amores, nem mãe, crianças e velhos e uma nação descarada pra amar estaria... Já disseram-me; gay não radical, falso viado, soropositivo (passando por momentânea dormência do vírus derrisório e letal), pobre, quase quinto mundo, artista desreferenciado, frustrado, ambicioso e orgulhoso, hoje humilhado por tão pouco... mas eu tenho mãe, tenho mães, e construí um caminho na anti-arte, e eu fui pleno de um amor paganista e sagrado, apenas que, FRACASSEI... Abud! Abud!, o carcereiro é engraçado, em sua maioria eles estão tão acostumados com os nomes que tem um sotaque árabe, ou é que talvez, a língua holandesa tenha os mesmos sons guturais. Lá vem a belga luxuriante, vestida com roupas masculinas me prende ao seu braço, e vamos nós. Existe sempre um medo, o cerimonial nos reduz, embora tenham me ante avisado que não seria nada, que meu dossier era muito simples e que deveria ser fechado logo. A gente sempre imagina que algo pode se levantar do próprio passado como uma sombra negra e eu nunca fui um santo por estas paragens vizinhas, França, Suíça, Itália, Espanha, Alemanha, não! Na Alemanha o país amedrontador de meu imaginário infantil, fui quase um santo, quase!

Mais uns 50 min de espera no corredor atado à bela moça, a quem fiz um par de perguntas, e a todas ela respondeu monossilábica não dando nenhuma trela.

Na nossa frente, um policial atrelado a uma gordinha que levantava os olhos fazendo micagens, dois policiais gordos, todos gordos, só não eu e minha partner. Dali alguns minutos restam apenas dois policiais com seus detentos-atados que dormem sentados e acorrentados, de vez em quando acordam assustados e olham pra mão algemada. Cric crac, abre-se algema, abre-se também a porta dupla de madeira maciça, e uma voz grave: *"Monsieur Abud Maurício"*. Apontam-me. Não me olham ao entrar. O procurador do rei, algo como nosso promotor de justiça, ou seja, o acusador, passa a falar com o velho juiz e seus juízes apoiadores. Eram quatro no grande balcão de madeira iluminada por intensa luz, e eles naquelas roupas ridículas pretas reluzentes com echarpes de pontas brancas e babados; no mesmo instante irrompe a advogada assessora de minha advogada, o policial indica não sentar até que fale o juiz de instrução: *Asseye Vous Monsieur*.

Arroto este gosto de tempero de prisão. Estou de saco cheio, porra como disse o cigano se fosse pra ganhar uns 100 mil dólares eu entenda. Passar por isso tudo por umas porras de umas gramas e umas outras poucas porras de umas granas... Eu heim, Vera! O cigano tá certo, drogas não estão com nada, o negócio é roubar casas, e ele ensina: sem quebrar nada, sem violência, apenas cinco minutos de tensão e depois o bolso cheio. Já ensinou muita gente e nalgumas vezes literalmente obrigou a irem com ele, afinal acredita que devamos conhecer o mistério do roubo, diz que seu primeiro foi aos seis anos, fora pego com uma bota de couro cheia de jóias e dinheiro, correra muito até ser pego pela polícia, diz que apanhou e tudo mas que de fato, roubar é mole, e quando eu quisesse ele começaria meu treinamento, que assim que saíssemos da prisão poderíamos viver em Amsterdã...

Incrível é que ele está aqui há cinco meses, dossier aberto, não tem idéia quando poderá sair, embora tenha dinheiro e com isso um bom advogado, e sobretudo uma esperança inabalável. Diz que fora assim sempre, esteve preso em seis países da Europa, e no mesmo dia em que saiu da prisão em Milão, fez um de seus melhores roubos. Penso na pobreza e patifaria do meu crime.

O procurador do rei fala baixo, há alguns ruídos no salão, estão atrás de mim os advogados, meu francês a troco de muito estudo e leituras está melhor, mas ainda preciso ouvir direito, senão picas eu capito, com essa rapidez e desinteresse da parte deles... O procurador me havia deixado claro quando eu, instruído pela minha advogada que falava francês, pedi para trocar a língua do dossier do neerlandês para o francês, *o senhor não terá tradutor; compreende bem a minha língua?*. Aquiesci num ok, sem muito vigor. Confiei apenas na Dra. Anne que nos seus 1,50 m tem reputação enorme na Bélgica. Muito preso safado, advogados, gente inteligente e criminosa põe ela nas alturas, dizem que ela é bambambam. O que consegui compreender desta procuradoria de sua excelência o rei da Bélgica foram os finalmentes, apenas quando os ruídos cessaram, o cric crac das algemas, os passos, as vozes. ...*Dentro de um livro e de pantufas*... O juiz velho levanta os óculos, não os encaro de frente, vejo tudo quase de viés, imediatamente começa uma bem falada direta e porque não óbvia defesa. *Este caso é bastante particular, ele está com Aids* (nunca tinha ouvido antes esta palavra usada pra falar de mim, fico estatelado e revoltado) *ele enfrenta uma doença que o deixou em depressão profunda, depois de graves problemas financeiros, (...) ele foi honesto e entregou outra parte da droga que não havia sido encontrada. Ele trabalha com teatro, sempre trabalhou, temos provas concretas e aqui estão os laudos médicos e documentos por tradutor juramentado a nossa disposição,* (parte à frente do tribunal e coloca o dossiê da defesa à frente do juiz). Este abre a pasta e vai passando o dossiê a todos. Quando ela começou a falar, me senti protegido e ao mesmo tempo pobre diabo, vi que na palavra mágica *Aids*, olharam-me, e eu não pude controlar a tremedeira nos lábios inferiores e uma torrente de lágrimas, um aguaceiro que brotava, grossas pesadas as lágrimas, uma por uma me aspergindo as mãos, as calças, continuo de pernas cruzadas sem me mover. Ainda assim pude achar tudo aquilo patético e parte de uma novela mexicana. Ela ainda disse que eu não poderia me curar na prisão, era estranho ouvir isto, meio que inverossímel, nestes tempos não havia ainda divulgação das curas pelo coquetel. Com o despachamento do juiz levantou-se o policial que comigo adentrara, eu também, olhei pra trás, os advogados estavam sorridentes, não entendi muito bem. Limpava o rosto quando ela disse: Logo iremos para o julgamento. E me perguntaram juntos: Você fez apelo? Eu disse não. Apelar para responder o processo em liberdade, e só valia até este dia da confirmação da acusação, mas o mais comum é apelar depois, quando você não concorda com a pena. Ouvi casos em que a pena era de dez e depois do apelo caiu para sete anos ou era de seis e caiu pra quatro anos, mas também há outras que são três anos e depois do apelo (que necessariamente deve ter outros juizes), foi pra cinco anos. Meu Deus! não, eu não fiz apelo. Sai estranhando porque eles me fizeram esta pergunta. Mas saí bem. Otimista. Acreditando. Não gosto de escrever. Gostaria, se pudesse, escrever poesia, mas pobre de mim, durante toda minha existência e um bom número de tentativas esta em raríssimas vezes me visitara. Acho que se não fosse este escrito tecido em algumas laudas por dia, estaria envenenado. Estaria doente e desesperado dentro desta clausura. Ainda às vezes por momentos me vem a sensação de claustrofobia. Ah! isto também fora colocado na minha defesa pela advogada.

ZUAÇÃO DA SEXTA

Estou enjoado. Cansado de tentar o Azt. Aliás, eu desisto dele agora, se amanhã eu precisar mudo de idéia. Espero que não seja tão definitivamente vital quanto me garante o médico diretor, que me adora, me acha inteligente, mas não pode demonstrar...

A luz da cela é fraca, mas incide diretamente nos meus olhos, é difícil escrever de noite.

Estou mesmo cansado, queria dormir como um anjo, um sono de justo, pois que também mereço e afinal estas duas últimas noites acordando cinco ou seis vezes ao som dos impropérios árabes e franceses e as sonoras batidas nos metais. Não suporto mais o som do metal. Queria saber donde eles tiraram tanto minério, de que terras tão distantes, depois de usurparem a própria terra como fizeram com suas montanhas, rios, mares e florestas. E não me falem os europeus de Amazônia, proteção de ecossistemas, palavras vãs daqueles que construíram uma trajetória de séculos como os maiores detratores de imensidões de naturezas do planeta. Como Genet, temo ser mais um europeu, *e que este esforçado montão de palavras não fale coisa alguma sobre o tormento.* Queria um cafuné, uma mão amiga, quem sabe uma masturbação a dois, com direito a beijo na boca e pau nas cochas, dito, feito, com um cuidado maníaco. Gozo ainda rápido, sêmen ainda líquido, mas um pouco mais prazeroso. Em verdade, queria não gozar, como em preceito em celibato voluntário, em jejum da carne. Mas tô carente precisado de sentido mesmo que furtivos, frígidos e sem qualidade. Tentativa de voltar a ser eu mesmo, punheteiro inveterado nos meus quase quarenta anos, me orgulha o andar sem calçado quase todos os dias da minha vida, meio homem, meio menino, meio tupiniquim. Minhas unhas encravam. Mãe Europa será então acusada de encravadora de unhas. Estava quase dormindo e os barulhos das batidas nas portas me arrancaram do sono, como em todas as noites e pra eu não fritar de um lado pro outro no leito insone como se tivesse cheirado pó, venho pra cadeira, a luz todavia foi apagada. As conversas no pátio são realmente as mais loucas e hoje, depois de mais de trinta dias, me considero um pouco imune ao baixo astral geral das histórias, que enquanto as escutamos rimos e depois remoemos quando estamos sós.

Elas falam de prisões consecutivas; o fulano cumpriu dezessete meses em Milão, chega pedido pela polícia belga, cumpre mais doze meses e no dia da saída caminha na calçada feliz com a imensurável sensação de liberdade... E isto, este sentido concreto da hora exata da libertação só pode ter aquele que alguma vez foi aprisionado, mesmo que por um ser humano, uma paixão, desejo ou ideologia, até mesmo pela recorrência de atitudes; ou finalmente por um cárcere. Bem, então está lá o sujeito francês de olhos brilhantes, crimes de comparsas em uma grande associação. Vinte e sete pessoas em crimes de *escroquerie*, transferência ilegal de dinheiro estrangeiro em bancos. O sujeito está feliz, liberto depois de quase três anos, conseguiu na prisão antes de partir o endereço de um hotel, onde encontraria um bom leito e um jantar simples. Qualquer refeição no botequim da esquina teria a supremacia de um requintado repasto a um reles ex-prisioneiro depois de tanto tempo de clausura.

Ele caminha, e já há poucos metros do portão da prisão sonha com o repasto fumegante, o quarto quente ainda que impessoal no simples acolhimento de um hotel que nos concede quando estamos longe de nossa terra e, sobremaneira, com a possibilidade de até e porque não, uma meia garrafa de tinto, afinal ele tinha alguns trocados. Ele caminha, ex-detento, semi-liberto, quando cric crac outro par de algemas, a polícia francesa vem buscá-lo. Mais um processo, trinta e seis meses de detenção. Isso me foi contado no pátio entre uma caminhada e várias paradas por causa da desvairada mudança de tempo de Bruxelas que só se assemelha a uma São Paulo, pois chove e alguns minutos depois faz sol, e um frio sopra aterrador, talvez este seja o dia mais frio que eu vi por aqui e como num descontrole geral da natureza, segue-se uma chuva de granizo. São onze horas de uma sexta-feira de Oxalá (Êpa Babá, Êxeueu Babá) na Bélgica e os árabes pretos, árabes não, os marroquinos, começam a noitada da sexta-feira, noite alta e funda e literalmente zoam, literalmente. Schlap! uma garrafa plástica cheia d'água é atirada pela janela no pátio que é de verdade uma nojenta lata de lixo plena de ratos. De dia, os pombos devoradores dos restos da comida. Plém, tric, pencti, um vidro de azeitonas, de geléia, svizzzsit!, uma pequena garrafa de leite cheia, e pão, muito, muito pão. Me benzo o sinal da cruz. O que mais impressiona é o pão atirado pela janela. Agora os gritos, e quem conseguirá dormir nesta porra desta pocilga dessa prisão? Tenho uma ligeira dor de barriga, e não, eu não queria cagar hoje de novo. Eu já lhes contei do ritual da cagadeira, não?

Minhas pálpebras pesam e talvez agora eu consiga dormir um sono de justo. É justo! Ufa! Consegui dormir bem, e nada melhor que uma noite bem dormida, pra se ter um bom homem de pé e pronto. Soube hoje, o dia da mudança para a nova ala. De longe ela aparenta ser de aço inoxidável, dá mais medo ainda do que esta velha e soturna, são muitos ferros ostensivos, modelo de designe de carro americano. Foi sabotado da arquitetura antiga seu traçado gótico, pra se elevar em paredões e janelas e das portas, no melhor estilo robocop. E dá-lhe ferro! e desta vez o ferro não é mais forjado em flores ou folhas vazadas. Ele é pintado de bege numa tinta automotiva e brilhante. Dá medo. Mas só o fato de ter uma janela que abre e fecha e possivelmente uma vista pra olhar e, sobretudo, o fato de ter uma privada com descarga, já é um consolo. Lógico, além de um sentido de limpo que o novo trás em si até que o tempo revele...

Sol quente, vento frio. Chuva e uma ligeira tempestade de neve. Caminhamos sem parar três quilômetros. E Feliciana nos divertindo com suas incríveis histórias; hoje era de um amigo holandês que recebeu em seu nome em Amsterdã um container com 2.350 kg de droga vindo da Colômbia. Ela caiu com mais trinta e cinco pessoas, as quais ela libertou todas. Custou dois anos seu processo e US$ 60 mil. Nada foi provado. Ela embolsou US$ 400 mil de luvas. Dois anos sem liberdade. Feliciana já caíra em Curaçao. Quinze anos de cadeia. Apelou, pegou 12. Pagou US$ 80 mil e em vinte e dois meses estava livre. E assim vão as histórias cabeludas. Provavelmente com um pouco do apimentamento fantasioso das histórias dos detentos que tem a obrigação de serem inacreditáveis. Preso à cadeira perto da cama, escrevo pegando uma réstia de sol recortado que me aquece os braços e posso assim estar de camiseta. A casa está uma imundície. É que mudo de cela amanhã e não estou a fim de baixar Maria nenhuma.

DESPEDIDA DE MINHA CELA

O português me viu com isqueiro novo e disse: "Este vai durar até ires embora." Me senti feliz quando ele falou, acho que achei que seria breve. Agora medito quantos dias ou meses durará um isqueiro. Da maneira como venho fumando, cinco ou seis cigarros por dia, creio que durará seis meses e eu não durarei seis meses nesta ala. Ser um rebelde com causa. Sei contra o que luto, o que procuro, não tô afim desta primaria. Minha posição contra um princípio de realidade parco ocidental, era definitiva; sempre achei que a vida que se vive é michuruca, que nada vale a pena que nada pode valer a pena por muito tempo.

Penso na lei sagrada da impermanência e sabendo dela sei que não a aceitei nunca. Entrei na vida entorpecida da droga porque achava revolucionariamente correto, enxertava meus amigos, até minha irmã mais querida eu aliciei, e sei que naquele momento foi pra ela uma viagem saudável, plena de descobertas. Acreditava, tinha fé na transformação efetiva das vidas vividas, e uma certa necessidade (baudelairiana?) do embriagar-se de vinho, poesia ou virtude. Minha retórica sobre as benfeitorias da cocaína, baseava-se em estudos de Freud, Artaud, Genet, Baudelaire, Nietzsche, me faz agora acreditar no estar ligado à vida de tal forma que não se necessite de embriagueses. Nietzsche, sinalizava no estado de embriagues *um derrubar das barreiras hostis que separam os homens*. E eu acreditava que este era um mergulho sério, como se se pudesse ter seriedade nessa via de contra-fluxo, nessa maneira um tanto acintosa de lidar com o proibido, com aquilo que era transformado em tabu. Achávamos, eu e um bando de inteligências sensíveis, nossa atitude revolucionária. Nos meus tempos, deveríamos passar a droga a nossos próximos mais próximos, algo assim como ato inevitável para a construção humana das benfeitorias, acreditávamos que a droga era uma via de acesso — e se não houver dela tem que se abrir uma vida baseada no(s) Deus(es), um sentido maior, mais transcendente, queria ser rodrigueano e dizer; em uma palavra: (como pai fosse eu, Nelson ou Noll): **vida de compadecimentos**. Atalho, e prévia, para muitos, alguma qualquer chegada, portos de outras realidades, além da lida, algo acima, acreditava eu. Hoje depois de tantas andanças sei que não, sei que a questão do acima da lida está muito mais para o vazio do centro, no eixo, (Deus?).

Já é passado o mergulho na droga, ainda que necessário. Dela tirei o que pude. Com ela dei o que pude. Vi, bem perto de mim, quem deu a quem e quem tirou de quem. Vi vidas vividas imundas, ainda vejo, hoje não mais atônito e não mais em dúvida. Mergulho dado. Descontaminei-me. Ainda que meus baseados continuem, se bem que mesmo eles... Nesta última noite, deste último dia de Primavera fria (equinócio) na ala D, a terrível, agora sinto o peso infindo nas costas, no peito, no centro do corpo. Meu coração se aflige. Parto daqui finalmente, ainda bem!... incensarei a minha nova casa. Esta ala velha tem muita história, muito grito vagante, muito desespero, dos loucos aos prisioneiros, dos leprosos aos imigrantes proscritos, desquerimentos, personas não gratas, desde o desde sempre e até os dias de hoje.

Dizem que, nestas paragens, se um mendigo bate a porta ou toca a campainha pedindo um pedaço de pão, chamam a polícia. Arrumei as minhas trouxas. Não é fácil se despedir de uma cela, uma cela depois de trinta dias é por demais íntima. Sobretudo porque ela é só nossa. Ninguém entra na nossa cela a não ser rapidamente. Lá fora, alguns prisioneiros se despedem. Ouço a voz do Gianni. Tchau amigos. E eu como farei sem a voz do canto árabe? Eu que filho de Portugal não aprendera a cantar fados. Olho minhas mãos, minhas veias estufadas, meus longos e grandes dedos e me vejo parecido com meu avô. Lembro do orgulho que eu menino tinha de seus braços e suas mãos grandes, como as de meu pai. Lá fora agora de uma ala pra outra, há um intenso diálogo. Pra ser franco, uma gritaria. Recebo hoje, sábado, uma carta do diretor da prisão: *a prisão preventiva do Sr. Abud está decretada por mais um mês. No dossiê de acusação: Autor e ou portador ilícito e importador de droga.*

Estou tão acostumado a interrupções dos escritos que quando os carcereiros não aparecem pra os sem número de atividades cotidianas, eu mesmo saio, fujo dos escritos pra algum rito sem importância, ou às vezes porque fico extremamente cansado, cansado de tentar, de mexer, movimentar, cansado de "expremer" um exprimir, esperança de que a porta se abra, esperar a porta se abrir, a luz entrar e o pesadelo acabar. *Eloigner de la Belgique.* Expulso do país.

Lá fora, a última canção árabe. Vou até a janela, me penduro no batente. Ponho o rosto e as orelhas pra fora do vidro quebrado, mentalizo junto, olhos fechados, desperto. A canção é sempre rápida, curta. Abro os olhos, há um lindo entardecer de primavera, uma lua prateada no céu. E a primavera não sente diferença nem em mim, nem em Bruxelas, nem na prisão de Saint Gilles. A Lua está lá impávida. E a tarde cai. Há uma canção portuguesa que vem não sei de onde e o pátio...

No afã de ser eu mesmo busco cotidiana clareza, pois que sei que daí posso partir. Lá fora gritam nome árabe, Amâl, com som anasalado circunflexo no A, fica an. Amâl, Amâl. O sujeito não pára, todo dia repete Amâl e ninguém responde. Estes marroquinos são realmente de. Eu grito: Que inferno! Oi! Que merda! O quê, porra! Fala viado! Eu sentia um fluxo que apontava duas linhas pequeninas. Frase de poesia, ou melhor, de cunho poético, e de meu próprio coração e punho e agora: Amal, Amal, merda. Foi embora. Clara evidência. Hoje pela primeira vez, depois de vários minutos, do nome reverberando nos ares, Amâl!!! o tal Amâl resolve sair à janela. Tô louco pra estar na página 279 deste escrito e dizer pra mim mesmo agora você pode fumar um baseado dar uma volta na praia, ver as moças, as crianças, os velhos e os rapazes. Por isso é bom o mar, o mar, a beira do mar é o lugar onde estão todos sem distinção de cor, de raça, sexo, idade, status, ideologia, religião, apenas o caminhar irmana a todos, caminhar e caminhar. Refazer o que faz a humanidade desde antes de inventar civilização. Caminhar pra lá e pra cá. Quero ir pra casa Mãeee! me vem na ponta da língua as repetições obsessivas dos mestres, Dali, Tarcovsky, Pai Rodrigues, Abujanra, a obsessiva repetição, da verdadeira saída do *envelheçam, envelheçam, envelheçam...* Quando o dentro fala comigo assim é que penso; como vale ser filho da mãe, só aquele que é filho de mãe é que pode ter mãe dentro, porque quando precisa de mãe, vem a mãe dentro, norteia e guia. Nossa Senhora da Conceição. **Sou Filho De Mãe**.

"Na tempestade eu me oriento pelo rugido do trovão, em alto mar escuto as ondas, na proa desta embarcação, esta barca que corre pro mar, também corre no meu coração..."

Diz o hino daimista. O árabe canta hoje. É a terceira vez. Deve ser bendição extraordinária, deve ser Deus pensando em nós. Cabeça pra fora das grades, noite linda de primavera. Fresca. Marroquinos falam ao mesmo tempo, um cigano (são cinco), quebra a janela noutra ala, grita, exorciza. E tudo parece que vibra junto ao mesmo tempo. Tudo se exalta por alguns segundos. Depois tudo se arrefece. Entra pela portinhola do meio da porta o jovem chefe que me tratara mal e depois que Marc disse que eu estou doente me trata bem. Até eu me lembro que já contei isto, então ele aparece na portinhola com um outro chefe super gentil e diz em tom de brincadeira: "Abud, este é o Abud." Continuam me trazendo lexotan. Eu já pedi que parassem há vinte dias. Tenho um vidro cheio desses que vou guardando. Quem sabe eu resolva me suicidar tomando um vidro de lexotan cor de rosa? Poderia aceitar até por apenas a cor de rosa combinar com a minha pele morena. Seguramente não quererei. A idéia do suicídio se bem vivida, com coragem, entrega, na adolescência e juventude, não credita mais na idade adulta. Embora muitos grandes homens como Pedro Nava, Getúlio Vargas, ou Gilles Deleuze se suicidaram na velhice. Idade adulta... que é que eu estou falando, que tenho quase quarenta anos e que tô velho, não, não tô ainda, agora é que tô ficando no ponto. Tô quase, quase no ponto, no lobo. Quase figura respeitável.

Quase na beira de um ataque de nervos. Nova ala, passei pelos números. 4.026, 1.234, e espero que este seja o derradeiro número, 5.208.

CELA Nº 5.208

Nova cela. Privada com descarga, pia, água que jorra, dois armários de madeira, uma mesa, uma janela que abre e fecha, diminuindo enormemente a sensação de claustro. A luz você mesmo pode apagar, e é claro, eles podem acendê-la do lado de fora a qualquer hora da noite como bem entenderem. Lembro-me da primeira noite na ala D, num mocó indescritível, calabouço úmido e mal iluminado. O carcereiro jovem louro e muito gordo gritava comigo em alta e viva voz num neerlandês raivoso, não sei qual de meus atributos provocava mais a sua ira: meu estado traficante, a suspeita de ser soropositivo, meu estilo sério e ao mesmo tempo hippie, minha cara de árabe, ou mesmo algo em mim que pra ele pudesse conter uma qualquer gaysisse. A noite toda, em toda a duração de seu turno entediado da madrugada, deve ter acendido a luz, batendo e chutando a porta de ferro de Napoleão, pés nos metais, metais e de sua garganta jovem e masculina seus gritos lancinantes, umas quinze vezes a noite toda. Havia noites que eu não dormia, fiquei enlouquecido. Sempre retardatário nas minhas reações; eu acordava assustado e me virava para encarar-lhe cara a cara, ele a apagava, eu proferia qualquer coisa em espanhol, em francês, nada de expressivo, apenas um gemido de ai que a vida dói, e no dentro a aceitação do anátema, como provação que calamos na alma. Ter-se que passar por isto. Cada tortura uma vergonha. Aqui mudou também o olho de acrílico no alto central da porta. Agora um retângulo de uns 20 × 10 cm serve de portinhola, portanto, não se pode mais ver o lado de fora, como se via antes pelo olho de vidro, mas ao mesmo tempo agora posso ver a cara do carcereiro inteira, antes só se via um olho.

Reverto: Queria tentar agradecer a este país, aplaudindo assim sua conquista de uma mesmo que pseudo cidadania; os presos têm aquecimento, roupas limpas e quentes, cama macia, mobília de madeira, um repasto diário que aos amantes da carne é muito bom. E quando tem-se dinheiro pode-se comprar o que quiser, de tortas de chocolate, a frangos grelhados, e sobretudo, frutas, verduras e legumes de cada estação. Eu escolhi ficar sozinho e aqui estou, ninguém pra dividir. Talvez fosse mais fácil no tempo em que tinha de dividir a cela com o inglês, o tempo passava mais rápido, sem a gente sentir. Embora saiba que neste mergulho seja melhor a solidão. Sobretudo pro trabalho. Escrevo regularmente, o tempo modifica consideravelmente a germinação, colhimento e cozimento de algumas idéias, embora acredite que só consiga produzir um diário cotidiano sem forma essencial, ou mesmo estilo, supondo abarcar toda a dura e seca história da lida vivida de prisioneiro. É que a arte, fertilizada pela inspiração quando vem, não sabemos porque, ou mesmo como, ou quando, e o pior, nem sabemos porque, e sabemos que tantos homens ruins receberam a visita de deuses, embora se saiba que os Budas têm razão: dizem que a iluminação pode vir a qualquer hora, em qualquer momento da vida, para qualquer reles ser humano, e assim é com a arte, vem mesmo para os não-revolucionários, mesmo que eu continue a acreditar que quando o artista é um revolucionário não há obra sua que não seja boa, pois tudo que frutifica em nós aparenta santificação, pois arte é uma visão de um mundo qualquer, pequeno ou grande por bons olhos. Às vezes tenho em mim a dúvida, e penso em leis técnicas pra literatura, mesmo que literatura de catarse. Não sei se conseguirei. Mas não tenho escolha. Aqui ou é isso, ou é não isso.

Se eu ao menos fosse autor de peças, se acreditasse nisso, seria mais fácil, menos árduo o caminho no teatro dentro em si. Mas eu não acredito em peças, já vi algumas peças boas, mas não me faz a cabeça, não me impulsiona o espírito, não move o gosto estético. Me quero no teatro como sempre estive: pronto, alucinadamente presente em estética e espírito, devorador antropofágico de escritos e sobretudo aspirante a transmutador de testemunhos humanos em cena teatral; e porque não alquimista de atores também, numa palavra me quero no teatro como encenador. Mesmo que um encenador que entre tantas vezes pelo cano.

Aguardo aqui agora o momento da chamada pra sair da cela. Existe um prisioneiro e o sistema utilizado para relacionar-se com ele; é um constante estado de sobressalto, num alerta acondicionado em cada tempo, em cada período do dia. Vocês podem perguntar se isto não atrapalha, ou mesmo se isto colabora com o fluxo do trabalho da escrita. Eu não sei, às vezes acho que como artista nacional eu tenha desde cedo aprendido a produzir em estado de pressão. E que eu me lembre, os espetáculos sempre corriam, ou melhor, os artistas corriam desvairados atrás do tempo como o coelho da Alice. É tarde, é tarde, é sempre em retardo. Assim, no começo quando dos vinte e poucos anos vamos bem. Depois dos trinta e cinco anos e de uma dúzia de produções, vamos cansados. Sabe que Genet, no começo de sua vida de encarcerado, foi na maioria das vezes condenado por roubar livros nas livrarias? Deus do céu, que loucura, não pode ser verdade. Sim é verdade. Penso nos franceses. Quero ver se hoje um ladrão de livros fica detido num sistema penitenciário. Aqui o sistema não suporta mais o entre e sai de "criminosos" de homens marginalizados da sociedade. Embora saiba-se de tantos casos no Brasil, de mães condenadas por roubarem fraldas ou leite para seus bebês, sendo isto apenas a prova de uma vingativa exclusão nacional dos pobres. A bem da verdade, a penitenciária é um poderoso sistema que emprega muita gente, funcionários públicos daqueles que não sabem fazer nada além de vigiar o outro, ficar espreitando fofoqueira e descaradamente, e porque são pagos ficam como uma espécie de empregadinhas ou pagens debéis mentais, cuidando, revistando, abrindo e fechando portas. E além desse enorme vínculo empregatício, há também um fluxo enorme de dinheiro, do Estado e de seus tesouros, dos impostos dos mesmos próprios prisioneiros, seus familiares que ainda aqui dentro continuam consumidores, que alugam vendem e compram. E ainda o dinheiro que normalmente é confiscado, mais as multas instituidas, honorários de juízes, procuradores, polícia e muitos, muitos advogados. Bem, tratamos não sei se muito resumidamente pra se entender de uma fábrica de dinheiro.

CARAS PALOMAS

Aqui, acho que as paredes são mais finas e o som vaza. Ouço a música do vizinho. Tenho um pouco de dificuldade para respirar. Merda, ontem eu perdi o sono por ficar imaginando como traficar aqui pra dentro vitamina C. E não sei se eu já pude contar das vacas loucas. A Inglaterra exportou pra toda a Europa uma carne contaminada, porque as vacas que mataram estavam loucas. Ah meu Deus! Comer carne sem querer comer. E estas vacas assassinadas, e ainda por cima loucas. Será que deve haver uma indenização para isto? Perguntei ao carcereiro sobre o pedido de comida vegetariana que eu fiz há uns quinze dias, ele disse: "Pra que você quer comida vegetariana, é só tirar a carne e este é o menu vegetariano; a mesma coisa, só tirar a carne." Meu Deus, batata pura, não! prefiro a carne e mesmo assim como-lhes as bordas e a salsa, o molho que vem com ela. Fui ao recreio. O pátio é bem melhor, embora não tão grande como o outro, mas ao menos aqui é no fundo da ala, então podem jogar lixo e comida a vontade que não caminhamos sobre ele, e não há pombos.

Queridos pombos, eu queria lhes dizer que eu sempre gostei de vocês, mas de verdade, me fizeram crer que vocês não são boas pessoas, chamaram vocês de ratos dos ares, e eu fui ficando com medo, daí me disseram que vocês transmitiam toxoplasmose, aí eu fui morar na casa grudada com o seu Mário, aquele pintor, que era pintor e corretor de seguros, que amava os animais, e seu Mário tinha gatos e cachorros e dava muito milho aos pombos, aos que ele dava abrigo, eram assim seus inquilinos, uns trinta, e mais os agregados, uns setenta, por volta de cem pombos. De manhã, de tarde e de noite, na minha janela, no meu quintal, na garagem, merda de pombo, pra lá e pra cá. Depois a Joana menina da Ângela, 8 anos de idade, teve toxo. Eu sei que não posso lhes acusar pombos queridos, mas não fui eu que... Bom, poderia ser dali, ter pego lá em casa. Paranóia geral. Afinal é uma das primeiras infecções oportunistas pra um soropositivo manifestar Aides.

PRECONCEITO

Escarafuncho histórias, mas ainda não tenho a paz de quem quer reatá-las, não, ainda me debato muito. Em Bruxelas se fala muito em declarações, se houver contra você qualquer declaração, se alguém diz aquele ali tal e coisa, não precisa de provas: te trancam, daí é esperar o primeiro, o segundo, o terceiro mês até o julgamento. E se nada ficou provado, bom, você pode partir. Já cumpriu sua pena. Aqui se tem paranóia de que algo possa vir de fora e aumentar a acusação. Minha agenda com todos os meus telefones está com a polícia e meus amigos não são exatamente santos, e a relação com a droga existe em ene direções, isso é muito comum na Europa. Aliás, se eles não tivessem a droga, não suportariam tanta aflição. Por isso bem fazem os holandeses que não dão muita seriedade ou importância a este hábito de consumir drogas e conseqüentemente de vendê-la. E está claro o êxito de tal política, a Holanda é o país onde há menos drogados e menos traficantes na rua ou nas prisões. Merda! Eu quero telefonar, preciso falar com algum amor. Dois dias no pátio e nenhum dos meus amigos. Isso dói. Ontem na neve que caía senti uma tristeza fora do lugar. Perguntei ao chefe sobre os brasileiros, ele diz que estavam do mesmo lado que eu. Mesmo na mesma ala, se você mudar de lado, você perde o sujeito, não o vê mais. Tenho a impressão que todos estão do outro lado. Um prisioneiro marroquino que eu achava estranho e hoje no pátio revelou-se um bom homem, disse que posso pedir pra trocar de lado. Como os brasileiros são dorminhocos, preguiçosos e vivem com rebordosa de herô, pode ser que eles tenham ficado dormindo. Quero não pensar na dor. Acreditar no sol a pino, nascente e poente, provedor. O sol oficinando bate na folha do papel que ressentida por tanta luz se modifica. É ainda inverno, e já um sol de primavera inunda o céu azul bruxelês. Sabe a tal história do não me arrependo de nada? Pois é. Não me arrependo de nada, das boas e más atitudes, me arrependo sim das bobagens e besteiras que não fiz. E se o que vale é o conclusivo, os finalmentes, quando a gente soma tudo e noves fora, tá lá na nossa cara, o computo: culpado ou inocente, o tal veredicto só é dado pelo próprio eu. "Ah, como é difícil tornar-se herói, só quem tentou sabe o quanto dói..." não sou, embora sempre sonhasse sê-lo, pertencendo à árvore maldita que tanto cultuei. Gostaria de estar orgulhoso de estar aqui, afinal como tantos... merda, tô aqui, sem lei, no deserto dos quarenta. Vejo o escrito na cabeça da folha, preciso ir mais fundo, posso ir mais fundo, minha possível literatice só prestará se sua singela aspereza for real... Sérgio, o brasileiro, traficante e assíduo consumidor de herô, perdulário e ladrão de telefone celular, ou como ele mesmo diz, ladrão de tudo que ele sentisse vontade de possuir; mãos à obra e pronto, ei-lo ladrão de carros, motos, aparelhos eletrônicos, roupas. Ele botou o português e outro brasileiro ingênuo — um jovem muito simples de Goiás que fala *pobrema* num francês esquálido — todo mundo na cadeia. O mais incrível é que eles o perdoaram, não dá pra esquecer. Genet disse: *os prisioneiros são como crianças, misteriosos, anjos do Senhor.* Marroquinos, um dia foram onze contra um ou dois prováveis belgas, quebraram o jovem belga, todos juntos em cima dele. Foderam-lhe o rosto, o abdome, as pernas; socos e pontapés. Os policiais chegaram apenas bem mais tarde. E nós ali. Feito testemunhas passivas de uma espécie de monstruosidade humana. O Sérgio então dizia: Esse cara vai vir tirar a forra. Eu pergunto porquê. Ele conta que um marroquino, uma vez, tentou roubá-lo e ele quebrou-lhe a cara deixando-lhe uma cicatriz no rosto. O Sérgio apanhou muito da polícia. Pensei na tortura vivente ainda no primeiro mundo, nos donos da nova ordem mundial, só depois vim a saber que ele agrediu os policiais com pernadas e porradas. Se fodeu, ficou numa solitária puxado pelos cabelos, levou telefones (dois socos ao mesmo tempo nas orelhas) e um sem número de chutes no estômago. E então, ele dizia do marroquino, conversa de bofe, que se viessem, o negócio era não soltar a garganta de um, prender-se e nunca mais soltar, até o fim. Eu disse: vamos caminhar, fica na tua, te aquiete. Eu com tudo isso queria chegar no seguinte: explicar que eu fiquei com uma raiva silenciosa e injusta do tal marroquino, e não o cumprimentei mais. Mudamos de ala, o tempo passou e hoje o tal marroquino veio puxar assunto. Caminhamos, ele foi positivo nas suas conversas, e me contou que vendeu ao Sérgio um pouco de heroína, e este fissurado, querendo mais, e ele não deu. Sérgio esperou que ele entrasse e pôs-se a quebrar o pára-brisa do carro querendo encontrar mais da droga. O marroquino desceu rápido, mas Sérgio tinha fugido. Foram se encontrar novamente aqui dentro no pátio. Foi aí, que depois de ver que cara legal era o marroquino, um sujeito sensato, envergonhei-me de meu delírio preconceituoso que me fizera desprezá-lo. Depois de conhecer-lhe a singeleza, tive de perdoar a mim mesmo pelo que senti por ele, e finalmente me senti eu mesmo um pobre homem, um homem do mundo dos homens. Penso que assim julguei e julgo ainda: atitudes, caracteres, seres, até os elementos. E a vida é muito mais que isso, a vida afinal não é nem suave/singela e também não é uma discórdia aguardando um julgamento ou ira colérica. Hoje me mexi bastante, senão congelava, fiz algumas abdominais, circulei os braços, ouço e sinto a quinquilharia dos ossos que se raspam nas juntas. Tento o círculo pra ver se destrincho e melhoro as dores nas espáduas. Amanhã vou ver se danço um pouco, me alongo, hoje ainda farei um trabalho de Daime, bailado, sem a bebida santa, mas com santa devoção e fervorosa concentração. Na ala do outro lado do pavilhão, a chamada para o pátio. Não consigo ver o pátio da minha janela, então peguei o espelho e incidi do lado de fora da janela, esticando bem o braço: lá está o pátio antigo, infinito círculo onde caminhamos durante duas horas. Fiz um amigo francês, que concorda comigo no medo de comer da carne, a carne da vaca louca, *vaca lôca*, como diria Feliciana no mais puro sotaque caribenho. Parece conto da carochinha; carne contaminada de vacas loucas. O francês descendente de armênios fala de saladas, troca receitas, conta da prisão na Itália plena de gente em cada cela, que lá dividem tudo sempre, que cozinham na cela, onde há inclusive um fogareiro, que comem muito macarrão, legumes frescos, alhos, cebolas, e que o melhor cerimonial italiano se mantém intacto: sentam à mesa, às vezes cinco homens juntos para um farto e elaborado repasto, dizendo *buon appetito*. Ai! Que saudade da cozinha da minha mãe. Amanhã terei pepinos, endivias, tomates, cebolas e alhos. Enquanto isso, como chocolates e já não sou mais uma pequena suja do Alentejo que come chocolates, e eu mesmo quando deito o papel alumínio, sei como o poeta também tenho deitado a vida.

1º DE ABRIL

Aproxima-se a Páscoa do Senhor. Visita de Madame Andréa, ela vem de uma ONG que acompanha soropositivos no sistema prisional. Foi chamada pela minha advogada, é sem dúvida uma dama gentilíssima. Diz que entrou porque tem um passe cedido pelo diretor da prisão que segundo ela é muito humano. Há trinta por cento de soropositivos nesta prisão. O silêncio é a lei. Todos têm muito medo. É tabu. Falamos muito. Eu estava cansado, ou ando mesmo meio sem assunto. Ela com gesto cuidado carinhoso e oferente, deitou na mesa alguns chocolates e um maço de cigarros. Fizemos uma carta, melhor, eu ditei, ela escreveu e eu copiei, embora a carta pronta, super simples, eu mesmo poderia ter feito sozinho sem um único erro. Tento, ajudado por ela, conseguir com a ONG os antivirais para poder levar quando voltar pro Brasil. Afinal custam 1.000 dólares por mês. Negativo, nada feito. Quanto penso sobre isto queria me. Olho pelo espelho.

Estão todos lá. Feliciana, os brasileiros, o tunisiano que fala que Alá é o único e verdadeiro advogado. Tento gritar-lhes os nomes, eles não escutam. Grito mesmo assim, e no meu grito os nomes. Uma dor imensa ronda no ar. Insisto em deixar claro que os detentos, mesmo que como eu os ainda não condenados, são como crianças. Volto a Genet. Ele passou em 1942, seis meses na prisão de Fresnes, onde escreveu *Nossa Senhora das Flores*, por ser pego em flagrante delito de roubo de livros na livraria Stok. Como ele já havia sido condenado em 1940 por roubar três livros, na livraria Saint Michel, como ele será condenado em maio de 1943 por roubar novamente livros de outras livrarias. De 1940 a 1947, ele faz questão de que sejam conhecidos o s seus furtos, por virtude, por orgulho e sinceridade. Diz ainda que um roubo é público como o título de um livro.

Na prisão existem os anjos e seus mistérios, você pode encontrá-los a cada passo nestes labirintos, neste estacionamento de prisioneiros, nestas realmente belas histórias de condenados.

Não poderia deixar de lembrar que pra mim este ainda inconquistado mergulho na infância profunda, tem início na ala medieval da prisão em que estive quarenta dias, no cheiro de merda das suas latrinas plásticas, que guardavam a merda por uma semana até ser esvaziada na sexta-feira, no dia de Oxalá. Lembro-me que costumava neste dia religiosamente me vestir de branco e não comer carne. Aqui de verdade servem peixe na sexta. Mas não falo de repasto, falo do cheiro da merda de todas as latrinas abertas nas portas das celas, os baldes de mijo e as caixas de merda. Aquele odor na catedral gigantesca e reverberante que era a ala A. A merda de quase duzentos prisioneiros emanando, vaporizando, criando um definitivo miasma, no grande vácuo do grande salão bíblico e demoníaco. Dizem aqui que põem algo no café para os presos defecarem mais que o normal. Vejo que é necessário dizer daquela visão da catedral da merda, igreja inóspita e aterradora da ala A na sexta-feira, em sua imagética sagrada incensada com aquele cheiro que destrona qualquer ambição humana que a todos zera aponta reles seres de merda. Descubro que não há belgas na prisão, conheci raros, uns dois num pátio inteiro com noventa homens, mas agora vejo que os velhos em sua maioria são belgas. Há belgas velhos e tantos, é sobremaneira comovente. Será que esta memória viva da catedral de merda me reportará, como indica Genet num caminho de volta à infância, à criança em mim, a um tal despojamento, numa bela, nua e crua visão de tudo e dos seres? Amorosa visão. Toda vez que Nelson Rodrigues, pai do Teatro Desagradável escreve de retorno ao tempo da infância, infância profunda, cognomina ele, em todas as vezes, ele é o criador em excelência com todo o fulgor dardejante, autor Deus da obra criação. Ele é Divino. Que a merda guie!

O CARCEREIRO QUE NÃO TEM NOME

Eles são sem nome. Os inomináveis. Pois ele ficou na porta espreitando a última visita de Marc na antiga cela. Marc puto saiu no corredor e perguntou se havia algum problema e despistou-o naquele jeito meio enfezado da língua francesa quando se lhe põem algo em cheque. O chefe saiu puto e Marc puto deixou a porta aberta, diferentemente de todas as outras visitas. Marc me diz: Ele vai falar ao diretor. Eu disse, deixa pra lá Marc. Nesse dia na semana passada, Marc pegou umas cartas pra botar no correio e disse que domingo me traria frutas. Hoje é terça. Acordei às 4:30 serviram água quente e o pão de centeio que eu aprendi a amar e concentrar-me para tirar dele todo alimento. Pedi água quente em maior quantidade para limpar o chão. O servente marroquino cara fechada comigo disse: Eu já te disse que nesta ala não servimos água quente pra limpeza. Eu puto de cuecas e camiseta disse, não, esta é a primeira vez que eu lhe peço água quente. Ele disse: — Ok por favor e me entregou o pão. Ia indo rápido como sempre e eu disse a confeitura, por favor. Voltando me entregou a geléia e ainda disse: Por favor... Ora um pouco mais de respeito afinal, porra! Percebo então que a idéia de me transferir pro lado de cá foi deste chefe nojento, todos estão do outro lado. Ai pinta a natural paranóia que eles sabem da soropositividade e este é o motivo de me tratarem mal. Talvez seja apenas paranóia. De qualquer maneira farei o que for preciso pra não temer e ficar acuado, senão me jantam. Fiz um raport pedindo mudança de lado ontem. Queria um cobertor sobressalente, disseram não. Não foi fácil dormir nesta nova ala com frio ao som dos metais. É mais abafado o som, isso ajuda a diminuir a estressante barulheira nas passagens do abrir e fechar das portas, mas em compensação o som dos televisores das outras celas invade com violência. Ontem à noite tentei dormir às 10 hs e a TV do vizinho estava com o som muito alto, quando havia um intervalo na programação eu podia ouvir ainda umas outras duas ou três mais distantes. O som da TV ao se ir dormir é inóspito. É desumano. A TV projetando cenas sem ordem de entrada e saída, difere do teatro aí: não tem valor ético ou estético nas entradas e saídas. Nem de espiritualidade, nem de densidade de vida vivida. O cinema se serve também do simulacro, mas como uma espécie de ordem natural divina que repara ou exalta a condição humana.

RESIGNAÇÃO EM MINHA QUITINETE

Olho canetas consumidas e esta é de verdade uma nova sensação, ver através do casco plástico a carga azul quase finindo. E eu aqui, purgando meu horror a quitinetes. Em brincadeiras no pátio vivo convidando os presos pra jantar fora. Riem-se. A brochura do caderno em que escrevo está úmida do pão que ainda noite trouxeram com aquele mesmo jeito mal encarado e eu desavisado depositei sobre a folha e merda, hoje é plantão do tal filho da puta que me separou dos meus amigos. Sinto falta das bichas que sempre tem algum assunto engraçado ou otimista além da imensa experiência de Feliciano em prisões. Hoje finalmente consegui dormir. Deitei às 9:00 aproveitando o silencio das tvs que já estavam ligadas, mas com o som baixo. Não massageei os pés para não ligar. Estava cansado. Toquei-os rapidamente. Uma hora e meia depois, acordo assustado, a TV do vizinho mais próximo, está com som altíssimo, ouço a música do filme *Fame*, uma das minhas favoritas e imediatamente a sensação de fracasso à espreita. Por quê? A música cheia de vozes e palmas vai terminando. Dou um berro da cama mesmo, não suportarei a sensação da frustração do insucesso, e ainda mais outra noite de insônia movida por barulhos. Decididamente levanto e tomo um comprimido. Começo a ler, leio três páginas e vem o chefe, olha pelo buraco e sem uma palavra apaga a luz. Obedeço. Fecho o livro e tento dormir. *Voilá*, acordei às 5:30, peguei o pão, que me deram branco e eu tive que dizer não, não; gris, gris, ou seja pão preto, ou cinza. Oferecem-me água quente, eu digo não obrigado. Perguntam sobre o lixo, eu digo não obrigado. Fecho a porta, apago a luz acesa pelo mal encarado, a possibilidade de não poder apagar a luz é desterritorializante ao quadrado. É maléfica. Aqui você pode contatá-la também pelo lado de dentro. Assim que apago a luz, e antes que raie o dia pela minha descortinada janela, adormeço. Acordei às 8:30h, portanto esta noite finalmente dormi. Sim. Não quis ir ao pátio, embora houvesse um sol raquítico. Está muito frio, além de não conhecer ninguém, a não ser o francês baixinho, inteligente e bem humorado, também uma puta velha de prisão, e ele não sai de manhã, pois senti muito frio também. Às vezes saio ao pátio sem nenhuma vontade, apenas pra fortalecer músculos, e caminhando dar umas esticadas, ver paisagens mais distantes e ar puro. Tenho receio de me afligir ficando o dia inteiro sem sair da cela com a sensação horrorosa da angústia claustrofóbica, mas hoje tem-se algumas novidades, telefone, cantina de frutas e a possível visita de Martins, o advogado jovem, boa pinta, cara de apaixonado, que trabalha com a Dra. Anne. Tenho uma certa falta de ar, falta de C. Hoje chegam os limões. Devir limões. Devir si mesmo. Já posso ouvir boa música, Pat Matheney seu olhar e vou arrebentar sendo todo eu um *desvalido coração em chamas*. No pátio ensolarado daquela primeira ala, a ala misteriosa, a ala pantanosa, donde entra quase nenhuma luz dos pórticos sujos, a ala ao rés do chão sem água que corre. A ala macabra, toda fodida, inospedável, daqui vejo o pátio no fundo da ala, um círculo de mais ou menos 100 m, fechado por dois muros de telas de aço, a primeira de 3 m, mais um corredor de 2 m e a segunda parede de tela de uns 5 m, acabada por um arame farpado jamais visto em toda a minha vida. Eu sempre fui magnetizado por arames farpados, durante os anos da minha infância era uma representação de uma fronteira quase cômica, que delimitava uma estrada de terra a uma cachoeira, uma estrada de terra a um campinho de futebol, uma estrada de terra a uma bela plantação de milho, de pêssegos ou goiabas. Eu sempre conheci de perto os arames farpados. Eram eles suspensos por nós para ajudarmos o próximo amiguinho a entrar nos sítios ou fazendas. Eram eles que vira e mexe nos marcavam como unhas de gato ao longo das costas e das coxas. Lembro-me de várias vezes deixar ou ver deixarem pedaços de farrapos de roupas, que os arames escarnecidamente riscavam. Arame farpado. Tô aqui pensando no não desejo, nesta imensidão dessa porta azulada. Me sei quase atravessando. O arame farpado que é espalhado em muitos muros da prisão é inominável, talvez indescritível. Tento eu porque muito não me custa: são fitas de aço grossas e em cada 10 cm mais ou menos, no lugar em que normalmente teríamos a dobradura e o coroamento de pequenas teias cortadas de fio, temos neste aqui, chapas de aço, cortadas de maneira que parecem laminas de uma malha em forma de setas, que apontam nas extremidades dos dois lados. E assim, a mesma metragem gigantesca do arame farpado enrolado tece uma espiral, se tornando o invólucro da interdição de possíveis becos de fuga. Tudo numa prisão lembra cristicidades. Tudo lembra dor, e tortura, purificação. A grande vantagem, é que diferente do lado de fora, aqui é a solidão. O que no mundo dos homens aparenta defeito, aqui se torna qualidade e mansidão.

A NOVA NOMENCLATURA DA ARTE REVOLUCIONÁRIA

É hora do pátio no outro lado da ala. Reponho o espelho em diagonal fora da janela e só consigo a inserção da imagem do pátio ao esticar muito o braço entre as barras de ferro frio. Há uma verdadeira conspiração, me isolaram neste lado. Não me deixam telefonar direito, é sempre complicado. Estou telefonando, vejo o cigano Gianni, vestido com rigor de paletó e gravata, terno azul marinho, sapatos novos. Uma linda capa de lã azul marinho até as canelas. Está lindo, parece um artista de cinema e depois de um minuto atônito, compreendo logo, *va via*? Ou por ele: "*Vado a casa mia, Mauricio, tchau*" Pego-lhe as mãos, ele vem junto ao telefone, falo com a telefonista da Embratel e com ele ao mesmo tempo. São Paulo a cobrar 011289, *Sono contento per te*, 3479, falar com Helena. *Caríssimo, sono contento*. Ele se afasta, jogo-lhe um beijo, estou emocionado, *va con Dio. Sono strano, dopo cinco mese, sono troppo contento e tu spera que arriverá il tuo tempo*, respondi em português, *eu confio*. Ele já está no primeiro andar e vamos nos falando no último adeus. *Va con Dio, stai atento*, falo em francês, *faites attention. Ciao Maurizio Algure. Algure Gianni*. O chefe me abre a porta da cela e peço-lhe de novo, faço tudo pra trocar de lado da ala. Fico com o brasileiro e o espanhol que está com ele vem pra minha cela. Sei que um dia ainda reencontrarei o cigano, agora só me resta uma saudade no peito. **Noite** azul profunda, daqui vejo um bom pedaço de céu e uma única estrela, o brilho da lua me convida, embora eu a veja apenas se chegar mais perto da grade. Cheia. Hoje estou desconcentrado, um medo oculto me percorre. Me debato nas questões cotidianas: mudanças de ala, telefone, embaixada, visita do advogado, possibilidade de calção, pagamento de multa, fiança. Ontem no pátio quando percebi que isto era possível, a fiança, assim disse um chileno-francês, que antes estava contando do filho francesinho de oito anos, que decidiu virar vegetariano. Ele revela que propôs, antes do julgamento, pagar fiança, foi condenado a cinco anos, propôs pagar US$ 10,000. E enquanto estavam resolvendo, apareceu outro processo. Isso me deu uma certa desilusão. Ora que estranho. Senti um misto de felicidade, pela real possibilidade de mais uma saída. E ao mesmo tempo uma desilusão. Pensei na encenação do tribunal, nos papéis, na possível bondade do velho juiz. E agora nesta relação americana, a fiança. O dinheiro então pode comprar a liberdade? **Mais uma vez.** Ele vende, porque não poderá comprá-la, se nós vendemos liberdade por dinheiro? Era como se eu desacreditasse que os juízes, os advogados, a lei se vendesse. Eu era inocente e ingênuo ontem à tarde. Saibam que esta ala nova, onde tudo é novo e confortável, perdeu algo da infinitude poética e dolorida, do lirismo inóspito da iluminação parca da ala velha. Sinto falta até da distância maior entre as celas. Até mesmo do cheiro das latrinas e porque não da necessidade de subir no aquecedor para espreitar algo à janela. Percorro em pensamento a cela velha, e tenho uma saudade de louco delirante. Sim, mas eu lhes falava que aqui tudo mudou. Os carcereiros parecem que vestiram roupa nova. Os serventes são menos vivantes. O som das tvs se espalharam por todas as noites. Tudo é mais seco, menos participativo, o pátio é distante... como previra o geógrafo e mago Milton Santos, *senhor das territorialidades*: o fluxo criativo está pulsante onde há a escassez, e mais ainda, o excesso de fartura pode privar. Enfim, a melhoria das condições de vida confere algumas perdas essenciais. Não, não consegui ser claro. Tentarei mais tarde, pois isso tem a ver com o neoliberalismo, tem a ver com consumir, claro, consumir, esta é a questão. E o que eu quero dizer é que normalmente abrimos mão de tudo, tudo que pertence a uma antiga nomenclatura de arte revolucionária. Toda a delirante e jovial untura da utopia. Isso era tudo que corria nas veias, em nosso coração transbordante. Que aprendi o que me ensinaram: ficar quieto no canto. Ficaria realmente feliz se acaso em mim vier este contentamento? Penso no cigano e na vontade de me batizar, fazer ladrão, penso num crime. Mas eu tão patifesco, não me daria bem em nenhum crime. Eu de verdade tão cristão. Tão moralista, e ao mesmo tempo, um amador de loucos, eu mesmo um louco, amoral, pernicioso, promíscuo, mendigo, interesseiro, desvinculado, feliz como me fiz, órfão, solitário, e puta, amigo de todo mundo. Amigo de ninguém, pequeno burguês, viciado, preguiçoso, amador em todas as artes, e ainda nelas superficial em tudo, fugitivo, aquele que dá de ombros, que não acredita, cético, São Tomé, frio, descuidado, desatento, desamoroso, descidadão, eu o crime. E eu... Volto à partida do zíngaro e na elegante vestimenta, a roupa com que caímos presos, e qualquer que seja a roupa paisana do prisioneiro tem uma singularidade inexprimível, a dignidade dos homens livres deste mundo de Deus. Assim Gianni se apresentou pra mim, num último adeus, como homem livre. Eram tantos os sorrisos que não pudemos nos ver exatamente. E fomos assim nos separando, olhando-nos sem cessar entre as grades e as galerias num adeus infinito. Até um dia Gianni. **Augure.**

> *"Eu estou descendo para procurar um poeta."*
> Dito de Dionisios nos Infernos. Aristófane

PAULICÉIA MINHA MÃE

Manhã outonal cinza. Saudade da minha infância.

SamPaulo me assusta e me hospeda estranha como a um caixeiro viajante que não saiba nada dela e que não soubesse nada de compra e venda, e eu se algum dia soubera vender, eu não sei, mas seguramente vendi tantos peixes, e houve quem quis comprar lebre, e eu nada pude fazer visto que nunca sabemos os porcos que com cada pérola vem, e esta cidade agora tem o gosto do senso nenhum da urbe do ajuntamento de dores, anticidade das garoas de tardes que me convidam a ser eu o dono dela e a brincar com ela como se ela não fosse mãe, fosse irmã, e eu que dela nada sei como se fosse sim um filho temporão ao qual a mãe já não pode dedicar afeto ou atenção.

SEMPRE UM ESTRANGEIRO

Sei que só agora concretiza-se a sensação do exílio vivido de toda uma vida. A estrangeiridade na própria terra entre a própria gente. Preciso novamente, depois do incisivo Não, pedir pra mudar de lado na ala. Os flamengos estarão mais bondosos antes da Páscoa do Senhor, quando se estabelece a quinta-feira do lava-pés, eu mesmo pela primeira vez lavei meus pés dentro da prisão. Meus pés morenos, bem delineados, graves, um possível pé de um nazareno qualquer. Sim, sem o saber, hoje lavei-me os próprios pés. E morro de antemão numa sexta-feira, que pra um detento é todo dia em que se morre um pouco por paixão, e depois da sexta maior, dia de todas as mortes, a aleluia de um possível sonho de liberdade (essa que não tarde!).

Na luz solar no papel, vê-se o calor do aquecedor que está próximo à janela, tremelicando uma espécie de sarça. Quando observo estes fenômenos, penso na metafísica. E aqui, agora, penso no asfalto. Na rua. Na partida. Exigível. Tremelicam os calores a subir, dançam, tremelica minha pálpebra sem dançar ou chorar. Dizem que se sai daqui mais gordo de tanto comer batatas. Tento alguns poucos exercícios de braço pra não sair daqui esquálido e barrigudo, feio. Quero sair daqui. Meu Deus. A porta está fechada. Me lembro da Divina em Genet, ou seria Genet em Divina. *Tenho o coração na mão. A mão furada e a mão na bolsa. E a bolsa está fechada e o meu coração tomado.* Por que não me deixam ir pra casa?

Sou personagem suspenso no cais de um porto qualquer de uma velha cidade. Acreditando em um Deus, que possa redimir o sofrimento humano. Ontem estava frio, sem emoção. Hoje estou quente, com emoção mas não consigo produzir quase nada.

Do quarto escuro da nossa infância, todos tiveram uma noite no quarto escuro da infância, não é assim?

SEXTA DA PAIXÃO

Na hora do almoço, pensei enlouquecer enquanto comia a salada de cada dia. Uma avalanche culposa, acusatória, os rostos, os papos, as implicações.

Comi com este amargor, espreitando-me. Tentei dormir um pouco, o vizinho soca a parede: "5.208, ei 5.208. Ei 5.208" Desisti de me fazer dormindo. Na janela, o que é? "Você ainda tem tabaco?" Eu irritado, não! Sou do tipo bom vizinho sempre pronto, mas eu imagino o esforço que teria que fazer para tentar passar pra janela da esquerda um pouco de tabaco.

O teatro que está ai passa e eu sei, nós veremos, todos os que viver, verão. Esse amontoado de agonizantes artistas, e teatros, cambaleando, combalidos, que estão, deitados, não na calçada da fama, de onde são elevados pelo agora, mas na rua da amargura, na sarjeta, na guia, no meio fio da estrada. Porque não nos enganemos, existe como sempre existiu uma estrada, e saber que ela no final vai dar em nada, nada, nada, tem a ver com a poesia, que tem a ver com o saber, que tudo é nada, que não somos nada, que não há ego vigente, e que o teatro pede que nos coloquemos em ação a esta obra de caminhar rumo ao nada. Nadificação. E quando digo nada, é nada. Só no nada, na possibilidade da fraqueza, do não agir, do não querer vir à tona, e isto tem a ver com arte. Isto tem a ver com a vida, de verdade. Isto tem a ver com o ponto, o teatro, o lugar. E isto finalmente, tem a ver com a peste, tem a ver com a Aids.

É só quando o vírus entrar em ação neste corpo nosso do teatro, é que se poderá pensar em começar a tratá-lo, doutra feita caminha o teatro, como um moribundo que não é.

JESUS, O ANDANTE AMOROSO

Tentarei lembrar, não me esquecer, jamais esquecer.

Eu queria para sempre o esquecimento. Jesus! três horas da tarde, hora fechada, hora do telefonema não dado, secretárias eletrônicas. Hora da sexta. Onde estão todos? Quero réplica. Não esqueço nunca a deixa. Os presos no pátio, sua caminhada e o círculo, me fazem acalmar. Eles falam alto, ouço ao longe os pombos. Insolentes os corvos, avarentos no seu conhecer da aerodinâmica, e os homens pobre diabos no seu círculo. O círculo que pode levar a entrarmos em nós mesmos, e acredito poder ajudar numa qualquer condenação interior. O que sei, é que é preciso nesse parco mundo dos homens uma condenação interior, uma auto análise, consciência pra não molestar-se tanto a vida de outrem. Nós que estamos aqui dentro levamos vantagem pois temos tempo para esta expedição necessária e às vezes missionária em direção a compreensão de nossa reles humanidade. Paganista que sou ou neopagão, pra ser melhor verdadeiro, penso em Jesus, pois que aprendi a amá-lo quando criança, ainda na casa de minha mãe. O humano demasiado humano que é o próprio Deus Vivo, Rei dos reis, O Filho do Homem, O Profeta, O Cristo, O Nazareno, O Todo Possível Oriente. Os olhos, os olhos, do mundo os olhos... Estou exaurindo. Acho melhor deitar um pouco. Os olhos, os olhos...

INICIAÇÃO

Volto ao lar, à celalar. Comprei ovos de páscoa e um doce que não gosto, uma geléia caríssima, três dólares. E fico impressionado com a minha impossibilidade de ter pouco, de ser o que realmente sou: pobre, não um pobre coitado, ou um pobre homem ou ainda um pobre diabo, mas um homem pobre. Fartura, quase esbanjamento, sempre assim. Me repasso a limpo e penso em todas as épocas de fome. Sempre breves, sempre ralas, mas que ciclicamente me visitaram, épocas das vacas magras. Eu que sempre fora um dândi da vovó. Um garoto arteiro, protegido, podia pintar o sete, fazia o que queria, assim até que quase todos os tios e avô, sobretudo mãe, perceberam que o menino querido da vó poderia se tornar, ou ainda mais, estava se mostrando um viadinho. Fresco! Era assim que minha tia me chamava. Trepava com todo mundo, com os meninos e as meninas, mas, porca miséria! Só me flagravam quando eu transava com os meninos, e aí me vestiram a máscara de bicha. Adultos ridículos! Eu estava indo longe demais e por isso estava sendo rejeitado pela maioria. E foram dezenas de vezes e todos me flagravam fazendo sacanagem. Por tantas vezes fui flagrado e fortemente reprimido. Levava em mim uma paganista sensualidade pederástica. E era desde muito cedo dono do desejo. Eu devia ter algo de muito feminino nos olhos amendoados no sorriso entregue e no corpo algo de lânguido e sensual, pois cheguei na frente da minha mãe a receber uma cantada de um homem canalha: eu tenho vontade de beijar você na boca. Morri de vergonha e acho que minha mãe também. Era o cortador de cabelos que depois todo o bairro ficou sabendo gostava de meninos. Ele era jovem, bem apanhado, bigodudo e muito putanheiro. Mas o que realmente causava espécie no bairro todo e muita preocupação, era que eu andava sempre acompanhado de um casal de mulheres, uma delas é adorada até hoje, das pessoas mais inteligentes e vivazes e belas e principescas que eu conheci. Lésbica e no bairro conhecida sapatona. Fanchona, paraíba, era um ser andrógino, porque puta mulherão, com cara de príncipe, nariz retilíneo, cabelos negros em caracóis, dentes grandes numa boca não menos grande rasgada, lábios grossos, pomos avantajados nas maças do rosto, queixo quadrado, 1,80 m, ombros largos, ossos grandes, mãos enormes com dedos finos e longos. Era conhecida no meio. Um *bom vivan* dos anos 70, um (a) dândi. MulhéHomem do centro da cidade que era fervido, era tida como bicha entre as sapatonas, pois que era bonita demais, um anjo, não me lembro de ninguém tão bonita. Vestia rigorosamente como um gentleman, seus sapatos impecáveis, sempre estilosos, suas calças pretas de tergal, suas camisas de seda com cortes de alfaiate. Seus paletós, última moda. Elba a baronesa de Lucena. Eu a conheci com quatro anos, ela devia ter treze/quatorze anos. Eu achava-a figura mítica. Pois que era e todo o bairro da periferia gostava dela. Com onze anos conheci sua nova mulher, Mércia. Outra figura de encanto, mulherão, fazia a noite no Lalicorne, onde trabalhavam cento e vinte mulheres à disposição de até cem homens, Rua Major Sertório. Mércia era neta de índio, miscigenada com italianos do Brás. Seu pai era maçom, ela do casamento desfeito, pois que o marido a pegou com a vizinha trepando em plena sala de casa, deste casamento ela teve dois filhos que foram criados pela mãe. Foi à luta e tanta beleza, foi supra valorizada e consumida, noite a noite na mundanice paulistana. Angelina Mércia Um metro e setenta e cinco de altura, coxas fartas, bunda grande de nega mesmo, cintura fina, peitinhos de pêra, braços e pernas longas, mãos de rainha, cara linda, olhos de índia repuxados ligeiramente claros, bocarra de puta, cabelos normalmente caju ou vermelhos até a cintura, numa juba enorme. Super maquiada com os grandes cílios postiços da época, era eu que subia a rua de terra pra apanhar um táxi, tarefa complicadíssima na época em Pirituba. Me lembro das noites frias em que ela saia de longo de renda preta com babado de cetim vermelho nos pés, sem absolutamente nada por baixo e, pra não chocar a vizinhança, embora naquelas noites mal iluminadas do bairro pouco se podia ver, ela vestia um sobretudo de peles não muito grosso. Às vezes, em algumas noites em que Elba tinha ido se embebedar e cair na gandaia na cidade, ela me pegava — eu tinha numa primeira noite, onze anos — me botou num táxi e fomos os dois perambulando de boate em boate, de bar em bar, à caça de Elba, o príncipe desejado. Foi aí que pela primeira vez, vi uma boate gay. Mesmo dentro do táxi percebi de queixo caído todo o movimento fiquei atônito. Esperei quase uma hora, tempo em que tive uma espécie de batismo litúrgico do devasso mundo, de longe só de espectador, só na observação. Entravam e saíam homens abraçados ou beijando outros homens. Casais de mulheres e putas e travestis, embora estes ainda fossem raros. Afinal, isto que estou contando já tem 25 anos. Na movimentação livre e impressionável daquela fauna, onde todo desejo era expressamente permitido, eu era uma criança tonta e feliz por aquela chance, ou viciosa constatação. Mais um pouco chega Mércia quase que arrastando Elba bêbada com um copo de whisky duplo na mão e reclamando a condição de ser livre e fazer o que bem quisesse. Partimos com o táxi, ela sempre feliz em me ver. Atira o copo pela janela pra este se estilhaçar no asfalto, não antes de beber até a última gota. E dizia pra Mércia: Você devia ser presa, trazendo uma criança às três horas da manhã, na porta de uma boate gay. Você é louca. Mércia respondia: — Ele precisa saber que existe e ademais, é meu amigo e eu precisei de companhia e foda-se você, e a juíza e o comissário de menores, (ao motorista) e o senhor também. Ele riu dizendo: "Eu hein?!" Todos rimos muito. Estava eu adentrando sem entrar na perigosa e deliciosa fauna e, porque não, flora viva da noite fervida paulistana. Pois eu então era amigo de casa do casal. Amigo de portas a dentro, amigo do coração e de certa forma, meio que filho adotado e promissor e potencial "entendido" ainda a ser libertado e lapidado. Adorava sair com elas, normalmente pra jantar fora. O restaurante simplesmente parava para ver e tragar tal casal vitorioso, vivido em integridade e totalidade de princípios por duas mulheres lindas, embora Elba normalmente deixasse dúvida sobre que apito tocava, que ser era aquele. Homem, mulher, hermafrodita, travesti. Mulherhomem...

"E como o vento faz virar as folhas, assim elas faziam com que se virassem as cabeças, as cabeças que então assim logo se tornavam leves..."

Genet

CONTENTAMENTO

Mais calmo, comi como um rei. Chá de menta, o bom pão escuro com geléia de morangos, salada do almoço de maçãs, tomates com yogurt. Arrotos de satisfação. Um cigarro. Devir bonança. Não quero me tornar repetitivo, mas agradeço agradeço. Tinha que ter tido esta chance, e não sei onde a estrada poderá estar me levando. Sei que algo acima de mim está guiando. Agora estou em mim e brilha no cerne um eixo. Vem a memória da amizade sempre preocupada, extraída, fomentada, me vem os ciganos. Levei então o amigo gordo e inteligente pra casa de minha mãe, que sempre tomou pra si mesma meus tantos amigos, raros foram os que não passaram a amigos dela, boa cervejeira, boa conversa. Uma disposta tolerância e sempre tinha-se a sensação de que ela tudo poderia compreender. Claro que havia nossa dificuldade em nos relacionarmos. Mais de uma vez ela puxou assunto, queria falar sobre sexo, de opções, e eu que sempre levei em mim um certo pudor, vergonha mesmo de correr o risco de levar a pecha de ser viado, fugia. Também porque acreditava que essa "fase" iria passar, que eu iria sair dessa. Ou o contrário, que se eu estivesse feliz com a minha condição, poderia me abrir com ela. A bem da verdade, lhe sou muito grato pela cuidadosa mania dela. Com postura radical me modificou nas frescuras, se não fosse pelas suas invadidas eu tenho certo que seria bichinha e bichinha é difícil não é? Bichinha eu não topo. Aonde você vai com esta calça justa deste jeito? Eu me infernizava, não te interessa! Pode tirar já já. Não tiro, você é louca, eu hein! e saía batendo a porta. Nunca mais usei calças justas. Depois com quase quarenta anos, ela remendou a meu pedido, meu único jeans preferido e justíssimo. Bem, assim eu trouxe o Tulô para dentro da minha casa. Ele também me levou pra casa dele, ou entrei sozinho, pois sempre fui um verdadeiro penetra. Nada mais excitante na minha época do que uma casa cigana, lugar de verdadeira cultura viva onde eu aprendera muito sobre uma vida mais relaxada, mais alegre e ao mesmo tempo mais dramática. A vida pra eles parecia sempre suspensa por um fio. Assim que entrei naquela casa fiquei impressionado com a existência real de um outro mundo que não era o dos brancos, com uma revalorização de tudo. Logo também eu fiquei íntimo da Lula, Baba ou Catarina, a velha mãe do Tulô. Tomávamos chá num ritual de celebração e de apetites e ela punha-se a contar histórias, a falar da vida, do passado, só não gostava de responder o que significava tal coisa ou tal palavra, o que eu percebera rapidamente. Pra eles, o importante era sempre conservar o mistério. Helena, a mais velha e solteira, é que depois de muita insistência minha revelava alguns segredos, preceitos, raízes de raciocínios e comportamentos, superstições, canções e até culinária. Tulô tinha muitos irmãos, eram seis homens e duas mulheres. A maneira de falar com as vísceras, sempre comprometidos com o que estão falando, sempre apaixonados pelo mínimo, no dar ou negar e no receber ou pedir, loucos extasiados. Trágicos, ou melhor, dramáticos, pois levavam em si o super envolvimento do ser trágico e o distanciamento. *Te meral me catchê acanã*, morro eu aqui e agora se você não fizer isto. *Te meral me catche acanã*, se você não me comprar aquilo, *te meral me catchê acanã*, se ela não casar comigo. Famintos, querem muito, muita fartura, muita coisa, muita gente. Eram festas três vezes ao mês, sempre celebrando um santo, um aniversário, uma boda, uma data qualquer. Tudo e muito era motivo de festas inesquecíveis. Existe um panteão mítico pagão que ainda está vivo em alguns povos e assim o canto, a dança, a ceia, as paixões e os princípios estão vivos e em constante ebulição. Assim eles choravam, discutiam, brigavam, sempre unidos e cheios de crendices e preceitos. Pra tudo fazem uso de símbolos, sabem lê-los e respeitam os sinais. Com eles, nos seus carros possantes, passei a conhecer sítios que eu nunca estivera no Brasil, Minas, Rio, Rio Grande, Paraná, as praias todas de São Paulo. E sempre como para as festas, para viagens também, sempre havia motivos, ou então, simplesmente uma boa pescaria. A primeira viagem foi a Belo Horizonte num casamento que durou cinco dias de festa. Era um enorme descampado, onde couberam duzentas barracas, todas enormes e no centro havia um barracão gigantesco e ali foi servida e dez vezes servida a magnífica ceia romaiá, digna de um filme de Hollywood. Ali havia um palco e nele eu vi pela primeira vez um fantástico conjunto de vozes, guitarras, baixo e bateria em que as letras eram num puro inglês estropiado, ao qual demorei para atinar. Eram geniais além de lindos. A jovem que casava, fora "comprada" ou melhor, pedida a sua família por um dote alto, 100 moedas (galbi) de ouro puro. Pagas antes do casamento numa cerimônia e na noite seguinte, se comprada como virgem selariam o matrimônio. Nesta primeira noite em que seria "descabaçada" pelo jovem e lindo noivo estavam todas as velhas da família, ou não menos de cinco mulheres em volta da cama gigantesca no meio da tenda com aquele baldaquim e o cortinado fino quase transparente. As velhas estavam ali em volta esperando o sinal. Primeiro o sinal de virilidade, da potência máscula; segundo e deveras importante, a constatação de que ela era mesmo virgem, e assim haveria de romper-se o hímen com a prova sanguinária indiscutível que elas levarão com triunfo para mostrar pra comunidade. Já ouvi falar de um caso em que o marido e a mulher entraram no quarto e rápidos trancaram tudo. Os ciganos de fora não davam sossego e queriam entrar pelas janelas, pela porta e até pelo telhado, ela confessou pra ele que não era mais moça chorando feito uma criança. Se tivesse contado antes, seu dote seria muito baixo e seu irmão mais velho lhe mataria com certeza, pois ele acreditava na sua pureza. Então o noivo, que gostava dela, solidário, fez-se rapidamente um talho no pé com uma gilete enquanto os ciganos entravam pelo forro da casa, e ele com o sangue do seu pé manchou os lençóis rapidamente. Ao que entraram ficaram extasiados. Exultantes. Se o noivo não banca uma história dessas pode sair até morte. Eles não são preconceituosos, mas o que foi contratado deve ser cumprido, palavra de cigano é boa palavra, não pra nós os gajôs, mas entre eles é batata, qualquer dúvida chamam a cris romaiá, a polícia cigana que nada mais é, e isto é fascinante, que um conselho de velhos, os mais velhos é que tem poder sobre os julgamentos.

Me reporta esta questão ao Brasil antigo amado e decantado de Nelson Rodrigues, onde o orgulho era ser velho, onde a voz mais velha soava com a reverberação do som nas catedrais. Caio em sonolência, hoje foi uma dura travessia, estou aqui forte e seguro, ainda com o medo, e tentando não perder o eixo não pude evitar um comprimido cor de rosa pra que eu não tenha dúvida do sono que anseio entrar. Deus vele e proteja a criança em mim.

> *"Vós sois minha mãe, minha rainha, vós sois o brilho do jardim. Eu rogo a vós por meu maninho, atravessar até o fim."*
>
> Hino daimista

A VACA LOUCA É AINDA POR CIMA INGLESA

Os dias são longos o tempo rende. Já limpei a casa lavei o chão, tudo está limpo, escrevi duas cartas longas fiz um super café da manhã fumei um cigarro. Vi do espelho os presos no pátio. Vi Feliciana, gorda, amante jocosa e bem falante. As bichas são como os velhos e as crianças é bom tê-los por perto dão um novo sentido à vida. São 10 da manhã os pássaros lá fora gorjeiam em louvor à Primavera, penso, meu pau fica duro deixo pra lá, tive sonho erótico prazeroso e também hoje descubro um novo e inimaginável prazer: deixar pra lá. Sexo, sensação. É como nuvem passageira e com o vento se vai... Ninguém tem idéia da suntuosidade do Palácio da Justiça que como diz Genet, não se pode confundir com nenhum outro. É bom poder recusar a carne, leviandade de porco boi dormido assassinado de vaca louca e ainda por cima inglesa. Me supro de saladas, kiwis, ovos, aproveito as *eternels pomes de terre*; engordarei com estas tantas batatas? Cebolas, tenho até maionese para dar-lhes mais sabor, tomates, endivias, pêras e mel. Devir verduras e legumes. E pensar que se eles oferecessem inhame no lugar de batatas todos os presos estariam curados de todos os males. Página 193, e pela segunda vez em minha vida findo até a última gota uma bic escrita grossa. Ganhei outras duas canetas dessas que dão de cortesia aos profissionais liberais, guardo pra escrever cartas, utilizando-as compassadamente. Vou me recostar e aguardar uma visita brasileira que provavelmente não virá. Me masturbei às 7 da manhã deitado protegido pelo cobertor.

NEOPAGÃO É AQUELE QUE AMA TUDO

O Gonzales, não sei se já lhes falei do Gonzales, o velho colombiano que não pára de falar um minuto sequer, que tem uma verdadeira discoteca com cds e cento e cinqüenta e sete fitas cassetes. Está aqui há oito meses e conhece a prisão e seus fundamentos, é bom ouvir-lhe as histórias, mas com a condição de ter outro a servir-lhe de interlocutor, pois senão você caminha ao lado dele e ele vai falando e te olhando nos olhos. Você vai ficando torto, ao passo que ele exige réplicas constantes. Então caminho ao lado dele e ouço as histórias que ele conta pros outros. O Gonzales foi condenado em Los Angeles a vinte anos por tráfico (deve ter sido alto) e por ser acusado de ser chefe de quadrilha, cometeu o crime em 91 e em 95 foi apanhado. Depois de nove meses em Los Angeles, a polícia belga pede sua transferência que ele, aconselhado por seu advogado, aceita. Aqui apelou pela diminuição da condenação e conseguiu que caísse pra dez anos. Ele é recidivo, se fosse primário, cumpriria apenas três anos, mas já esteve duas vezes na prisão. Bem, o Gonzales contava que fora nesta ala uma rebelião há três anos atrás, em represália à má qualidade de higiene, da alimentação, do tratamento e da lotação. Então um dia, quando voltavam do pátio, os presos agarram alguns chefes, enquanto os outros foram abrindo as celas e jogando tudo que havia dentro da cela: televisões, camas, armários e mesas de madeira, pelo centro da galeria vazada. Tudo amontoado, atearam fogo. Gritos desesperados, feras soltas, gana de liberdade ou luta pelo direito adquirido. Incêndio total, tendo como fundo musical a gritaria, e como os carcereiros estavam junto, tiveram que abrir a grande porta de aço e todos saíram com vida. Da ala E destruída só restou os tijolos, até as suas torres foram destruídas. Esta é a ala que foi destruída por uma rebelião que mudou o curso de toda a prisão belga. Parece que depois disso Saint Gilles ficou consideravelmente mais humana.

A Prisão. O fato do enclausuramento significa criar um ninho de cobras: ou cria-se um monastério de austeridades morais e códigos humanitários, ou cria-se um vespeiro, uma caixa de ódios; e ainda para se lidar com cobras é preciso também ser cobra. É uma bola de neve de feras oprimidas e opressores furiosos. Francamente não posso reclamar muito dos belgas, eles são gentis. Eu conheci os belgas em seu bueiros, em seus recônditos mais inacessíveis aos seres normais.

MEDITAÇÃO

Miro a mesa de madeira onde descanso o braço. Enfoco o Evangelho aberto, São Mateus, destaco na última linha com o olhar a última palavra: inferno. Penso no que é o mundo dos homens senão a desrealidade e a desrealidade, o que seria senão uma grande mentira — inferno. O que ocorre é estar exilado do mundo dos homens, esta sim uma realidade, e realidade assim, dura, o que seria senão uma grande verdade — inferno. Quero tentar o não estar em mim. Provoco-o. E estou mais eu do que sempre. Ouço os gritos dos presos lá fora, a canção árabe, no rádio música negra, na rua uma qualquer confusão dos habitantes da cidade, sirenes, falas altas. E aqui só eu. O barulho do coração, o ar entrando ventando pelas narinas, o pulmão. Aqui eu ligado a mim num estranho desligamento. Trato de agir como quando medito e os pensamentos devem passar e não serem retidos, assim sendo desvalorizo-os, como nuvens que passam. A tentativa branda de amorosidade de poder amar todo o homem em mim. E pouco brota amor canção em mim pouco entrevejo, hora acho que estou desqualificado, mas sei bem que é só questão de amorosidade. É assim pra criação e para a amorosidade. É preciso que o eu tenha ido dar uma volta. E meu eu não quer sair, eu já disse a ele que abro a porta pra que ele vá e que esperarei por ele. Creio que ele teme não me encontrar na volta, teme o que encontrar na ida. Digo, vai nessa que é bom a beça... ele diz: Não vou! Quando estarei eu pronto?

"TENHO NOS OLHOS QUIMERAS COM BRILHO DE TRINTA VELAS"

Domingo de Páscoa acordo quatro vezes na maioria das noites. Queria ficar na cela há um vento frio lá fora, mas sei que preciso respirar bem. Trocar a angústia por algum sentimento mesmo que seja saudade. A saudade pode ser um abismo sem fim, mas não é angustiosa. E estou ligado a quem amo pelo laço, aliança benfazeja do amor. E quanto a isto não há nada que seja tão valoroso no mundo dos homens. Estou tonto vou deitar. E deitado não sei se durmo ou se sonho acordado. Os sons caseiros e cotidianos da vida lá fora me chegam a esmo. Horas preso a esta página não consigo sair. E preciso dos descaminhos, caminhadas nesta folia com esta necessidade louca, e o Bernardo Soares (Fernando Pessoa), no *Livro do Desassossego*, me faz silenciar os dedos só permitindo deslizar o punho e ainda com reconhecível esforço. Assim, estas palavras ou estas frases que dou estão sendo forjadas com um esforço máximo. E vez por outra as abandono. E como estou só em mim, como esta minha solidão me pede trilhos de saída, estou cá em tentativa. Mas a questão do Bernardo Soares é que a identificação que me irrompe na alma, no olhar, no conhecer os descaminhos, me abala. E sobremaneira, o complexo — na verdade simples sentimento de inferioridade em relação a tão brilhante testemunho de sangue do ouro dos reinos da alma humana. Aqui sou obrigado a transcrever trecho porque falo e refalo assim dos eus perdidos na altaneira noite azulada e perdida. "Tenho assistido, incógnito, ao desfalecimento gradual da minha vida, ao lento de tudo quanto quis ser. (...)" Interrupção brusca, suspensão, congelamento.

NO TEATRO APAGARAM-SE AS LUZES

Penso em fazer uma lamparina, tenho um fio de estopa, óleo e uma lata vazia, assim poderia escrever quando quisesse. Mas para quê quero a luz se de fato em mim no eu mesmo não se quer luz? Não há brilho, minha alma antes incandescente agora dorme. É inativo o eu em mim. Não havendo força motriz, *leit motiv*, mola propulsora. Não, não há agora nada em mim. Só um nada o som do pingo d'água na torneira. Um rumor vindo de fora que não sei se são vozes ou grunhidos de animais das noites primaveris de uma Bélgica qualquer. Estou tão nada que nem ir embora quero eu agora. Interessa-me esse escrever às escuras e mesmo que ainda eu diga, não importa, não há luz só que denuncie esta enorme escuridão. Sempre entrei em fobia quanto às gotas que pingam a esmo, sempre me foi sinal de mal agouro. Como janelas ou portas em que o vento faz bater. E tenho que sair desta linha deste estranho gosto acriamargo da negação. Ou nessa negação estará o ressurgir do eu em mim?

    Por enquanto não há luz que brilhe neste túnel. Ou a luz se me ilumina quando eu estava às traças jogadas (bem, não o eu o próprio eu, pois que sempre mesmo fugindo semeei afetos e amores; legado materno que me vem desde sempre na alma). Largado o artista em mim no abissal abismo do futuro prometido e cem vezes negado. Proscrição. Abandono. Desvalor. Oh! dor de não poder ser. E onde estão todos os rejeitadores? Ao rés do chão no plano médio da televisão. E verão os deuses do alto umbral as dourações destes caranguejos entre devorando-se num cesto? Haverá justiça por advir? Ou tudo isto foi desde sempre mesmo assim...? E não sou o primeiro nem o último a estar em solidão obrigada na guia da sarjeta das ruas. E porque não alertaram o menino em mim deste poço fundo de desilusões, porque me deixaram acreditar sozinho acreditar que poderia... que tudo viria a seu tempo, viria... e não me esquivei de tecer o fio da esperança e do trabalho rigoroso e de dar ondas, passos, pés, ao criativo que liberta, liberta? Liberta ou retém aprisiona, abandona? Se me pudesse escolher me esquivaria de meu percurso insucesso?

    Ah! eu não sei se não me quero mais este eu mesmo que as circunstâncias obrigaram a transformar-me. Hoje não sei se é bom, mas dormi quase doze horas acordando as vezes de sempre talvez de três em três horas. É feriado europeu segunda depois da Páscoa. Sem exceção todas as acordadas são pra pensar na maneira possível de uma saída. Possibilidade? E trabalharei como tenho feito horas a fio ou no próprio corpo me massageando, me compreendendo o guia prático da revitalização e o dever obrigatório de inciclicar as tormentas de um candidato à morte, de um condenado à privação das liberdades do ir e vir. Sei que preciso tentar uma paz interior e não afogar-me neste fosso do mim mesmo a minha alma combalida, sei que mereço estar aqui, sei o quanto infringi das leis dos homens e sei mais ainda o quanto me infringiram a mim com a desdita da impossibilidade. *C'est pas facile. C'est terriblement lourd.* (Não é fácil. É terrivelmente pesado!) Face virada pro vácuo então face à minha morte.

"Afastado dos amigos do mundo e mesmo do reflexo do mundo dentro de sua obra. Por adquirir esta solidão absoluta da qual ele precisa se quiser realizar a sua obra. Atirado num vácuo que se vai encher e devolver sensível as vezes, o poeta pode se expor naquela postura que será para ele a mais perigosa, cruelmente o afastamento tão curioso, tão amigo, de toda a empreitada de se inclinar sobre sua obra verso ao mundo. Um apelo ao artista para descobrir em sua obra a mola ética que nós podemos exprimir por compaixão.... celebração da coragem do artista cuja vontade triunfa da importância não para sua própria glória, mas pela pureza da 'festa' e pela maravilha de uma atitude justa."

LUNDI PAQUE — SEGUNDA DE PÁSCOA

A impressão que se tem é que a prisão pára, como todo o resto do mundo.

Devo ser grato porque estou nesta ala nova. Avisto no outro pátio da ala D, que foi pra mim a mais terrível, o português meu padrinho dos primeiros dias Toni Escada. Grito seu nome, falamos um pouco, é muito longe, o esforço pra se ouvir é deveras. Trocamos algumas palavras e lá vai ele no seu caminhar de manco, dizia ele ter um buraco no cóccix e me admira que ele esteja ainda naquela antiga ala medonha. E eu recém-chegado já estou nesta ala nova (ele está há quinze meses). Suspiro profundo. Sei que forças extraordinárias trabalham por mim. Doem os antebraços fortemente. Massageio as mãos com obsessão. Hoje cheguei ao pátio e quando me dei conta vi que estava sorridente. Penso sobre os estados de alma do ser humano e creio que isto é que faz o mundo de verdade. O que vai dentro. O tal do contentamento que escarafunchei e que até vislumbrei de perto. É pra isso que estou aqui. Forjar o aprendizado vivo na alma. No pátio os presos, os presos e suas conversas. Gonzales não dá trégua e é estranho que por mais que eu caminhe um pouco sozinho, puxe assunto com outros prisioneiros, faça alguns exercícios, eu sempre retorne a paralela com o Alan, o francês, o chileno e o Gonzales. Talvez propriamente o fato dele ser um velho e nunca estar abatido é que ofereça essa atração, me sinto como imantado. Aí, meu amigo, as histórias são de arrepiar. Sabe aquele colombiano que não encontraram prova nenhuma para incriminá-lo? Pois é, pegou cinco anos e fez apelo dai lhe deram sete anos. Aqui é, como dizem os detentos: **la totale**, uma loucura. Não há regras, não há leis, não há discernimento. E comigo no fundo tenho sempre a sensação de que deva existir uma arbitrariedade nos processos, nos juízes. Mas que no fundo acredito numa certa coerência belga, acredito. Gonzales conta das rebeliões em Dijon, em Buenos Aires. Em Dijon, trezentos homens ocupavam o lugar que caberiam apenas cento e cinqüenta. Destruíram a prisão. Na Argentina morreram três prisioneiros, mas conseguiram diminuição das condenações, que os julgamentos fossem mais rápidos e melhores condições de salubridade. Conto sobre a chacina dos 111 presos no Carandiru e, lógico, ninguém quer acreditar. Penso no tempo que levarei para digerir todo este suco de prisão, expulsar os odores que caminham dentro de mim, nas suas águas quentes, no cheiro das roupas de cama que impregnam minha pele, no amarelecido nojento de suas batatas diárias; este mix caldolento e não querido agora corre em minhas veias. 20:35 hs da noite o árabe reza na outra ala. É dia ainda e há canto de pássaros. Esta cela assim pintada de branco com o piso de lajotas brancas não esconde o sem número de aflições entranhadas nas suas paredes de 60 cm de espessura. Vozes conversam nas janelas. O chileno já deverá estar informado se sua mulher julgada hoje na França vai sair em liberdade ou vai cumprir uma grossa pena. Quando se fala em sistema penitenciário francês aqui é um tal de se benzerem. Todos temem a dura lei francesa. Lá, a mesma pena que aqui equivale a três vezes mais. Aqui se passa todo o mês no Conselho. Lá é de quatro em quatro meses. Os juízes são irredutíveis. As prisões estão lotadas, chega como na Itália a ter cinco pessoas por cela. O próprio Alan que é francês está se cagando de medo, pois terá que cumprir pena em Paris — já foi pedido pela justiça francesa. Hoje comentávamos que havia presos novos e de verdade uma porção deles na maioria muito jovens. Há um lindo jovem de sobrancelhas grossas que se juntam na testa, boca carnuda, nariz retilíneo, coxas grossas enormes, em sua calça justa se entrevê bela bunda e alguma preponderante protuberância do sexo. Tento ser discreto, mas a vontade que dá é de parar estatelado em adoração a tanta beleza. E ele tem um lindo sorriso. Deus o proteja nesta negra desventura.

Converso mal com o holandês, bad boy, todo grande, parece um letter boy daqueles de revista gay, é muito bonito, cara quadrada, loiríssimo, todo grande, robusto, forte, musculoso, sua voz é um pouco fina, mas é um belo homem. Pegou seis anos, primeira vez cumpre dois, já está há cinco meses. Trabalha como servente e nos últimos instantes do recreio, quando já estão chamando os números, ele se põe a vomitar palavras insolentes num parco francês. É de Amsterdã, mas não vê a hora de fugir desta fria Europa, quer ir para o Chile, Costa Rica ou Brasil, quer calor, não suporta mais essa loucura européia. Nem eu pra ser franco, já algum tempo. Voltei porque sou um imbecil. Voltei pois que tinha que acertar estas contas e se eu for embora agora, hoje de noite, de madrugada, já terei acertado as contas com essa velha e desvalida e rica Mãe Europa de tantos imigrantes.

O CAUSO COM O VIZINHO

Abud. CMC. Labô. Outro exame de sangue e no corredor alguns pobres diabos. A cada dia novos rostos, novos corações apertados e olhares perdidos. O carcereiro de hoje é gentil e assim alivia-nos as dores, o fardo. E qualquer pedido, mesmo um trivial: dá licença tem o sabor renovador do afeto entre os homens. Me deixa ir ao fundo da galeria e da janela falar com o brasileiro que fala pobrema, se ele pode me aceitar em sua cela. Será? Tenho feito um sem número de práticas e de trabalho duro nesta esforçada arte de dedilhar palavras com tinta nessa virgem folha branca. Ontem falei ao telefone com o amado e senti que todos no Brasil estão conformados, já não esperam que eu saia logo. Isso me causa dor e uma absoluta sensação de não ser ninguém. De ser ninguém. E ter de aceitar a sina de me entregar à sorte do destino. Sempre preferi me debater como se não acreditasse no destino ou nas leis práticas e cartesianas da natureza humana. Sempre em guerra aberta acreditei que nós é que podemos traçar a nossa história; olho ao redor, olho pra trás, e vejo que me desmente a história da vida vivida. Mas eu quisera poder dizer desta água não beberei... Estou obrigado a tomar, o médico diz todo dia, eu consigo um sim e um não. O Retrovírus. No pátio escutei as conversas e com o pouco que eu consigo entender dos marroquinos que misturam árabe e um francês cheio de sotaque, percebi que o assunto era o acontecido ontem à noite. Estava quase dormindo às 21:30 quando o vizinho e mais outra cela puseram o som das televisões numa altura absurda espantando-me o sono já tão esforçadamente semi conquistado. Pensei que fosse o 5.209. Eu poderia bater na parede e dar-lhe um sinal, mas não, eram duas ou três televisões em bom volume. Não titubiei, acionei a campainha que os carcereiros plantonistas atendem lá dentro e o chefe me perguntou pelo rádio: Que é que há? Eu disse a televisão está muito alta.(falei em francês cometendo o mesmo erro que em português). Ele diz: — Põe ela mais em baixo. Eu disse, não chefe, a televisão do vizinho está muito alta, digo, o som da TV do vizinho está muito alto e eu não consigo dormir. Ele diz: — Ok, eu vou verificar. Vieram em dois dali a uns cinco minutos e o puto do vizinho abaixou o volume antes que chegassem. Abriram a escotilha e perguntaram de novo. O que é que há? Eu respondi dizendo que agora eles haviam abaixado o som. Então o chefe foi na cela do vizinho e avisou que estavam reclamando. Claro que ficou claro que tinha sido eu, mesmo porquê quando os chefes chegaram a televisão dele estava baixa, digo, com o som baixo, sendo assim ele escutou nossa conversa da escotilha. Hoje então estou com Alan sentado fumando no pátio, o vizinho se aproxima: Foi você que chamou o chefe reclamando da altura da música? Eu prontamente disse, não, pois estou acostumado às temíveis intrigas marroquinas. Digo não, não fui eu. Ele: É que algum cão em vez de bater avisando pra baixar o som teve a pachorra de chamar o chefe e isto não se faz. Incisivo: Se você tiver algum problema comigo, me avisa, não precisa chamar o chefe. Concordei prontamente, pois ele estava coberto de razão, ele continuou: Mesmo porque não imagino que alguém possa ir dormir às 21:30, a não ser que tenha algo muito importante pra fazer... Não, não é possível! Eu descaradamente:

É possível sim. Eu durmo a essa hora. Ele: Ah! Você não tem televisão? Eu, não, não tenho. Ele: E você escuta o barulho ao lado, o som vaza? e eu afirmativamente temente, sim, o som vaza, eu escuto. Bom (ele diz saindo), qualquer problema fala comigo. Ainda bem, tudo terminou bem. Agora na hora do jantar ele comenta a mesma história com o servente, e eu na porta da cela invento pegar qualquer coisa lá dentro pra não ter que enfrentá-los. Espero que o caso reclamação do vizinho ao chefe termine por aqui, do contrário estou frito. Eles são meio pré-primário e gostam de brigar, embora aqui neste novo apartamento todos tem cagaço de serem transferidos pras velhas alas, inclusive eu, Deus me livre!

ATRAVESSAR O ATLÂNTICO CARREGANDO TÃO POUCO...

Espero a minha hora. Mesmo na demora, mesmo na masmorra, é inacreditável, me posso dizer, feliz. Alguma seqüela de medo ainda tange minha alma, mas o medo de hoje é um mel pálido que encobre apenas parte do brilho de minha alma. Sempre presente alma. Lá fora se apresenta o frio do vento chuvado e assim condizente a esta terra, a esta hora e a este lugar. Ouve-se ao longe música árabe e esta cultura que sobrevive aqui, apesar de em suposta marginalidade faz bolir as entranhas destas terras e dá-lhe afinal qualquer reza, um qualquer sentido novo. Uma pulsação misteriosa. Aí destes francofonos se não houvesse o mundo árabe ruminando seus becos, os reconditos de suas falidas e deterioradas instituições. Em cada cumprimento árabe se coloca depois do aperto de mãos a mão direita no coração, promessa de cura, promessa de um devir amigo, de devir coração, afeto, encontro, promessa. Sei que estou quase pronto pra ir. Falta pouco. Afinal, já se vão alguns anos dessa vida sorvida, gosto amargo em cada gole, experiência sem mel. Hoje me é absolutamente indispensável ir dormir, talvez sonhar. Alan me trouxe uma matéria do *Liberation* em que se fala da primeira estréia do *Anjo Negro* do brasileiro Rodrigues, no papel de Virgínia, uma atriz brasileira que joga com desenvoltura em francês. Nelson pela primeira vez em francês. Ao ler a compilação sobre o Teatro Desagradável de Nelson, podemos achar que lemos o contemporâneo Artaud, pai do Teatro de Crueldade. Lá coube uma citação a Jean Genet, é claro.

NÃO FAÇO NADA, APENAS OLHO

Rumino o Tao. E por alguns momentos o mundo basta assim. Não demora muito vem a força em mim e o desejo da boa sorte da partida. E esta é dolorida como jamais a experimentara. E eu sei ela descerá sobre mim, mas ainda é fogo alto, atormenta.

Mãe me aguarda, em poucos minutos minha voz via Embratel. Deus. Falei com mana Ti, primeira palavra dela MEU AMOR veio do fundo, sua voz clara, falou comigo e ao mesmo momento chamou mãe, fomos rápidos, precisos, estão todos unidos pela minha causa, **disse e redisse pra escrever**, que o médico tal disse pra escrever, que seria a única maneira de escamotear a depressão. Se vocês soubessem que estou pleno, nada deprimido, que estou em alta. Queria comer chocolates. Não. Nego. Me refestelo com tâmaras. Irmã: Vamos editar teu livro. Por Deus fique bem. Não caia. Sal estréia no dia do meu aniversário. Merda! Merda! Merda! E como explicar que esta palavra tem a mesma noção dialética, conceitual de quando um ator vai estrear? Merda! E merda neste momento pode significar tudo. Mas sobretudo aviso de meter o pé. E eu agora choro, me pranteio nesta estréia solitária, a primeira sem mim deste menino solitário. Vai, abre teu caminho e teu peito afora. Caminha e leva consigo todas as bênçãos que infinitamente procuras. E dai então Merda! O estado. Lamento de não estar lá. De não beber dos copos do contentamento junto. Mas estarei contigo logo e desta vez aprenderei a me ensinar a te amar. Choro alto. Quando mãe veio ao telefone, ela disse: — "Filho", eu me senti um Jesus coroado de espinhos. Disse eu, mãe eu te adoro. Mãe do meu coração. — Fica tranqüilo que vamos te tirar daí logo.

É engraçada a reação geral dos prisioneiros, acham 427 g uma quantidade ínfima, me perguntam porquê. Teve um que perguntou como eu tinha coragem de atravessar o Atlântico carregando tão pouco. Eu sabia, acreditava: se eu cair me mexo, grito, ponho a boca no mundo e assim viro herói e. Dia vai chegar. Dia de sol. Dia de saída. Dia de riso solto. De memória de ferida já sangrada e cicatrizada. Cheguei ao Centro e não sei se lhes falei do Centro. Todas as alas, são seis ou sete, nos seus três andares se encontram no Centro, por fora uma grande abobada com suas janelas góticas e seus tetos circulares, então tudo termina ou começa ali no gigantesco portão de ferro maciço, na grande nave central com controles no rés do chão. Uma grande cabine de vidro a prova de tudo e lá dentro o arsenal de computadores, painéis, rádios, telefones, maquetes de pontos de luz, balcão, no coração de Saint Gilles, um preso não entra e nem sai da ala se não acionar um botão e o centro deve identificá-lo pelo vidro e o alto falante informa:

Abud, Paluart. Na mesma nave caminhamos num corredor circular e ainda há entre nós paredes vazadas de ferro, de maneira que você está em constante vigilância. Por todas as alas, a cada passo e isso é desgastante, um carcereiro pede o número de cela. Quando eu estou furioso, chego e rapidamente me apresento e finjo jocoso uma voz forte como no quartel. — Cela 5.208. Prenon Abud. Os velhos são tolerantes estão diversas vezes alegres e brincam com a gente. Tem uns especiais, um deles quando me vê me saúda — Abud! Creio que carrego em mim uma herança da pré imagem de meu avô. Meu avô era via de regra saudado Senhor Piva, Seu Reinaldo, Coronel. Eu contava, estou no corredor e o chefe depois de eu dizer número de cela e nome e a palavra destino, Paluart, respondeu: Police de Saint Gilles. Tive um rápido esfriamento, natural reação se fosse um novo inquérito, uma nova entrevista. Fui rápido, passei pela entrada do grande corredor da prisão e lá um outro carcereiro velho enxergando mal, mas com ótimo humor diz: *Vottre nom*, eu digo. *C'est* Abud, não sei porque eu disse assim, quis dizer est mas assim não se diz, bom eu disse. *C'est* Abud, ele diz Ceabud? Eu ri e disse não, seulemaint Abud, ele ri e me acompanha até a última sala de porta envidraçada onde está um casal de peemes. Cumprimento, ele já está com uma folha na mesa e começa a perguntar. Quando perguntou o nome da mãe de solteira eu perguntei do que se tratava a entrevista e aliviado conheci que era um último procedimento sinal de que estavam fechando, finalmente bom Deus, o dossier. Sinal consecutivo de ir o mais rápido possível ao julgamento. Há presos que ficam seis meses sem ir a julgamento. Tenho tantas atenuantes ou pelo menos muito fortes e convincentes que não sei porque me apavora. Não quero provocar a ira do procurador do rei, que é quem me acusa.

VERDE QUE TE QUERO VERDE

"Depois que Nasrudim ficou velho, costumava sentar-se numa casa de chá para contar as histórias de sua vida aos amigos. Quando eu era jovem – recordou- era cheio de paixões e desejos de iluminar todos que me cercavam. Rezava pedindo a Allah que me desse a energia e a devoção necessárias para mudar o mundo. Depois quando cheguei à idade madura e percebi que não havia mudado ninguém, rezava para Allah para me dar a energia e a devoção necessárias para mudar as pessoas mais próximas de mim, que, eu acreditava, precisavam desesperadamente minha ajuda. Mas agora que estou mais velho e sábio — Nasrudim sorriu e piscou o olho para os amigos — minha prece é muito mais simples. 'ALLAH!', imploro, 'por favor, dê-me a energia e a devoção necessárias para pelo menos mudar a mim mesmo'."

A dor mais uma vez unindo corações e mentes. E finalmente a dor virando pelo avesso. Visita magnífica. A dor mostrando o caminho. Uma verdadeira e decisiva possibilidade. Helene e Mme André a solidária e o bom homem Gery me abraçam demorado o que seguramente é um impulso santificador no timo. O timo, a glândula da imunidade, a glândula que dorme nos adultos. A oitava, que segundo várias tendências deve ser reacordada naqueles que precisam de proteção imunológica; ou seja, todo o sujeito urbano deve acordá-la. Dizem que acupunturistas geralmente pedem que se bata com as pontas dos dedos fechados no osso externo, o osso da frente do coração, e se bata repetidamente a fim de acordá-la. Várias tendências falam de duas maneiras de excitá-la. Uma é pelo andar, numa caminhada ao invertermos braços e pernas, os hemisférios num cruzamento de forças. Resposta a Klaus Viana, o bruxo do corpo que dizia: o mais perfeito exercício é o caminhar, onde tudo num organismo está em jogo, em questão, em funcionamento. Outra: o estímulo, o entusiasmo, a troca de afeto, os abraços, os bem quereres. Ou ainda o verde ao rededor, a natureza e substancialmente a clorofila. Verde que te quero verde abençoado campo do império celestial. Devir. Abençoadas barracas dos pretos de cada esquina carioca brasileira, verduras, cores, frutos, verdes. Devires. Abençoada a cultura coreana, que implantou frutas e verduras nas esquinas das cidades dos mundos.

ÁGUA SANTA QUE LAVA

O vento frio das terras de cima chegaram.
Dormi como um anjo. Refestelado pelo dia afetuoso de encontros, de solidariedade humana. Rezei com firmeza, promessa de esperança e de Devir. Dormi, acordei tarde, nove horas, levantei às 6:30, peguei água quente e pão, voltei à cama, sempre estou faminto, mas me propus não comer hoje pela manhã. Sinto dores no meridiano do fígado, então tentei o jejum, regado à água santa que lava, com o incenso ontem a noite fiz o que pude nos pontos chaves dos meridianos. No totalmente ganho dia de ontem fui reconfortado pela promessa de ficarem a meu lado em tudo que acontecer. Infosida, filantropia a soropositivos, cuidados, atenção. Prometeram vir isoladamente uma vez por semana. O gentil homem pergunta se eu quero um *chit* (mesclado de haxixe e tabaco), digo que não, que não quero problemas na prisão. Já ouvi muitas histórias como esta. Disse-lhe que seguramente seria útil ao meu trabalho. Eu que só escrevia depois de fumar um pouco de marijuana, hoje negando, me recusando. Mme Andréa disse: Não! vocês vão me pôr a mim nesta prisão. Ela foi quem conseguira a

permissão pra virem me visitar. Perguntaram se eu queria trocar de prisão que fariam uma carta ao Ministério. Eu disse não, ainda não. Que esperava ser expulso, extraditado aos vinte e cinco dias depois do julgamento, e caso contrário, acreditava em seis meses, contando do dia 27 de fevereiro. Então no caso indesejado, mas aceito em humildade de estar mais de seis meses, pediria a transferência pra uma prisão melhor. Oxalá queiram os seres divinos que não. Estou fomentando em mim a aceitação, a total entrega ao que possa o destino estabelecer do previsto pra mim. E eu disse com uma segurança que até a mim mesmo impressionou que acreditava na justiça belga. E que tenho muitos atenuantes. Quando voltei pra casa, pra minha cela meu ninho de amor mesmo que sem amores, acreditei-me inocente e de coração puro, e depois de receber afeto dormi feito anjo. Havia apenas duas cadeiras no Paluart insisti que as damas sentassem. O meu amigo sentou na lata do lixo, me agachei nas próprias pernas dobradas que me sustentaram feito menino agradecido, risonho, naquele meu jeito infantil, entregue, cara de criança assustada que agora encontrava de novo um paradeiro de amor. Prometeram ir ao julgamento e Mme. Andréa disse que levaria faixas e palavras de ordem. Não sei se o casal é soropositivo. Ela talvez, é bonita demais pra estar fazendo filantropia sem que estivesse diretamente envolvida. Ou é que sou descrente dos homens e dos verdadeiros bons sentimentos humanos. O gentil homem depois que contei dos cerimoniais de um detento e sobretudo a clausura, se arrepiou e disse: — Eu já no meu quarto fechado me sinto asfixiado... Eu confirmei, feliz, porque tinha identificação na minha desde sempre aversão a lugares fechados, mal ventilados ou pouco iluminados. Ele se contorceu, virando meio corpo pra trás com a cara feia. Tava ali na minha frente alguém que tinha a mesma fobia que eu. Uma fobia é algo incontrolável, não posso dizer incontrolável, pois que eu consegui — e isso é uma puta vitória — consegui suportar, não adoecer, não me estrangular no próprio cinto. Quando cheguei me tiraram todo e qualquer pertence, deixaram apenas os sapatos. Alguém disse que eles temiam que os prisioneiros ficassem com o cinturão, e fizessem uso deles, isto é, se suicidassem com o cinto. Vocês podem me acreditar se eu disser que nem por um instante pensara em suicídio, mas a ausência do cinto não me deixara em paz? Era como se ter direito a uma saída, ou seja, teria o meu cinturão ali se quisesse resolver dar cabo de mim mesmo que eu pudesse escolher, se quisesse não passar por tudo aquilo teria o meu direito.

DO PRIMEIRO DIA

Histórias dos presos: na ala C e na D havia as vezes casos de três suicídios num mesmo mês. Quando fui receber o uniforme havia um africano sorridente e gentil como tantos espalhados pelas margens do mundo. O preto me deu as calças que pra minha surpresa em se tratando de um talhe europeu, não me serviam eram curtas. Aqui a maioria é como no Brasil de estatura mediana. O homem me deu a calça e improvisou um pedaço de 20 cm de um cordão forte desbotado, numa delicada gentileza, quase um agrado. Tocou de leve o meu corpo. Depois de as últimas oitenta horas de maratona entre policiais, juiz de instrução, enfermeiros, laboratoristas e carcereiros enlouquecidamente sádicos, como aquele que respondia Naim, Mix, Nist, Naim e acendia a luz da minha cela durante toda a noite. As mãos negras preocupadas comigo, me amarrando a cintura, puxando pro lado dois passantes puxados pra lateral esquerda, conseguiram acinturar a minha calça, utilizando um nó rápido e seguro arrematado por um laço que prontamente com charme tombou na minha coxa. Sorrindo ele disse: — *Ces parfait!* Nesse mesmo dia quando voltei à mundana e monstruosa ala D, o enfermeiro velho de cabelos brancos, olhos azuis e barriga de grávido, me disse: — Eu tenho um companheiro pra dividir a cela com você... Eu prontamente respondi, não, por favor... *Je voudrais rester seul...* Ele disse: — *Pourquoi?* Ele tem a mesma *maladie* (doença) que você... Mais aterrorizado ainda, com o medo de encontrar um aidético com quem dividiria meu muquifo esdrúxulo minha cela, assustado disse: Não, *si vous plait, non...* Pode-se ver que até em mim existe preconceito. Marc me visita, dou-lhe de presente a máquina de café que o inglês me deixara. Marc conta que bebeu muito numa festa, que na Bélgica existem trezentos e cinqüenta tipos de cerveja, que é o quarto país depois dos tchecos e alemães e não sei mais quem consumidores de cerveja. Ele fica sensibilizado com o suplemento especial de um jornal a propósito da pompa fúnebre dos Mamonas Assassinas. Quer visitar o Brasil mas diz que antes, quando eu sair da prisão vamos beber vários copos. Apesar do frio que soprou vento gelado o sol aparece agora às 19 da noite e os pássaros lá fora dão-nos a impressão de ser uma manhã de primavera. Peido muito, faz parte do cerimonial da solidão se estar só com os próprios peidos. Preciso ser forte e pegar leve com o chocolate, as tortas, estou com um puta furúnculo no peito esquerdo e espinhas horrorosas na testa. A barba está crescendo e eu não sei se raspo ou deixo crescer pro tribunal, afinal é um cerimonial que prevê alguma preparação. Um belga me disse: — *Passe como se fosse um boi tonto, não se mexa muito.* E curiosamente, foi assim que estive na Chambre du Conseil, só não consegui evitar de cruzar as pernas (da mesma maneira que meu avô), pra me encaixar com respaldo no banco de madeira também construído para estaturas medianas. A cabeça conservada baixa e as pipocas das lágrimas que pululavam copiosamente... Da biblioteca me emprestaram Diderot, e Burroughs — *Les Garçons Sauvages*. Por causa dos "*argôs*", as gírias, sofro muito pra ler, o que não me impede de continuar... Estranhamente o segundo eu compreendo melhor, e assim navego nesse oceano cheio de descobertas da bela língua francesa.

Caímos de boca. Aqui se come muito, se peida e se caga muito, também se arrota. Mora-se no banheiro e na cozinha. Aonde você dorme, no banheiro, onde? Na cozinha. São sete horas da manhã e o dia é de um azul jamais visto. Os raios de sol incidindo nas casas de tijolinhos aparentes com terminações que lembram casinhas de criança. O sol banhando a gigantesca ala D. debut desta minha infernal iniciação.

O sol incidindo no tijolo aparente da galeria a faz reluzir no seu ocre brilhante e até a faz parecer mais leve e mais bonita frente a tal luz primaveril. Mesmo que as caixas plásticas já não existam, as manhãs recendem a merda, estamos envolvidos num miasma antigo sempre presente e deveras ancestral de humanidade, de uma impossível ruptura com nossa natureza animal. Me jogam por baixo da porta uma carta sem envelope que suponho ser do José, o português, e dito e feito: sua escrita na língua mãe perfeita, utilizando a segunda pessoa, não posso deixar de ouvir sua voz e o sotaque nela: "Olá Maurício, tudo bem? Como está? Aqui tudo bem, sempre triste mas a vida continua. Bom Mauricio, tens calma e coragem, isto aqui não é fácil para ninguém, basta termos perdido a liberdade, que é a coisa mais importante que o homem tem. Eu não tenho certeza do que vai me acontecer: se vou sair a semana que vem, talvez sim, talvez não, se não tornar a ver-te, desejo-te as maiores felicidades e sorte na vida e que saias o mais rápido deste inferno. Bom, aqui está minha direção se precisares de alguma coisa." José, o português.

AFRICA MÃE INIGUALÁVEL DOS HOMENS BONS

Ah! Os portugueses... Ah! Minha saudade do Tejo desconhecido, o mar, as ladeiras prenhes de luz, a vida do lugar onde viveu Pessoa. O negro do Zaire, tímido, engraçado, magérrimo, feio, que já foi ator, me falando num português mal aprendido em Angola, para o qual sempre devo completar as frases, pois lhe falta vocabulário. E ele faz aquela cara e o gesto de quem quer lembrar-se mas não tem da onde tirar as palavras, os conceitos. Ele está preso, condenado há seis meses por ter comprado um passaporte português, termina aqui mesmo na prisão um curso de detetive e quer voltar para a África (Mãe Inigualável) já diplomado.

Foi colocado com um companheiro de cela que chegou ontem da ala C (uma das terríveis) o português Victor, que ele me apresentou com a certeza de que eu teria prazer em conhecer afinal era alguém que falava a minha língua. Victor pegou um ano de condenação por ser suspeito de roubar um restaurante; uma vizinha do restaurante viu e foi chamada a denunciar dizendo sim que era ele. Ele nega de pés juntos e não sei porque eu confio nele. De fato não há provas, ele pagou US$ 2,000 ao advogado e ainda assim foi condenado a um ano e ainda lhe perguntaram: — Você quer ser expulso da Bélgica, ou partes agora? Ele se negou pronta e honrosamente, e me disse: — Como posso ser expulso de uma terra onde não cometi crime algum? Não, não aceitei, já estava um mês de prisão e preferi continuar preso e ver até onde iriam com aquela farsa. De Portugal, um amigo seu, chefe de polícia, riu muito ao telefone e disse que se ele pegasse muito tempo era pra pedir extradição que ele o esperaria no aeroporto; garantia assim que lá não iria pra cadeia. Ele é baixinho, atarracado, cabelos, barba e bigodes espessos, peludo, coxas grossas e uma bunda redonda de glúteos duros alucinantes. Está de muito bom humor, talvez pela mudança de cela e sobretudo pelo saber que vai partir logo. É outro que não pára de falar. Caminhamos juntos uma hora e cinqüenta, paramos pra enrolar os cigarros e continuamos, ele o tempo todo a falar sobre Portugal. Adorável quando fala das vilas, dos lugarejos, quando passa receitas — trabalha num restaurante. É o chefe da cozinha. Nele percebo a essência da cultura genitora, percebo o humor de sempre dos portugueses, o levar vantagem que eu acreditava padrão brasileiro de comportamento, a ternura e o espírito justo de um justo. Outro dia, e isso me chamou muito a atenção, ouvi o Alan comentando que só os portugueses seriam capazes de fundar a capital de sua nação numa colônia, e além de colônia, num sítio tão longínquo como o Brasil. Disse muito, mas fundamentalmente que Portugal tem tudo à ver com o Brasil. Verdade crua, sem as lusitanidades não haveria de produzir-se tal nação. Terra de Vera Cruz, terra santa do Pau Brasil, se não fosse o espírito desprovido de caráter civilizatório, tão abnegado de si mesmo, tão aberto a outras cores e raças. Então, eu comigo, eu com minha noção de nação, só agradeço por termos sido colonizados pela Porto Gala, terra mãe gentil. Seu ventre generoso e sábio, tão sábio que rejeitou uma idéia execrável de civilização européia primeiro mundista. Um povo mais legítimo, honrado, e por isso mesmo considerado o quintal da Europa. No pátio pela manhã só caminham alguns prisioneiros. A maioria não saiu. Devem ter visto televisão até de madrugada, é insano olhar pro lado externo e interno da ala e ver mais ou menos sessenta celas, e em todas (com exceção de umas três ou quatro e a minha está incluída nestas) a luz tremilicante, azulada subitamente substituída por outra avermelhada fluorescente dos televisores ligados. Nessas noites na minha cela há solidão oração e trabalho de estudos e possibilidades de navegação em livros sagrados ou pagãos que carrego comigo em tentativa tantas vezes vitoriosa de transladar meu espírito pra um sítio mais condizente com a alma libertária.

Quero ir, manheêe! Me acalmo. Já chorei lendo aquelas orações, chorei fundo feito criança, abri o berreiro e isso me anima, me lava a alma. Quero não desejar, querer, Deus me guarde em seu peito. Terá Deus um peito? Ou pirei de vez e como cristão antropomorfizo Deus? Os olhares dos presos já os vi em alguns lugares... Já vi esses rostos nas salas dos hospitais psiquiátricos nos meninos nas ruas de Copacabana, nos rostos das crianças abandonadas e viciadas na cola, na mãe que perdera o filho, na criança perdida na praia, nos nossos velhos rejeitados, nas mulheres do Borel em dia de polícia versus traficantes, nos recém sabedores de sua soropositividade, nos cidadãos que tem alguém pra sustentar e ficam desempregados, na criança que um dia eu vi **nino en la calle** lhe ser negado um pedaço de pão, no povo da rua... os olhares dos presos eu vi. A cada dia sob o sol e sob a chuva. E eu um preso ainda sem condenação. Ouvem-se batidas nas portas de ferros. O som retumbante preenche toda a galeria. Supõe-se uma qualquer revolução rebelião motim ou talvez o seqüestro de um carcereiro ou polícia como refém... Os gritos. Feras enjauladas. São os gritos dos presos, selvagens alongados. Batem nas camas e rebatem as camas no chão. E pela quebra dos armários com as mãos, clamam chamam suplicam alucinados e enfurecidos. Depois do susto (tento não parar de tomar calmamente a xícara de chá e ler ao mesmo tempo...) atônito percebo que estavam vendo um programa e a rede elétrica fora desligada: por alguns segundos eles ficaram sem televisão.

DOIS MESES DE CÁRCERE

Helene veio me visitar à noite. Ela é bela, seus grandes olhos verdes envoltos num risco preto, seus belos dentes grandes, seu cabelo de sol. Sua elegância esguia, seu francês e sorrisos ternos. Uma bruxelois por excelência. Uma dessas mulheres da cidade que não conheci, embora viva nela, nos seus meandros mais recônditos já há dois meses. Falamos sem parar, quando paramos o silencio é absoluto. A sala do Paluart é o melhor e mais aconchegante lugar de Bruxelas. Bruxelas, a bela cidade. Quando digo que é bela, todos se apressam em negar, mas não Helene, que discutiu na minha frente com o gentil homem que também havia negado a beleza. Não! Ela não é totalmente bela, mas há lugares belíssimos. Penso que assim são todas as cidades e todos os seres. Me contou da publicidade, trabalha pra General Motors. Deverá ter um bom salário, diz que está cansada de toda a superficialidade geral de todo dia, o poder da grana e a procura da grana. Diz que fazendo este trabalho sente-se descobrindo, útil. E diferentemente do que eu imaginei, não tem nenhuma relação direta com Aids. Meu Deus, como tem gente interessante no mundo, ainda bem. Estou feliz por isso e agradeço. Falamos de como colhemos o que semeamos e sobre sermos bons. A propósito perguntei-lhe se por acaso conhecia um Pierre Vanderbeck, o amigo do meu amigo. Ela emocionada e atônita disse: — *Oui, bien sur!* Ela já trabalhou com ele, adora ele e ficamos felizes e pasmos por esta descasualidade. Ela lacrimeja com facilidade e eu também. Então, fazemos um esforço natural e espontâneo pra não deixar cair o astral. Comentamos sobre o dia iluminado, eu descrevi minha aflição chegada hoje depois do almoço quando o sol invadira minha cela, ela concordou que fosse natural afligir-me num dia como este, alguém enclausurado. Dói, dói, meu coração meus olhos doem, lágrimas me lavam, lavam os olhos, olhares.

Helene veio pra substituir, por Deus, pra que eu não perceba assim de chofre, a saída abrutalhada da outra Helena, aquela sempre insubstituível em minha vida, mas que fatalmente e sem nenhum motivo (aparente) eu sempre acreditei que me abandonara.

A rádio está em festa. Tanta luz de primavera deixa tudo em alta freqüência, a tão esperada estação do sol. A música é cubana, terna, dolorida, apaixonada. Fala de destino, de morte das ilusões. Outras músicas, Bach e violinos que supõem assobios de pássaros... É Primavera. Na minha mesa singela e quente de madeira, a foto de Senhora da Conceição, Evangelho de Mateus, dicionário francês-português, o Tao Te King, O *Livro do Desassossego*, um isqueiro. Caixa de shampoo de papelão recortado que faço de porta-canetas, pacote de tabaco, máquina de encher cigarros que ganhei de presente do Gonzáles (o verdadeiro *diller*, o bandido da época genetiana: honrado, com glamour)... uma terrina de louça branca, água quente sobre um punhado de timo, thym, tomilho, a erva cheirosa que dá um chá maravilhoso presente oferecido escondidamente por Helene. Entrou o carcereiro, me perguntou se eu tinha uma televisão, eu disse que não, com orgulho, mas rapidamente redisse com humildade ridícula: mas eu gostaria... Ele disse. Não sei nada sobre isto. Apalpou a cadeira que eu havia posto deitada sobre a cama pra que pudesse limpar o chão, e engraçadamente (ele é ridículo, magérrimo, alto, feio, cabeludo e narigudo, jeito de bicha tensa), então engraçadamente ele vai até a janela e com as mãos tenta chacoalhar a forte grade de aço, eu ri, sem controle. Ora, era por demais patético, aquele teste imbecil de uma insegurança infantil, de uma análise ridícula de possível atitude improvável. No fundo, apesar do sentimento jocoso que se apoderou de mim, no fundo, senti um certo prazer silencioso de saber ou de pensar que para eles tal fuga fosse possível. Enquanto vou escrevendo imagino uma descida do terceiro andar, eu pendurado na corda feita com o cobertor e os lençóis.

Me lembro do chileno que em Zürich quebrou a coluna pulando do segundo andar e ainda assim, saiu de calção e camiseta às 3 da manhã, pulou o muro e saiu gemendo e gritando de dor pelas ruas molhadas e geladas de Zürich e foi dar às 7 da manhã na casa de um amigo, que o levou à um hospital na França. Até hoje ele tem pulado de prisão em prisão fazendo constante fisioterapia pra suportar a rachadura, e como tantos aqui, não quer aprender nada, quer sair logo pra poder "recuperar" o tempo e o dinheiro perdido... Essa noção de continuar no crime para se "recuperar" corre solta, é constante mesmo porque não há outra opção, da marginalização para a marginalidade, e não há saída quando vivemos um sistema falido tecido em rede de contra-humanidades... mas não vou discorrer sobre isto porque isto me deixa desesperado e triste, porque amedronta deveras este lado obscuro das desumanidades. Às vezes sei que a minha luta por um mundo melhor é tão parca e reles que sinto asco e ojeriza de mim mesmo e penso que se eu ao menos eu tivesse coragem e pegasse, mesmo que por um dia, uma AR-15 e ajudasse na defesa de algum morro, qualquer morro, de uma das crianças de uma rua brasileira qualquer, ah! Se eu...

Pois então não é chocante que Gonzales, aos sessenta anos, disse ontem que precisava "trabalhar", que não via a hora de sair pra recomeçar seu "trabalho". Só que agora não sairia da Colômbia, iria trabalhar lá mesmo. Bem, se eu mudar de idéia e quiser finalmente ser um profissional no crime agora é o melhor momento. Estão muitos cabeções por aqui, muitos contatos e traficantes maravilhosos. Com o espelho na janela vejo o José português caminhando com a gorda Feliciana falante e risonha... Hoje a noite faço um raport, quero realmente trocar de lado. Saudade dos amigos e sobretudo da sempre revolucionária atuação da bicha Feliciana; ao lado de quem, tudo parece mais leve. Depois o sol quer morar na minha cela e não há pra onde eu fugir e daqui pra frente ele só tende à crescer em proximidade e portanto em calor. Ainda tonto. No fundo do peito, uma ligeira e constante aflição.

RITO DE PASSAGEM

Gostaria de não escrever tão atormentado, mas talvez de outra forma não escrevesse. Atormentado significa que não consegui ainda estar "já além disso": dando de ombros ao julgamento, advogados, tempo penal, ao que estarão falando de mim. Mesmo no canto reza xamânica em que faço curas, mesmo na meditação, no chuveiro, na cama, lendo, estudando, comendo, a cabeça não pára de trabalhar. Como sair, o que é preciso ainda, o que devo lembrar... Fatalmente, sei que deveria era me esquecer de tudo, de todos, e ser apenas o número 5.208; e finalmente me abandonar ao destino, à sorte... no final tudo terá o mesmo resultado. E não seria essa a grande meditação iluminada? dado o que move essa aventura vir do alto ou vir de antes, sabemos: encomendado. Marca prévia, estigma, não no sentido humano ocidental, mas no sentido do Oriente, ancião grego ou budista: anátema; carma. Esta jornada já apontou-me o caminho interno. E por isso eu agradeço outra vez e agradecerei muito por muito tempo e queria abandonar do apego o pensamento e confiar. Pois que já está traçada a pena, a pena do mundo dos homens. Ainda que cruel, mas não sem serventia, pois que já disse: isso tudo já esperava por mim como uma imprescindível necessidade de passagem de rito. Meu espírito que instintivamente buscara todos os dias uma libertação e uma verdade e que andava em tenebrosa treva, submergido nos descaminhos da trilha mundana, demasiadamente humana, agora respira livre e metafisicamente transubstancializa-se e isso não tem preço, é o tudo da vida e não tem pagamento, não se pode comprar. Então, eis-me um simples em verdadeira afeição aos homens e às coisas do mundo. Hoje até dos descaminhos tiro um preceito causa motivo. E tudo passa a ter sentido, que eu por mim mesmo havia perdido já longe, por isso inclusive adoeci, pois olhava e não via e se está realmente em perigo quando se olha e não se vê. Agora vejo. Haja luz! E tento perdoar desquerimentos escusas recusas os nãos — que a mim ainda soam inverossímeis na terra das possibilidades — que de longe percebo e então a prova de desamores bate-me no peito mas não me deita o mal. Ainda não regozijo, mas não me falta tanto, vislumbro esta liberdade do ser. Amar os inimigos, pois que santamente meu coração se faz um, como um comum Jesus e minha gêneses de neopagão, de alma então pagã-cristã aceita a desvalia. Então, aceito o juízo que fazem de mim, aceito essa coroação de lixo, aceito estar preterido, até aceito o ser confundido, pois que também sei que o grande homem é geralmente confundido tomado pelo que não é. Posso parecer petulante, mas é que eu me assisto. E assim me quis uma vida inteira em tentativa de conhecer por prática e experimentação um conceito de homem superior. Aquiesço, me curvo ante a força motriz do Coração Espiritual e espero e imploro a condição de esvaziar-me. Suplico esta benção do céu misericordioso: o vazio. Procuro-o há tanto e sei aguardo que ele virá e nada mais adequado mais oportuno que a vida que perfaço agora: a liberdade tirada, dormindo dentro desta armadilha e comendo e não achando saída concreta porque concreta é a porta de aço que barra que diz não. E eu aceito-a mais a cada passo e com menor aflição, ainda que às vezes tenho que rezar subitamente para que o mal não me capture o peito não me atormente e me induza à destruição de meu eu (Mas afinal o que é que estou falando? Não é esta a rota da lida tanto tempo esperada?), a fragmentação do si mesmo que advém (então tratamos de novo de DEVIR ???) com a insânia da exclusão... exclusão será ausência do amor? E em mim vai indelével este apego ao mim mesmo que não abandona e como um ser mal acabado em meus pensamentos temo ainda qualquer coisa que me abale a saúde.

Canta a voz árabe e é toda a noite lá fora que a faz reverberar projetar-se e ser ouvida pela prisão inteira e pela vizinhança burguesa pela lua que vai no céu e pelo céu e em tudo isso e tudo isso por Alah, Javé, pai de todas as coisas. Com um nome feminino: A Mãe dos Dez Mil Seres. Plácida manhã da primavera azul fundo. Ligeiro vento frio, apesar de já haver de novo o sol e seu reinado de incandescência. Penso que o mar e o céu são de azul brilhante e as montanhas verdejantes na porta de minha casa em Copacabana.

MEU PAI MOYSÉS

Assim, este homem que desde pequenino o preço das coisas da vida aprendera, por muitos anos de minha vida refez este cerimonial para sempre aprendido. Ainda hoje ele refaz e só agora posso respeitá-lo, saboreando, ainda que a distância (fatal lei do destino), pois precisarei muito caminhar ainda ou descaminhar e descalçado ter a pureza inocente diante de um prato de comida como desde sempre meu honrável e dez vezes respeitável e venerável pai ensinou. Invejo.

TERÇA 16 DE ABRIL

· Só sei que o mundo é vasto e eu preciso ter um mundo e quem é pobre pobre pobre pode andar a qualquer estrangeiro e também é adaptável a qualquer paisagem. Penso nas palavras nos sinais que não recebi pois que ficaram silenciados nas gargantas nos entraves nas inadaptabilidades de se dar que corroem as almas se alastrando nos corações dos homens. Se cada ser mesmo que por uma única vez resvala na fulgurante presença, se cada um é Deus em estado latente, porque não se prestar culto aos nossos mais próximos e sobretudo aos que estão em sofrimento? Me pergunto e me pergunto novamente, porquê? Mesmo que eu saiba que muitos acreditam que estou merecedor de tal clausura, penitencia, isso posso compreender, afinal sempre nos julgamos uns aos outros, até Helena no começo me escreve dizendo que não acreditava que não houvesse boas condições de higiene e de tranqüilidade na prisão do primeiro mundo, lugar erigido pros homens que necessitam de reclusão, de reflexão. E de certa forma, é verdade. Aqui seria o lugar erigido fundado pra se pensar sobre a vida, sobre as nossas responsabilidades e culpas, mesmo que seja duro entender a lei, o sistema, sobretudo porque eu não escolhi traficar, ou sim escolhi, que não me sobrava atitude e no fundo estou ainda mais limpo, pois tentei modificar a solidão da exclusão e a conseqüente miserabilidade de artista nacional pré moribundo.

Pátio matinal. Caminho com o preto de Gana que vive há dez anos em Bruxelas, trabalha de segunda à segunda e foi preso por falta de documentos. Está há dois meses e meio e deve ser julgado amanhã. É um simples *affair*, ele deve sair logo, sua esposa também não tem carta de *sejours*, mas foi liberada. Até que estes belgas são humanos. Imagino o que aconteceria se o casal fosse preso tendo uma filha de sete anos... Ele é doce como um africano, um gentleman, seus gestos são lentos, seu sorriso é pleno, dentes brancos enormes, fala mansa, é denso, chega a ser irritante de tão manso. Vendo um homem destes na cadeia a gente conclui que tá tudo errado. Nos reunimos pela primeira vez. Me sento no chão belga não antes de soprá-lo. Três pretos e eu, um outro eu conheço do culto, talvez porque vira e mexe tem um olho inchado eu me identifique com ele. É atleta, está sempre com uma bola ou malhando. Ele é do Zaire. Então, estamos nós os pretos em círculo, me sinto pela primeira vez seguro confortável. Poderia ali naquela manhã abrir meu coração e contar todas as verdades sem pensar sem me excluir. O outro preto é do Togo, aquele que fala português muito mal. Sobretudo e só hoje eu percebi que ele é gago. E assim nesta roda de pretos... Falamos de Deus, de seu poder infinito, de que os homens, os que estão no poder ou fora dele, nada sabem das coisas do espírito e crêem que conhecem e dominam o mundo... O atleta fala mal da TV, que não há mais saída, que esta tomou todos os espaços todos os lugares e todo o tempo dos humanos. A conversa é grave. E tudo é dito de forma mansa. Há mansidão neles... Há qualquer coisa de santo na linguagem que usam. Na minha cela o vizinho marroquino bate na parede, eu respondo com alguns toques. Vou à janela ele pergunta o meu nome e pede umas sedas de cigarro. Digo que posso e pergunto como poderei passar pra ele. Ele diz com o ioiô. Demoro um pouco a compreender, depois percebo é lógico, ioiô, é o nome perfeito pra descrever o cordão que é normalmente feito com tiras de lençol (por isso todos os lençóis são rasgados e ou remendados!) e uma meia é pendurada na ponta, ele me diz põe pra fora a raclete. Eu pergunto o que é raclete? Depois entendo que é o rodo com que lavamos a cela. Estico então mal humorado, mas solidário o cabo do rodo, pego o saco improvisado e passo-lhe as folhas de papel de cigarro. Refaz-se o rito sagrado do servir que cabe a qualquer um vizinho de quaisquer territorialidades.

E cá estou recluso prisioneiro nesta amadora bandidagem mais santo que bandido não dou matéria de capa e por enquanto nem uma pequena nota na imprensa, a não ser aquela do dia da minha prisão que se intitulava **DROGAS**, e felicitava o jornalista a polícia do aeroporto de Zaventem por ter apreendido duas vezes naquela semana cocaína das bagagens que vinham da América do Sul e o fulano da menor apreensão se chamava Maurício. Aqui na minha frente, as fotos dos bandidos da revista *Veja*, e elas são definitivas. Parecem realmente artistas de cinema, heróis, embora sejam apenas bandidos. O jornalista insiste no pedigree de tais figuras, nem pretos, nem pobres, que não se tornaram criminosos por necessidade, mas em função de alguma "vocação" ou mesmo opção. Medito sobre a multiplicidade dos caminhos nos quais de alguma forma desejamos nos inserir. E só vislumbro a primeira opção e a minha origem social de classe média da periferia não me diferencia na minha "necessidade", com ao sem números de Escadinhas e Uês dos morros cariocas. Não. Se for em matéria de "necessidade" somos irmãos. O que passa é que sou bandido-malandro amador incapaz de sujar as mãos, falta competência. Bandido de aeroporto de colarinho cor de rosa, quase branco subvertor de pequenas leis. Não escolhi ser bandido nem herói, apenas cumpro o que o destino me proveu da impossibilidade de manter saúde e a dignidade artística, preço alto, e eu quis sem vergonha na cara pagar o preço, o mico. Estou limpo mais do que sempre, estou inocente como era, quase criança. Os prisioneiros são todos crianças e estou aqui para testificar isto assim como é. E pra testemunhar então minha mais valia, meu esforço e luta contínuos sem ambição nenhuma, à procura de, a qualquer preço, um melhor meio de vida pra que não morra, porque não se pode deixar morrer no artista a luz que incandesce sua alma e esta luz é ele mesmo e antes de poder estar no teatro, estou cotidianamente pessoa normal que tem direito a morar, comer, vestir, estudar e sobretudo criar, trabalhar. E assim, quando a isso que chamam cidadania vem a negação, para fugir ao da marginalidade cavamos com as mãos, com a cara a bater, com os ossos a queimar. E eis-me na fogueira e agora todos saberão, não mais será cochichado nas salas de visitas, nas coxias dos teatros. Agora não; a miserabilidade imposta nesta trilha sinuosa percorrida até agora, eu a devolvo, me vingando assim, ainda com alguma dignidade mas com a segurança pálida do brilho humano de sempre.

Me encontro auto **exportado, artista marginal e prisioneiro.**

Cristifico-me mesmo que a luta por si e por uma meia dúzia de entes queridos não nos torne heróis. E assim sem a pecha do herói, ou ainda, sem o estigma de bandido estou neste limbo espécie de meio de caminho. Portei orgulhoso uma carta traduzida em francês e inglês que eu acreditava seria lida pela ONU para patrocínio de medicamentos em caráter emergencial para uma lista de nomes de artistas soropositivos. Poderia rir desta atitude. Mas entre o eu e o eu mesmo, vai mais forte o sentido da imensidão da compaixão. Eu e esta compaixão nesta necessária solidão incumbida. Os tibetanos: compaixão sem sabedoria é um pássaro com apenas uma asa. Assim me sinto um compadecido que ainda não sabe voar. Eu, a margem do caminho. Terei artes compadecidas pra fazer ainda? Não sei. Agora tudo isso pouco provoca. Fracassei assumo! Incluo aqui o teatro que escolhi na vida vivida, mergulhado de cabeça até os ossos. E tô aqui, parado, sozinho, esperando uma contrapartida, pois o artista em mim pede e merece... Brasil me ama! Artistas me amem!

Olho as pernas, a calça limpa cinza chumbo que acabei de vestir inverossivelmente tem um bom cheiro de limpa e me agrada que sejam cerzidos os seus velhos furos os buracos os desgastes de vestir a tantos antes de mim. Ela é toda cerzida. Assim sinto o meu caminho espiritual sei-me a alma cerzida vou-lhe cerzindo e finalmente remendando-a dou a ela uma aparência cuidada. Tenho sangrado no rosto imitação de Cristo? Ora uma espinha, o nariz interno, ou um corte que não sei como aparece entre os olhos e o nariz. Sangro. Penso nas palavras da advogada: — Você ama Jean Genet, não? Me lembro que as lágrimas involuntárias marejaram-me o olhar. E penso que há diferenças entre Genet e eu. Primeiro nunca roubei. Mentira! Roubei livros e comida em supermercados tantas vezes. Segundo não amo a prisão, a reclusão, embora admita começar a amá-la, sobretudo, se platonicamente, ou seja, bem longe dela. Terceiro tenho mãe e não sei se como diz um amigo meu sou de verdade um falso viado, mas sei que cada vez mais adoro as mulheres, portanto me distingo da misoginia de Genet. Quarto, não estou ainda condenado e nem dou de ombros pra condenação, esta me tirou o sono por quase dois meses. Quinto, embora conheça tantos artistas famosos não conto com nenhum apoio como contara Genet de Mr Sartre ou Mr Gide e Cocteau que poderiam interceder junto a justiça e me livrar desta. Sexto, ainda não sinto a literatura como única ou a mais possante saída do eu mesmo em mim. Sei que o que me move a sentar nesta cadeira é sair do inferno da impossibilidade de sair pela porta de ferro de aço que se encerra atrás de mim. E isto é caminho de santidade eu sempre soube que mesmo o debater-se é um pré-caminho é mesmo que intangível uma entrada e uma saída. E me tranqüiliza o Deus em mim o

Deus em tudo e dá-lhe caminho da floresta cristianismo caboclo de plantas de poder ao som de violões e atabaques chocalhos e indicações simples da necessidade de aproximação da porta da grande fêmea da Rainha da Floresta. Do sol, da lua, das estrelas... A caneta finalmente desliza com leveza, à noite é mais leve o tecer que de dia o braço endurece e a caneta custa a correr chega a doer o braço. Tento escrever com o lado esquerdo seria útil e tudo mais leve se conseguisse trocar de hemisfério. Terminei a segunda bic e isso muito me honra. Recebi notícias do Brasil a pequena Sarah é morta dia 22 de março. Deixa o marido que lhe contaminou e um pequeno lindo e saudável Amal. Choro alto e fundo quase grito. Rezo em seguida pelo caminho pelo sono profundo da pequena Sarah. Voz árabe na janela. Parece que a lua está cheia. Naira pelo telefone pequena minha pede presentes pra quando eu voltar prometo que volto logo. Alan no pátio hoje falou sobre seus estudos de chinês; fascinantes, aliás os papos do Alan são de um verdadeiro francês no que eles tem de melhor. Profundidade equanimidade e humanismo, ele diz que chegou a conhecer em um ano quinhentos ideogramas e que por exemplo, "bondade" é representado por uma mãe com um pequeno no colo. Escrevi duas ou três palavras eróticas pro meu amado e senti meu pau crescendo duro, enquanto escrevia com a mão esquerda sobre o pau rijo ouvia o barulho do servente trazendo a sopa da tarde fiquei entre a prosa da palavra que já na seqüência exprimia outra coisa, pois que era o final da folha e precisava aproveitá-la ao máximo então, entre o pau na mão a prosa na iminência de ser feita poesia na ponta da pena e a atenção ao movimento em que a porta se abrisse e tivesse de estar em prontidão. Pareço criança dando tal importância à água quente as vezes morna e ao naco de pão e assim Deus permita que eu permaneça criança dando supravalorização a pequenas coisas. Na TV, na MTV o clip de Spike Lee com Michael Jackson no morro Dona Marta sem nenhuma imagem que corresponda ao Rio de Janeiro. O caso criado deu fruto, Spike Lee não mostra nada do Rio, em compensação, o Pelourinho ferve agitado movimentado na sua genial dança constante nos seus sonoros e divinos tambores coloridos na abertura uma voz feminina diz em português: — Eles não ligam pra gente, Michael! A bateria do Olodum suas crianças na linha de frente franzinas despidas e pretas e criativamente enlouquecidas dão todo o vigor a Michael na sua dança política sensual quase erótica e revolucionária. Michael posa ao lado de um PM. Michael dança com um pretinho (delírio), Michael é agarrado por umas jovens que podiam muito bem ser pretas da Baixa do Sapateiro da Zâmbia ou de Angola, Michael cai no chão. O Pelourinho ferve seus tambores meu Deus a terra é preta. Eu agradeço. Meus Deus a Bahia existe e é no Brasil. Agradeço. Lágrimas brotam e espero que um dia eu possa amar a Bahia de dentro. Michael Jackson com sua ainda que parda negritude representa a força vivificante dos Orixás, com ele mesmo, seu corpo branco e mal desenhado semi despido com camisas delirantes e a escrita OLODUM. Sua calça suja, jeans desbotado agarrado no corpo e a protuberância de seu pau dão-nos a dimensão de sua negritude inegável inconfundível e sobretudo a quebradura e circulação de seus movimentos atomizadores dos ritmos em comunicação com as forças dos deuses e do retumbar do couro de animais sobremaneira rítmicos na língua das forças cósmicas.

ELEGIA I

Elis partia e eu afaguei a cabeça de João seu filho que dormia.
MadreDeus e a voz santificada abençoada de Teresa Salgueiro. Devir neocristianismo dor melancólica fado lamento lamúria divina saudade desalegria triste alma que nasce do Tejo. Doce Tejo berço do poeta maior ser que de tanto despessoa, depessoaliza qualquer Lisboa e torna o homem como Cristo e a tudo torna divino, divinas criaturas. Divino Coração do Homem do Filho do Homem. Deus. Viola violão cordas lusitanas berço pátria Portogala mãe louca desnaturada inconseqüente raça desmesurada burra boba colonizadora medíocre gente incompetente, gente! Infinitamente homens superiores homens santos reles nobres pobres ricos. Canta Teresa canta da Fé canta mais canta sim assim percorre com fôlego profundo abre as asas voa encontra chispam cordas recorda reconstrói vida magnânima Portogala chora e não há cravos que te cubram de flores. Nossa Senhora mãe cristã. Jesus Maria José João irmãos Jesuses e Pessoa. Pessoa afeiçoa e mostra a esta Europa teus santos, em verdade a desvalia de uma multidão de celerados e suas excelências. Portogala minha mãe negada volta mesmo que já há tanto tempo não domines os mares. Vós que fostes imperadora dos sete mares, mesmo que sejas ainda uma irmã pobre ou melhor prima mesmo que sejas ainda hoje uma prima pobre que vai a casa parenté para dar-lhe faxina uma espécie de empregada parente. Vai Portogala e sê nestas paragens tristes onde a cada dia tens a chance de amar-te pátria mãe a si mesma pela saudade que te é imposta suas... suo escorre caldos em minha mão que te quer famigerar cognominar de madrasta irresponsável. Pois que és única e bem-aventurada só por isso já és de verdade mãe gentil. Visto as minhas sagradas sandálias havaianas produto padrão nacional de qualidade **havaianas**. Chic meu pé há muito não sai nu despido moreno sensual pé bonito olha que sou petichista e nunca parei de focar o campo da visão nos pés humanos, e foram tantos os que vi. Quero Bahia quero mãe preta que me dê valia. Dê minha mãe negra dê, daí dor dó. DAIME cristianismo neopaganismo deuses fés

cantos danças amores afetos idas voltas. *Oh! Amara dzaia, soiei.* Um alho brota na minha mesa escrevo choro grito baixo, mas grito, gemo, tô com a alma que transborda aperto o meridiano de entrada na palma de minha mão, coração oito. Dói. Transbordo, *laisses moi*, deixa-me. Azul branco o céu a Primavera os morangos as alfaces rúculas agriões escarolas chicórias endivias devires. Verdes que vos quero em mim bandeira que não te quero brasileiro dar. O sol vermelho laranja amarelo me pinta os pés nus nas havaianas. Me colore embranquece as paredes da cela mais preso e mais livre do que sempre. Caetano Veloso enjoado nobre tonto e lindo fraco e grave medíocre e genial portuguesinho negrinho é burguês da zona sul, mas tem compasso é baiano a Bahia deu régua e circunferência. Gil será ministro sem revolução que aparente. Gal comprou um apartamento em Nova York de um milhão de dólares. MPB sala de visitas poetas antes nietzscheanos ex-caminhos traçados trilhantes vivantes energia transformadora revolução tupiniquim ex-traçada extraviada já ida. Embora nunca nenhuma MPB fora capaz de conter em si um tanto tanto de musica popular quanto *Elis Regina*. Grita Teresa e eu não me contenho. Quero vida. Esbanjar. *Elis em Montreaux*, *Elis* na sua *Saudade do Brasil*, Brasil, o *Falso Brilhante*, *Elis*, *Essa Mulher* na *Transversal do Tempo*, Elis irmã mãe, porquê que partistes? Choro Elis, não choro em retardo naquela época quando chorei no velório no teatro não havia MPB. Havia apenas rock and roll Rita e João o pequeno dormia na coxia exatamente atrás da cortina de veludo vermelho pesada parecendo velar o escombro sem tamanho as cortinas ouvem testemunham e de nada se esquecem. O menino filho da estrela agora sem guia dormia sem carinho nem coberta sem tapete atrás da porta e na minha infinita pré-disposição de juventude (ainda a conservo intacta) afaguei-lhe a cabeça. Seu sono ia profundo. A mãe velada estava protegida por toda aquela noite tamanha noite dolorido dia. *Elis* partia. Oh! Não, não me vás agora pois que ainda é cedo Mãe e não contastes todas as histórias embora o que contastes reste indelével na alma da pátria desnação. Mãe solteira balconista doméstica campesina mal paga mal servida bem mal amada desgentil e ainda Mãe embora tanta feitura de dor embora tanto desamor mãe a mãe te ama te carece te merece santa Mãe. *Elis*, não, ainda não. Não agora, sei que pra tudo há uma hora. mas não tão cedo não. Senão levarás todo o segredo no teu peito. E precisamos saber mais mais do que já nos ensinastes nós que muito pouco sabemos que tão pouco aprendemos que tanto te amamos. Não agora, não *Elis* hoje não agora estamos quase maduros mas não prontos carece pouco mas ainda não é o tempo!!!!! Vai porra! já que já foste. Meteoro preferistes assim vai chispa, brilha, contundente mais que todos vai e tudo incandesça e acentua o vazio o rombo no peito pois que não nos destes tempo de bem te amar de te fazer Rainha. Vai, vai, vai! Soam violinos MadreDeus,

Teresa Salgueiro penso que tu bem amarias acostumada a perscrutar o vivente a bondade a humildade o talento. Gravarias MadreDeus eu sei e sonho ainda que foste a Lisboa te encontrar com Teresa e juntas cantaram fados e Aquarelas do Brasil com sotaque lusitano. Elis eu te amo, amada *Elis* adeus. Com lágrimas não choro meus mortos apenas glorifico meus antepassados dou-lhes tributo rendo-lhes à memória serventia e loas. E a meu peito canal para a melancolia saída para a minha mágoa.

Hoje no caminho do pátio experimentei um baseado europeu tabaco e haxixe não cheguei a sentir... Há quanto tempo. Caminhei ladeando muitos penso que de verdade pareço uma puta sempre quero vários A prece árabe da outra ala sobrepõe-se a outra voz árabe ao lado e a esta sobrepõe-se Teresa que canta *Tejo doce Tejo*. Vou até a janela. O vento na cara nas mãos que eu levanto em prece comungo. As lágrimas pipocam em gotas grossas quase sólidas. Penso que não há choro mais denso que o choro da contemporaneidade. Choro primeiro por Deus choro depois pelos dois pretos sentados no pátio da ala C (a terrível) que simplesmente esperam... Levanto para assoar o nariz e quando olho na janela o pátio já está vazio. Não sei o que é o mais profundo abismo os presos no pátio ou o pátio dos presos vazio.

Só agora descubro que as vozes árabes são cantos preces que convocam avisam lembram que é hora de rezar a Deus Alá, Deusalá! é um lindo nome! E sem saber a cada vez que ouço paro o que estou fazendo e entro em estado diferente. Rezo? São cinco vezes por dia: **Não há Deus, maior que Deus!**

ELEGIA II
MARILENA A BELA

Amanhã quero acordar cedo tomar o meu chá de menta com pão integral e chispa aeroporto de Zaventem pego o primeiro avião de volta pra casa afinal chega não é ? Já tá parecendo novela esta história saga mauriciana saga! Acho que além do pão sentirei saudade do silêncio destas tardes primaveris das manhãs... O vento continua seu canto nas minhas portas e janelas. A voz prece o fado árabe e não paro a escrita, pois que a pena é santa. Céu negro baixo minha cabeça e curva-se minha alma ante não sei se a existência de Deus ou a fé de homens. Agradeço. Passada a voz são segundos e volto a cruzar as pernas chupo o ar com os dentes e sou um comum homem e não me distingo de ninguém a propósito do meu cotidiano trivial. A memória do antepassado. Arroto e sobreponho tal atitude sonora às notas alongadas de Plácido Domingo em Mozart. Posso peidar que ainda sou santo. Santos peidam?

Me vêm à cabeça Marilena a principesca Ansaldi a Rainha e um possível Devir ainda que tarde espero. A música o bel canto a moção humana de construção do movimento-personagem de fazer história. Marilena e o corpo o corpo e o estrebuchar da dança da bela dança movimento sagrado atitude de reza. Vazio. Mari Dor, descaminho o melhor do teatro e eu na minha obsessiva identificação na escolha da estirpe das parecenças farinha o saco o mesmo de igual desigual pois que separados mas um dia ainda juntos. Ansaldi raiz fortaleza Anunciação imaculadamente existente. Tambores japoneses Kodô **Desassossego** criação. Mari tanto tempo palavras sonhos planos projetos. Desamor e negação sina saga estigma anátema basta! Encontro que ela é senhora de si como fora outrora de teatros de espectadores de produções. Hoje sem refletores ainda é senhora teatro mesmo no não desdesejo e de alguma forma ainda a continuidade ainda o ser e o fardo do ser além do fardo do ser propriamente o imposto fardo a ser carregado o empurrão no atriz(mo) a crueldade de todos o desleixo o largar de mão a profissão descidadania desdita pra quem foi rainha sempre e a coroa? A coroa dura de espinhos que retalharam o corpo o corpo como grito não parado mas solto no ar. Nos ares e quem teve olhos que vissem. Solta a pomba o espírito que pode voar. E eu vi o seu vôo no altiplano na baixa temporada no teatro repleta vibrante imensurável o talento o teatro ainda e ai inda eu vi. Eu vi. **Escuta** ainda todos ainda agora mais do que nunca (o teatro) **Zé Ninguém** profundo no **fundo** na frente **de** nossos **olho**s no fundo do olho. Uma canção motivo bastante uma orquestração um **Sopro de Vida** mais que um pretexto uma ida uma entrada e muitas saídas saíste Marilena? descestes do alto o trono a rainha? Uma voz um assobio uma ventania te trás de volta trará? Um sopro uma vida de vida. Me mova. Largada enjeitada rejeita sarjeta à rua a porta o teatro fechado vazio. Onde estão todos platéia?onde está ela a primeira a dama a única a vivente e possante e total Ansal... Mari que horas são?... **Butterfly** Pessoa Heiner Müller? **Hamlet** a máquina **machine**. Estavas na rua? Diva onde a divina? aplausos aplausos em quartos em que salas o palco vazio a platéia ainda o aplauso e o palco... o palco onde está **Geni** na TV Tosca trás Marilena a única aqui no meu tão longe. Sinto cheiro de estréia de cantochão entristecido de sabor de tragédia infinita inimigável definitiva de cena cena de vida vivida de cena inacabada. Ei, Mari que horas são?, Sampaulo Brasília a ilha é chorosa e desvalida sua aflita te tem e não te quer? É possível? Brasil. Nobreza singeleza mansidão serenidade vazio estás na busca é isso Mari? Por isso deitas no tapete no limbo de tua solidão no não devolves o que nos deram pão amassado não! Vingaste de quem Mari? A vingança era deles não nossa. E afinal eu você nós nos vingamos porquê? Respeito e admiro teu vazio tua tua descontinuidade teus compulsivos nãos! Mas confiante como sempre feito criança que sabe que hora não mas amanhã é um novo dia e talvez amanhã sim. O ar da soprano no vídeo os aplausos o fôlego tô perdendo o ar Mari não podemos perder o ar a respiração da soprano Otello-Verdi. *Già nella notte densa* o ar a memória as tuas respiradas no palco os espasmos as mãos as pernas enormes a brancura da tua pele o batom vermelho os sapatos altos e o vestido preto na coxia. Mas infinitamente o ar o fôlego desfôlego (estás?) como na cena estavas oprimida em teu peito algo te tirava o fôlego. O ar o movimento criatura quanto fizestes? Libertastes todos os dias procuravas e embora não parecesse encontravas perguntavas reiteravas confirmavas os encontros os caminhos saídas possibilidades. Que horas são estrela? Meteoro cometa já passaste? És terrível e sabes que na memória que fingisse que não temos tu fulguras és brilhante és maior. A maior queria que o teatro desse como o rádio fã clube público garantido continuidade. Acorda Maurício! Que horas são Mari? Sonho bom teu palco de acrílico dinheiro do Japão tens olhos puxados e cantavas a ária fragmentos. Na mesa um papel velho de estanho chocolate. Te lembro pequena e tu que és do palco a pequena suja inocente puta pura mulher coração e mente e santidade. Me conta qual é a entrada a possibilidade a saída. Não há Mari? Acorda! Acordo. Acôrdo. Contrato. Convite. Mari, que horas são? Lena vou sair e te espero ali na porta da frente na frente ao rés do chão na esquina no botequim no restaurante chinês no teu hotel na Atlântica na frente no mar. Teu sempre...

DOMINGO, O CÉU BLUE

Sol forte tiro a camisa no pátio. Não resisto ao brilho do sol. Estou de verdade barrigudo peito nu. Há uma briga no pátio sem mais nem menos começa a taparia. Mas como? Os dois eram marroquinos. Todos os outros gritavam e apartavam, dali a cinco minutos recomeçam. Um deles o mais belo foi rasgado. Peito nu e as marcas das mãos do outro em seus peitinhos desenhados, músculos vibrantes. Ele está sempre sorrindo e até na briga mostra os brancos e grandes dentes. Estas porras destes furúnculos não me abandonam. Levei dois selos pro preto do Zaire o detetive. Ele ganhou um par de sapatos está todo orgulhoso e quando me vê larga o futebol que estava jogando e diz: — Não quero estragar os meus sapatos, vou levá-lo para África, quero conservá-los novos. Em sua pobreza inocente, humildade, humilhou-me em sua fala incorreta gaga em seu desejo miserável. Choro ah! Deus, nunca mais vou parar de chorar? Oceano de dor comoção!

Entrega? E se não há então compaixão sem sabedoria; sou um reles Zé Ninguém. Não sei nem mais se quero ir pra casa o que quero? Lágrimas no piso tombam pré-fabricadas quentes como sempre grossas e pesadas olhos marejados as gotas no chão a dor na bunda. Será que estou pronto? Na hora que sentir o não na hora do não desejo é que tudo começa. Assim diz a tradição. Uma lágrima estacionada nos cílios escorre no nariz fria desavisada. Pinga. O coro de homens e seus perfis tristes. De homens a quem a lei deve algo ensinar. A língua estrangeira distante o holandês. No rádio Johann Sebastian Bach. O preferido de brasileiros ouvi outro dia que ele morreu pobre praticamente desconhecido e que suas últimas partituras foram encontradas num açougue servindo de papel de embrulho para a carne. Irônica crueldade da vida do mundo dos homens. Choro novamente não sei se por Bach por mim mesmo pelos poetas e artistas pelo medo de isso estar acontecendo comigo eu que não deixo legado partitura escritura eu que sou e escarafunchei o homem artista na ação. O teatro. No rádio um coro as vozes no outro pátio da ala D (a terrível) os homens caminham no círculo e a cada dia novos rostos e quantos jovens dezessete dezoito dezesseis anos. E o coro e os santos e os anjos e cada peito carrega o seu mal sua culpa e por isso estão lívidos desmascarados sinceramente despidos.

Gonzales o velho colombiano me aconselha a pedir sapatos a pedir as minhas camisetas cuida de mim e ainda o preto holandês e o chileno e todos me estão aconselhando como minhas tias ao rededor. Desculpem-me o lixo que dejeto nestas folhas mas não serão apenas vômito, serão vias de passagem para a dor por estes ínfimos e terríveis acontecimentos que me sobem a cabeça descem em meu pau o ventre. O vento canta de maneira jamais vista ouvida parece uma corrida um rally de motores turbinados. O vento purificador e leve o vento traiçoeiro perigoso. O vento o sopro que leva e trás.

AS ALFACES ESTÃO LAVADAS

As endivias e os tomates perfilados sobre o pano de prato na mesa. Aguardo a comida a carne a vaca a loucura possível a peste. De alguma maneira todos os dias aguardamos a vinda santa e profana da peste pra que nos purifique e nos torne homens superiores nos lapide. E o mundo está todo avisado consciente em ultimato. Há muitas entradas e saídas e há um desejo qualquer de ser estarmos bons de execrarmos o nefasto o desvio. E certamente há uma trilha sim é claro que há na existência atalhos e marginais mas a libertária possibilidade não difere muito no tempo e no espaço e a verdade sempre circunstancial continua nua uma só.

A PORTA DO DOMINGO É A MAIS DURA

Nada nem um sinal do lado de fora no corredor *persone savoir dire* nada ninguém. Só o barulho do vento que contrasta com a janela incandescente plena de sol luz e calor. Engraçado se reflito vejo que algum dia claro que não sem motivo mas eu projetava eu já sabia e mesclasse ai um pouco de premonição e ao mesmo tempo de engenharia de construção do porvir e eu sabia que escreveria sim e na cela de uma prisão de verdade já conhecia a iminente existência deste livro. E confessando isso ainda como sempre devo chorar não sei se de dor ou de regozijo. A vida sempre me invadiu assim comocionadamente grossas pingam as gotas de peso densidade volume jamais vistos. Purifico. Procuro. O que faço eu aqui o que forjo na alma se não um buraco maior que rói cresce e se avantaja mas qual o quê o buraco o fundo abismo a rotura já me ia n'alma coração. Daqui aqui talvez me aguarde a cura a melhoria a reforma. Fechado para reforma. Aberto para ser construído ainda ou quase. O que querem os Deuses, hein? **Allah!, quesque vous voleuz de mói?** Ah! Estou pronto quase... Cordas portuguesas movo a cabeça a direita a esquerda. Danço na cabeça e afugento a leve angústia que me oprime já pela manhã o peito.

À JUSTIÇA BELGA

Eu, Márcia Fasano, brasileira, 23 anos de profissão dedicados a produção artística, desejo declarar com toda a razão e do fundo do meu coração que meu amigo atualmente hóspede da Prisão de Saint Gilles, é um artista! Um criador! Artista no mais profundo significado da palavra! (...) A sua fúria em não conseguir sobreviver de sua própria arte, a falta de perspectivas, ò engavetamento de vários projetos pela falta de recursos que apoiem a cultura, aliado ao desespero de manter o alto custo de seu tratamento de saúde motivaram a situação de pressão e stress violento: a impossibilidade de produzir e gerar, acarretou a inviabilidade de sustentar a própria casa. A bola de neve foi crescendo tanto que acabou por ameaçá-lo de esmagamento e morte. Com certeza ele com ele mesmo deve ter lutado muito para seguir esse caminho: era matar ou morrer! Andava na corda bamba, se esforçando ao máximo, para sobreviver neste país onde é necessário que se tenha a capacidade de ser um misto de operário, mágico e equilibrista, para enfim apenas ser palhaço, ser artista! Como produtora executiva de alguns de seus projetos afirmo e declaro que ele sempre escolheu entre matar ou morrer, Viver! Sampaulo,1996.

ELEGIA III

Márcia me ama e sinto seus afagos o calor de seu afeto, fala que o Brasil está assim... porque nós estamos assim preocupados com o próprio umbigo não vendo não podendo ou não querendo poder ver quem está ao nosso lado. *Des* Brasil. Um postal de fotografia de São Sebastião como o da minha mesa vindo de Berlim é entregue como presente de um jovem. Corpo masculino atravessado por setas representação do mito efígie arquétipo da imagem do protetor da peste. Diz-se no livro e isso me enternece que ele foi tratado por um coro de mulheres que lhe tiraram as flechas e curando-o o puseram de pé e saudável novamente.

É frustrante olhar para o rés do chão e ver a sandália azul genuíno produto nacional e constatar que não é uma havaiana legítima. Trata-se de uma cópia desavergonhada sem precedentes. No fundo no fundo eu sentia que alguma coisa andava errada. Tentei dormir agora um pouco. Batem na parede vou à janela 5.209, digo *oui!* Ele diz: — *C'est pás toi*. No instante do chamado senti-me de certa forma alegrado não sei exatamente porquê certamente que no dia de nosso aniversário estamos sempre à espera de que venham a nós mesmo que ninguém saiba. Hoje ouve o culto e lá no final nos poucos minutos em que a negada toda começa a conversar (são presos de várias alas que se encontram somente ali) eu falei pro Gui o italianinho lindo filho de um brasileiro que já morou dois anos no Brasil e fala muito mal o português. Ele me perguntou quantos anos eu tinha, disse sem pensar hoje eu faço trinta e sete anos. Ele me esticou a mão e disse sem afetação: — Bon aniverssaire. Eu disse obrigado. E me senti bem pois que sempre fico constrangido à maneira brasileira super extasiada de comemorar este dia com regozijo estranho.

CONFISSÃO

Ouço bater na porta pela primeira vez sensação estranha. Há muito não tenho ninguém respeitador de intimidade. Sem saber o que pensar viro o corpo na cadeira pois sempre estou de costas para a porta pois escrevo virado pra janela. Só pode ser um detento. Vejo Michel pelo vidro da janelinha, vem dar adeus; já mudou de lado e amanhã vai trabalhar no jardim. Seus olhos estão marejados estava dividindo a cela com um italiano e agora está mais feliz de estar só. Tchau Michel até logo meu inteligente amigo! Já lhes falei que Michel é um dos raros em que se pode sentir qualquer possibilidade e desejo de mudar de vida. Ele foi condenado a vinte e quatro meses cumpriria dois terços pois que é a segunda vez no cárcere mas seu advogado junto a família pressionando, conseguiram que ele fosse condenado como primário. Cumprirá então oito meses. Perdeu um carro novo e segundo ele a moradia de um super apartamento. Michel está comigo nesse barco sou da mesma estirpe dos homens culpados e arrependidos acreditando como Nelson Rodrigues o poeta do Brasil que se não fosse a culpa tudo estaria perdido. *A culpa é a nossa salvação, se não fosse o sentimento de culpa o homem andaria de quatro e estaria urrando no bosque.* Estico o braço e assim o corpo indo junto me aproximo do gravador pra ouvir os portugueses e o corpo indo junto leva a cabeça contra o armário penduradas as fotos de mãe irmã os sobrinhos e quase sinto a aproximação real de seus rostos a caminho de um beijo. Adorava beijar a avó cobria-a de beijos mesmo quando adulto. O sol foi embora e eu agradeço. Sol e prisão não combinam, o calor aqui é desvalia. Eu corro a pena discorro me exalta o dentro em mim, minha barca da fantasia minha solidão involuntária sou o rei do meu... Chove lá fora e chove em mim todo dia dentro um oceano de águas já me partiram as mágoas já vejo o passado o presente sem tantas mágoas. O Alan bom amigo ouviu hoje a minha história é o primeiro o único detento a conhecer o meu processo os detalhes. Ele é inteligente e bom contracenador. Me confirma o continuar no meu caminho me sugere pedir o desbloquear do meu dinheiro que está com a polícia e pagar um médico pra que eu possa continuar meu tratamento com as ervas e os medicamentos. Acredita que com os meus atenuantes com o meu drama seja possível sensibilizar os juízes. O vento canta como na casa da minha infância e rebate na porta. Assim como era na infância na cozinha de minha mãe posso rever com clareza a visão da janela a ventania lá fora a rua que terminava ou começava suas casas simples algumas árvores os postes de luz a subida e o fim ou o começo da pequena rua de terra onde estava a grande montanha e lá o fim ou começo do mundo. Só o vento na rua folhas tontas soltas ninguém sei que ficava olhando horas a fio. Ninguém. De tempos em tempos um carro passava vozes um assobio ou o barulho amplificado de sapatos no asfalto alguém... Tenho a sensação de que durante toda a minha adolescência solitária todos os dias esperei uma visita um transeunte amigo que viesse ao meu encontro e ele não veio. E sem modéstia sei bem que muitos vieram pois meu coração mesmo na sua intangível solidão fizera bons amigos. Fiz tantos amigos muitos perdidos o tempo recuou ou modificou as encruzilhadas desvirtuando o possível encontro de caminhos. Sem pesar, até mesmo sem emoção que me visite, eu gostaria que chegasse uma carta uma visita um presente. Um bilhete do diretor da prisão qualquer surpresa. Se bem que poderei sossegadamente me contentar que a porta se abra e o carcereiro diga: — Ducha.

ELEGIA IV

A porta se abre já falei sobre o barulho das chaves e o tilintar dos metais misto de convite e invasão de intimidade, afronta. Vem o carcereiro com o livro na mão. Será que alguém lembrou deste pobre e solitário detento do seu aniversário? Pede pra eu assinar e isso me deixa nervoso, pois como vocês tão cansados de saber aqui é com rapidez. E eu como sempre fiz (faço ainda) tudo à toque de caixa talvez quando sair daqui consiga me desacelerar, pois não há nada mais desconjuntante que a pressa. Então, trato de ler rapidamente do que se trata e pelo envelope que ele me entrega já entendi. Ainda assim percorro a raiz da indicação: Chambre du Conseil, sexta 26. Que realmente me seja um verdadeiro presente que eu possa partir embora não espere tanto assim da vida do mundo dos homens. O carcereiro que adentra a minha cela, é indiscutivelmente um belo espécime. Estou sentado escrevendo e normalmente levanto-me mas a portentosa beleza e dureza do seu enorme corpo me impede. Não sei se continuo na cadeira por estar oprimido por tamanha grandeza (os homens grandes e fortes sempre oprimem e fascinam) ou se escolho o plano médio da cadeira por pura contemplação. Seus olhos exprimindo o injetado olhar conquistador da virilidade chegam a ser agressivos, seu cabelo raspado liso e impertinente coroa-lhe da mais alta machidez possível, suas sobrancelhas desenhadas arrogantes seu nariz retilíneo uma barba escanhoada azulada emoldura bochechas tesas que cobrem ossos quadrados, na mesma moldura ainda a boca grande lábios grossos e dentes grandes e amarelos que proferem: — Abud, assine aqui. Seus dedos grandes e grossos e longos indicam-me o lugar estou com a caneta na mão e ele me oferece a dele, hesito qual usar ele percebendo a dúvida subitamente retrai a sua levando a mão ao cinturão de couro com fivela de prata. Ali mesmo os dedos dependuram com a caneta atravessada. Ele se exibe diferentemente da maioria dos carcereiros. Aliás, ele é todo diferença sua calça preta é muito justa e vocês podem imaginar o que essas pernas de tecido preto fazem com as suas coxas de cavalo grossas estuporando o tecido de brim preto e como era de se esperar pra este homem assemelhar-se ao dito animal cavalo seu pau é enorme e protuberante com o volume dos testículos remarcado. Ele sabe se exibe assim como os braços fortes de musculatura cuidada sua camisa de mangas curtas expõe seu bíceps e a tatuagem no antebraço. Como se não bastasse usa botas com salto. Tudo nele se grandifica exterioriza-se é compacto. Não sei se gostaria de felá-lo ou feri-lo. Ele resvala o olhar na minha sandália azul a que não é havaiana se detendo por um instante, estou seguro que se impressiona com o meu pé. Assinado o papel ele se vira suas costas provocam terminando no par de bundas mais interessante que eu já vira. Queria me masturbar com esta imagem com aquelas costas e não poderei pelo momento visto que aguardo a chance da ducha.

VELAREI OS OLHOS

Eu silencio eu engulo eu me arranjo e velarei os olhos, pois que assim prometi a mim mesmo pra poder continuar, pra poder sobreviver, eu silencio estatelado frente a cruel destruição de uma nação vendo a mãe esquartejada, despedaçada, vendo a Europa também assim cada pedaço do mundo eu vi e quero não ver caos e ruína apenas nessa tal de globalização na desenfreada e obstinada moção do individualismo e não é individuação não, é egoísmo, talvez inevitável pois que mais perto do homem da sua natureza cruel?

Telefone Abud, chama o chefe bêbado e pela primeira vez gentil de novo em Nietzsche *no estado de embriagues é que "caem" as barreiras hostis que separam os homens* e assim este carcereiro que eu encaro nos olhos frente a frente é uma pobre criança que tenho certeza não queria estar aqui queria ser outro navegar em outros mares mesmo que aqui ele conte com um sindicato que lhe garanta direitos. Bebe meu velho guardião bebe meu querido carcereiro meu amigo chefe ainda que não possamos fugir que obrigados cumpramos nossa pena escrevendo este soluço sem parar e chove na minha face a chuva o aguaceiro que me purifica e me faz melhor.

Basta! Vida que é vida e vivida, não me empurra não Pat Matheney. Deus meu o que estou dizendo eu mesmo a quem a vida sempre empurrou e não me engano empurrará continuará me levando o mar da vida até chegar o momento do mar da vida me afogar olha que a vida é sem dúvida como a natureza cruel possante e assim quase afoga algumas vezes foram tantas e sobrevivo e tô aqui a cara límpida o coração quente o ainda desejo de amar.

NÓS OS SEM TERRA

Na nave central em direção ao Paluart encontrei o carcereiro mais estranho que eu já vira por aqui. Ele tem grandes cabelos lisos penteados com laquê para trás e as pontas ao lado formam uma mecha que foi pintada de vermelho e penteada de maneira que sobre as suas orelhas perfazem um rococó hiper feminino também mulheríssima é a sua calça justérrima de brim azul com boca de sino sobre botas altézimas de fino salto que faz tlac tlac quando ele anda. Usa óculos não é nada afeminado é gentil e usa um gigantesco bigode nietszcheano enroladíssimo na ponta ainda usa brincos e curiosamente uma caneta tinteiro no bolso traseiro da calça relógio de ouro anéis em vários dedos uma bichona enlouquecida e nenhuma gota de pinta. Ele vai me abrindo as portas e ao invés de seguir pelo caminho que conheço dobra a direita por um corredor escuro eu o acompanho ele olha pra trás pra certificar se sigo e tenho que me apressar pra acompanhar aquelas botinas de tia serelepes. Chegando na porta ele pára e me deixa passar por um corredor estreito mas pleno de luz que invade através das paredes de tijolos de vidro. Tanta luz me incomoda sobretudo quando olho pro lado esquerdo e vejo as portas envidraçadas como cabines de telefone e os presos lá dentro. Rapidamente percebo que se trata da famosa visita pelo vidro utilizada nos casos de drogas. A luz me obriga a levantar os braços para tapar a claridade refletida nos vidros das portas, pois além deste vidro há outro onde deve estar o meu visitante desconhecido o chefe diz você tem que andar lá pro fim até encontrar. A gritaria é geral e ainda como se não bastasse há um ruído de máquina doutro lado da parede. Tal máquina parece uma metralhadora assim misturada com as vozes dos presos e com os sons estranhos que me chegam através dos vidros dos visitantes que chegam a gritar pra serem ouvidos. Entre a cabine e o vidro que separa os presos da visita há uma espécie de caixa que afinal não passa de uma caixa de metal toda furada. Assim então eu vi em mais um travelling diabólico indescritível mães européias do leste russas tchecas yugoslavas mães árabes argelinas marroquinas com seus véus e suas crianças chorando apinhadas mães e filhos e namoradas. O espaço é ínfimo não se pode virar lá dentro e a gritaria come solta. Pra se comunicar precisam gritar. Caminho com as mãos na altura da cabeça pra tapar a luz que vem pela parede e assim poder ver testemunhar pra jamais me esquecer dos desvalidos dos entes queridos da afortunada presença do valor do afeto da desmisericórdia humana do valor da liberdade. O som e as imagens enlouquecem. Os toques de mãos pelo vidro de bocas é desesperador! Um inferno dantesco e lugar sagrado muro de lamentos travesseiro de sonhos esperanças assento de delirantes desatinados vidro de forjar e impossibilitar amores sexos horrores. Parede construída e provocadoramente ainda por não deixar tocar mas deixar ver não diretamente mas deixar ouvir...

Procuro olho do final do corredor a última cabine vazia vejo que não há ninguém através dos dois vidros. Pra me certificar abro a pequena porta sensação de desventura ninguém está me esperando era um engano olho o corredor tanta luz os gritos e as respostas estranhas contracenantes com os gritos no fim do corredor mortificador e vívido do amor e da morte está a bicha que não é bicha me esperando...

Ponho a fita do Villa Lobos memória de minha terra que penso deteriorada. Tenho medo de voltar pra lá. Tenho medo de ser assassinado humana e artisticamente. Verdadeiro massacre criminosamente um sem numero de assassinados sem terra no Pará. Abaixo os olhos a cabeça pende expresso minha dor que testemunha minha solidão. E eu aqui bem tratado bem nutrido medicado advogado e prisioneiro pois que quando me encontrei sem terra tive medo de não sobreviver e desesperado sucumbi. Fiz o que podia e o que não deveria fazer pra me salvar... Eu sem terra nós sem terra desarmados cidadãos daquela pátria mãe madrastificada e prostituída. Vejo sobre o balcão na revista as iniciais FHC me envergonho estudante da Sorbonne as alarmantes atrocidades e o Brasil na ONU. Vergonha vergonha não bastam os vermelhos índios os pretos estropiados massacrem de uma vez nortistas nordestinos baianos paraibanos pretos favelados e campesinos matutos índios suicidas e acuados enrubesço não sei se de raiva ou de vergonha queria não voltar mais pra lá. Condenados pela corrupção pela baderna barulheira falta de honra de humanidade. Os novos ricos os abastados e de fato desprovidos garfados pelas empresas de comunicação operários-padrão de casas bonitas casas calças carros. A alma putrefata sem conteúdo profundidade competência longe dos deuses da raiz da essência eixo central pintos mal criados e auto banidos. Pensam que não perderam a terra? Pensam que enquanto estiverem montados nos bens de consumo pelos quais venderam-se abjetamente assim como suas mães seus frutos seus filhos seus amores honra e dignidade a sua nossa antiga solidariedade estarão protegidos? E o quê de verdade posso eu na minha criminosa e parca santidade na minha beatitude bandida na minha sublevação amadorística da lei, coração grande e revolucionário, homem solto na sarjeta proscrito o que posso eu? Ah! Se pudesse amar o crime! E se não há algum Sartre que eu possa vislumbrar no fim do túnel nem do outro lado deste muro gigantesco muro que fez de nossa terra uma Berlim. Gotejo as derradeiras lágrimas choro pela mãe gentil que transformam em ruínas que deitam ao solo e espezinham como porcos e sobre a pedra instituem um aqui jaz. Desgraça! Sordidez o mundo caminha na sua eterna luta de princípios. Deus me dê encontrar artistas ou não daqueles que mantém ainda alguma sanidade ancestral, que tentam construir um país de verdade que não se conformam com o avanço do mal que conhecem o mal as trevas do mundo das ilusões. Que não se recusam a entrar na fogueira de dar a cara a bater. Será querer um mundo de heróis? De fortes libertários, utopia? Querer o homem no mundo dos homens do jeito que eles não são? Porque quererá o peito humano tal compaixão? Fruto da filiação dos anos sessenta? Legado do cristianismo moreno-vermelho xamânico? Coração da mãe que me gerou que pulsa em mim? Penso no Rio de Janeiro na fogueira urbana desdita desvida selvageria, o céu azul outonal o mar os corpos despidos paqueragem cassação barulhos trânsito correria mergulho no mar alegrias, caminhantes errantes atrás da. Notícias de mortos, cataclísmas, chuvas e entupimentos. Onde estarão os poetas? Alaide Costa no toca fitas. Ele tem sessenta e três anos aparenta mais tem a serenidade dos avôs é elegante, mesmo no nosso trivial uniforme. Sempre o encontro no corredor do CMC. E a cada vez paro pra cumprimentá-lo, tão nobre pessoa nestes obscuros corredores ele sempre simpático afável carinhoso. Ipanema Copacabana Rio de Janeiro meu sonho ele dizia. Eu pergunto: o senhor também ama o Brasil?... Nas conversas há sempre um carcereiro ao rededor. Hoje então, ao terminar a ducha o chefe ocupadíssimo cuidando de outros presos pois o jantar começava a ser servido. E o velho francês vem na minha direção me alegro em vê-lo. Paro cumprimento estendendo a mão e falando o francês clássico: *comment allez vous, Monsieur?* Ao qual ele responde: um pouco pouquinho melhor e vous? Eu vou assim assim como o senhor um pouco pouquinho melhor... Eu decido: O Monsieur já está condenado? Ele: — Não, ainda não. O senhor está há pouco tempo? Ele: — Dezoito meses. O que passa é que eu preciso trabalhar, não tenho como sustentar minha família daqui de dentro, se eu fosse um *"diller"* (traficante chefe) poderia trabalhar daqui de dentro, mas sou cidadão honesto e trabalhador. Eu: Qual a acusação? Ele: Assassinato. Em legítima defesa. O sujeito ainda por cima não era *Monsieur*. Ia perguntar porquê vem o chefe do quarteirão esta não é a melhor tradução pra Quartier talvez fosse melhor bairro mas aqui na prisão acho melhor quarteirão um lugar onde vivem duas centenas de pessoas é um quarteirão. Pois vem o chefe bonito e mal encarado como sempre: — Se o senhor quer um conselho é melhor o senhor subir. O velho gentil se esquiva um pouco amedrontado e pede meu endereço vou saindo e pergunto o número de sua cela prometendo que depois lhe enviaria um souvenir. Ele feliz: 5.037.

O CRIC CRAC DAS ALGEMAS

Ontem vinte e cinco de abril demorei a dormir. Fritei na cama como um cocainômano a idéia da liberação possível ia aguda correndo no sangue. Acordei cedo me aprontei e fatalmente não tive tempo de fazer o café da manhã embora eu comprasse a idéia de um pequeno jejum. O cric crac das algemas no comboio até o Palácio da Justiça vejo uma cidade florida lotada de tulipas e árvores cheias das folhas que acabam de brotar. Lá fora o sol avermelhando as ruas casas de paredes e frontões retrabalhados. Um biju. Alguns negros sobretudo mulheres caminham com seus casacos inverossímeis protegendo-se do frio. Muitos velhos elegantes nas bancas das lojas e as barracas de frutas continuam tirando-me os ares. Sempre procuro sentar na frente do comboio para poder ver o caminho e assim conhecer a cidade desconhecida quem sabe pra saber do itinerário se precisar fugir tenho que saber o caminho da saída. Ah ah ah! Diferente de todas as vezes hoje vai na frente um carro de polícia tocando sirene, me sinto orgulhoso de alguma forma importante. Qual será o grande *"diller"* que estará ao meu lado? No palácio há mais soldados que prisioneiros, jovens ninfetas belas gentis apesar do uniforme continuam femininas só se fala neerlandês se fala pouco o francês. Antes de entrar no palácio o comboio desliga o motor e assim me dou conta do silêncio. Ares inigualáveis. Parece que cada vez mais os jovens mais bonitos e risonhos estão na polícia peemes educados. Cric crac troca-se de algemas quando se chega na garagem do palácio atrás do comboio fecham-se grossas portas de aço automáticas. Paredes gigantescas subterrâneas com os seus tijolinhos aparentes e seus eternos arcos, serão góticos, bizantinos? Dão a impressão de masmorras. Por aí temos uma idéia da idade anciã desta construção gélida inóspita e essa terribilidade é logo quebrada pelos jovens homens e mulheres que descem a escadaria ao nosso encontro e vestem azul para o não qualquer cerimonial. Isto é um filme. Ei meus jovens aonde vão? Ei gostosos!... Cric crac retiram-nos as algemas e damos a mão à polícia que nos ladeia. Cric crac estamos atados juntos lado a lado. Entramos num grande salão há pelo menos uns cem policiais todos juntos bagagens brincadeiras alguns sentados outros de pé uns brincam outros trabalham na triagem dos presos indicando número de cela para aguardar a vez para o tribunal. São poucos detentos ainda é muito cedo. Lembram uma grande caixa de metal com pequenas celas pois só agora percebi que além da luz de lâmpadas fluorescentes que banham sem deixar única sombra o teto é de vidro. Tento meditar um pouco antes da audiência mas os gritos marroquinos que começam me impedem. Dali a pouco vem um prisioneiro e uma louraça que vem com ele, diz: — *Compânhia*. É grego. Isto só já alegra. É proprietário de um café em Bruxelas onde já está quatro anos e fala, isto é curioso, muito mal o francês. Acredita que poderá ser liberado hoje. Está há um mês e meio em Forest e esta sim é com certeza uma das prisões em que esteve Jean Genet. Acusação: Um cliente foi preso em seu café com uma sacola com 2 kg de heroína diz ele estar na prisão sem uma única prova. Mais um pouco de conversa e ele depois de me saber artista propõem fazermos um negócio eu enviaria mulheres pra fazerem a vida na putaria. Elas chegariam na Bélgica tirariam um falso passaporte e seriam enviadas a Atenas onde estariam esperando num hotel velhos turistas europeus. Diz ele que em média faz-se duzentos dólares por vez. Ele diz que o patrão fica com vinte e cinco por cento o que não acredito. Não vê a hora de sair da prisão fazer uma sauna suar por duas horas pelo menos e ser esfregado massageado por duas ou três mulheres e depois foder com todas. Ele confessa que esteve dois anos agora mesmo há oito meses atrás na prisão em Amsterdã. Acusação: Assalto a mão armada fez questão de frisar que não ouve violência e que a prisão na Holanda é super! Celas abertas o dia inteiro boa comida, e muita droga. Assunto interrompido vieram buscá-lo. Dali alguns minutos *Abud? Oui! C'est moi!* Caminhamos até o grande corredor na porta do tribunal onde estão dos dois lados cada prisioneiro com seu gendarme. Cada homem bonito, meu Deus! A câmara do conselho: entro e decepciono ao ver a sala vazia e na bancada dos juízes as mesmas caras desinteressadas. Procuro manter a cabeça baixa movo a cabeça pra olhar a porta de trás onde há um escrivão. O Juiz de Instrução não sei se fala baixo porque é delicado ou o contrário só porque está perto. Sei que os europeus estão até os olhos com as drogas não suportam mais a mesma questão. O pior é que acho que eles estão cobertos de razão. O presidente pergunta: — Onde estão os advogados? Olho de novo pra trás e me sinto um órfão abandonado ao ver o escrivão fechar a porta e os bancos de madeira vazios. Num esforço enorme tento ouvir o escrivão que fala ao telefone. O procurador do rei dá a acusação. Desta vez ouço pela primeira vez a palavra "traficante". Todos falam baixo e o juiz-presidente diz qualquer coisa que não compreendi. Depois avisa que o julgamento se passará dentro de quinze dias, e me pergunta: — O senhor quer dizer alguma coisa? Eu dei uma pausa. Dúvida, estou sem chão arrasado esperando que a porta abra e entre a Dra. Anne atrasada dando qualquer desculpa mostrando as mãos sujas da borracha de um pneu furado qualquer coisa. Eu digo: fiz isto para me curar para comprar remédios que no Brasil custam U$ 900 por mês. Ele o juiz em quase desdenho, disse: — Ok, está acabado pode sair. Saio humilhado antes troquei um olhar com o Juiz de Instrução o único olhar. Volto pro cachôt o caixote a solitária. Acendo com o carcereiro o cigarro que trouxe dentro da cueca. Estou em jejum mas preciso fumar. Penso que estes belgas são como os cariocas prometem o que vem na cabeça no instante e via de regra são incapazes de cumprir. Penso que estou na mão da Dra. Anne minha saúde minha vida e morte. Não! Estou na mão de Deus e não de homens. As gotas respingam deslizam uma atrás das outras com velocidade. Meu nariz é uma escarpa meus joelhos dobrados estão molhados. Ainda bem houve rapidamente uma transferência para Saint Gilles. Às 10:30 já estava de volta à minha indesejada casa. Tento lembrar dos mártires dos iniciados dos homens superiores que suportaram as adversidades acreditando com esperança e continuidade na obra cotidiana da construção do mundo novo. Do homem novo no passo a passo da trivialidade do movimento pequeno e cheio de sabedoria constante do grão em grão do respeito da credibilidade do **fazer a coisa certa**.

A VERGONHA NA CARA

Sexta-feira, 26. Ó Deus tenho que ter paciência... Vontade de cortar as grades esmurrar as portas sangrar os punhos gritar urrando bater a cabeça contra a parede pra ver se esqueço este mal-entendido. As horas pra mim já não tem o mesmo frequêncial sempre tive dificuldade com a medida dos sessenta. Uma hora sempre fora um passo pra eternidade. Hoje tiro de letra e os dias passaram a ter o peso da hora no *tao do caminho* da passagem na Via. Preciso chão estofo pra tamanha exclusão. Adormeci às 19:30 e acordei às 22 daí tentei me entreter com um programa parisiense Bureau du Culture. Afinal agora tenho uma TV. Escritores cineastas entrevistas sobre a Nigéria. Gostaria que o Brasil se aproximasse da África de verdade nossa mãe gentil e vilipendiada. É incompreensível que a forte televisão nacional não busque descobrir documentar se aproximar de suas origens. Tenho certeza que essa tentativa traria na prática uma alegria maior de viver no inconsciente coletivo na raiz memória e alma nacionais. Uma questão de tempo uma questão de espiritualidade ou simplesmente uma questão de desinteresse filial ou mesmo de vergonha na cara.

Foi uma noite difícil. Aliás, foi um fim de semana difícil. Tinha expectativa no sábado de usar o chit (haxixe em francês) que me oferecera com gentileza o Alan. Fiz o ritual do clipes no copo deixei queimar uns segundos quando tapei com o copo só restara um quase nada de fumaça. Shit! (merda em inglês).

QUANTO MENOS MAIS VALOR

Traguei com avidez e nada era insuficiente. Frustrado tentei não deixar a peteca cair e movimentei-me o dia massagens flexões abdominais estudos cartas um pouco de TV lavei a casa. Fiz salada com o que restava dos tomates. É incrível que quanto menos se tem mais valor damos às coisas. No domingo dei uma caída. Hoje é segunda. Fiz a minha primeira ducha de verdade a água se alternando entre fria e quente me refestelei. Tenho passado a dormir às 24 hs e acordado às 6:30. Quero me alegrar estar regozijante agradecer esta patética situação clamando a Deus para que me ouça e modifique a minha vida. Sei que a qualquer momento este pesadelo pode terminar, e quero estar pronto estritamente curado objetivamente transformado. E mais que nunca atento. Transcrevo.

"*O santo homem é a lâmpada do santuário, cuja doce irradiação indica a entrada para a Via Sem Nome. Ele recebeu da Suprema Virtude um ânimo inalterável e poderes ilimitados e, no entanto, nada permite distingui-lo exteriormente dos mais humildes e menos favorecidos que se encontram ao seu lado. Os homens não o consideram parte de sua elite, ele permanece incógnito, desconhecido e a maior parte dos que pressentem sua sublimidade interior, tem dificuldade em discerni-la sob o véu grosseiro de sua condição humana. Porque é natural e verdadeiro; parece primitivo, desgastado e cheio de imperfeições, para nós que vivemos num mundo em que o verniz da boa educação se impõe."*

São João da Cruz ou Tao Te Ching (?)

Tento me agarrar à idéia de Deus nas possibilidades da comunicação metafísica, mas aí de mim que sou taurino demais capricórnio demais! Penduro um desenho dos astros rodeando a terra na parede, não deixo de levar em conta que é proibido então, encaixo na placa de metal do rádio da cela. Gritos lá fora: *Brule Brule* vou até a janela e vejo a fumaça branca e negra saindo pela ínfima abertura da janela da ala D (a terrível). Sempre tenho a mesma sensação claustrofóbica e o receio de não saber o que fazer se houver incêndio. Faço contas quantos televisores estarão ligados nesta instalação, sei que alguns prisioneiros usam fios piratas pra fazer uma resistência aquecendo a água para cozinhar. Calculo o tempo que os carcereiros demorariam para chegar nas celas se acionarmos a campainha. Pelos meus cálculos se houver um incêndio estaremos todos mortos. Lá fora os gritos dos marroquinos em mim um ligeiro desespero me põe agitado pensando no que fazer. Grito também da janela. Penso em acionar a campainha e em seguida me forço acalmar respiro fundo e falo com Deus... Percebemos pelo volume de fumaça se extinguindo que já entraram na cela e apagaram o fogo.

Há uma ratazana morta no pátio e uma pomba. Vira e mexe, cubro-os com saco plástico. Hoje no pátio saíram poucos homens fazia frio e fomos convocados a sair trinta minutos mais cedo. A maioria dormiu até tarde. Ontem a lua crescente invadia a ala e me banhava na cama. Sempre que acontece tal fenômeno levanto ou melhor sento na cama e peço a Deus misericórdia saída paz e saúde.

"Todos dizem que sou grande, mas que pareço um deserdado. Ora, justamente por ser grande se é deserdado."

Na juventude tinha um grande conflito em viver minha homosexualidade e como estudante de psicanálise entendi a complexidade de uma moral humana circunstancial, motivo suficiente para abandonar uma militância cristã que conservei com uma expectativa de cura. Durante muito tempo me propus terapia três vezes por semana, até sonoterapia, cursos de bioenergética onde buscava sair daquilo que acreditava ser uma fase de fixação imatura de sexualidade. Ao final de dois anos sem nenhum resultado concreto cai em mim e me perguntei se não estaria feliz como era, ou melhor, com o que estava experimentando em termos de sexualidade e de vida. Mas o curioso é saber que desde então, estava já pronto pra um encontro em qualquer nível com uma mulher, uma mulher especial seguramente, e que eu a procurava silenciosamente e sem tréguas (ainda procuro!). A mulher modelo de toda a minha adolescência era uma preta mignon, serena, sorridente de pele marrom escura e macia, de hálito cheiroso de olhos vivos e mãos grandes e inteligentes. Eu a velei durante dois anos. A outra era uma loura gigante, cara quadrada que nem da Vera, lábios vermelhos e carnudos, peluda de pelos lisos e louros, com penugens de veludo no rosto recortadas por bochechas fortes coroadas por olhos azuis...Tive de fato em alma e depois em corpo a primeira mulher de verdade que transformaria minha vida, um ideal de mulher, inteligente, sagaz, feminista engajada, de serenidade e afetuosidade invejáveis, com ela, aprendi a ser homem, a ser grande e profundo. A ser também arrogante. Ela era o máximo. Eu trabalhava como corretor de imóveis ganhava um bom dinheiro e parava de trabalhar meses, ficando com ela durante dias trancado dentro de casa. Grandes festas a dois. Ríamos muito, ela contava muitas histórias e sabia ouvir e se envolver, passeávamos, conversávamos horas, eu cozinhava pra ela. Sei de uma vez que ficamos juntos trancafiados por quatro dias, não saindo pra nada. Ela tinha viajado o mundo, era mais velha uns oitos anos. Filha de judeus ricos, havia freqüentado comunidades engajadas e psicodélicas na Califórnia. Traduzia-me músicas, trechos de livros, sabia muito da contra-cultura, sobre o livre discurso da natureza do poder, do compreendimento da ironia. E compreendia com deferência a luta eterna do masculino contra o feminino, em todas as suas formas e possibilidades. Aprendi com ela a distinguir e reconhecer um opressor pelo cheiro. Um dos nossos projetos de vida era ter um filho. Estávamos decididos em nosso laço fraterno e aberto. Ela sabia de meus casos com homens e assim eu os dela. E sempre ríamos muito e tínhamos um distanciamento sagrado e respeitoso numa relação exemplar. Agregamos à nossa volta, um número razoável de amigos e aguçávamos uma discussão inteligente e constante sobre a natureza das tiranias constantes e cotidianas. Ela de verdade tinha algo de Janis Joplin, suas roupas esquisitas excêntricas, seu jeito libertino, sua voz articulada, seu timbre inesquecível, seus dentes enormes e perfeitos, sua pele suave e quando queimada de sol, bem morena, seu olhar criança forte sensível estonteante, assim como sua loucura lúcida. Então, estávamos de mudança pra morar juntos. Contrato transparente de liberdade, de comprometimento com ela. E numa noite tudo começou. Apenas que a vida traiçoeira, ou simplesmente a nossa reles humanidade nos preparou a cilada, não premeditada mas prevista por ela mesma num de seus jogos de tarot. Ela tinha uma coleção e uma relação profunda com as cartas do tarot. Como de hábito contei-lhe a última história que estava rolando comigo. Conhecera uma paquera antiga por quem eu... Eu não sabia de nada, nada sério pensava. Contei a ela, como contava tudo e assim esperava dela a mesma atitude de desimportância, mas diferente de todas as vezes ela ficou de bico. Não dei importância, embora houvesse estranhado tal atitude. Saímos naquela noite, eu e o ator famoso, jantamos, depois ele me mostrou seu novo apartamento e o amigo que dividia com ele. Conversamos muito. Contei que havia feito cursos de teatro, que queria ser ator e que havia desistido trocando pela psicanálise, mas que sabia que um dia, qualquer dia, poderia fazer uma possível conexão psicanálise-teatro já que nos cursos que eu começava a fazer relacionava teatro e criatividade. E não pude esconder o prazer de estar na cama com um ídolo da minha adolescência. Talvez ele não fosse tão libertário, mas representava com total verdade cênica uma personagem adoravelmente revolucionária, que eu não consegui, triste fatalidade, e nem quis separar o ator da personagem (agora vejo o quanto, exatamente isso me faria sofrer) um dos homens extraordinários que conheci, como artista e companheiro, mesmo assim, como tudo e todos por determinado tempo, e paradoxalmente para sempre. Estava exultante, mas não pensava em nada além daquela noite, talvez uns encontros furtivos, mas nada de sério, que eu não queria me casar, afinal já tinha mulher, mas ela acabrunhada fez profecias tirando o tarot, não antes de me contar que possivelmente estaria grávida, fruto de nossas raras relações sexuais. Eu estava muito feliz, mas durante o jogo de cartas comecei a ficar preocupado. Me arrependo de ter participado daquele oráculo ocultista, onde ela previa dores horríveis pra mim e pra ela e especialmente "vira" uma espada de corte destruidor: separação, e predisse: — Essa tua nova relação destruirá a nossa amizade.

Não entendi nada, depois entendi, o ciúme lançava a sua flecha preta e se viu ferido justo na garganta, mas não quis dar importância. Já que acreditava em nosso ideal libertário comum. Não podia acreditar que poderíamos nos separar, já que acabávamos de decidir morar juntos. Nós que não nos separávamos nunca, nem pra tomar banho, só ficávamos sozinhos pra sair com nossos escolhidos parceiros. Ela estava estranhamente diferente. Caíra antes de mim na cilada do destino, na dor inexpugnável da eminente tragédia. Comprou a dor admitiu a tragédia. Meu Deus! Como eu pude permitir que assim fosse. Começou então o calvário, acusações, cobranças, como qualquer esposa de todos os mesmíssimos casamentos humanos, demasiadamente humanos. O que parecia inverossímil para um contrato de amigos sem perspectiva alguma de casamento. Essa era a real. Não adiantou. Chamei-lhe o bom senso, acusei-a de louca, primeiro porque não era seu marido, depois porque eu só havia conhecido mais um parceiro, e daí? Ela fula, endoidecendo. Ameaçou aborto.

ENTREMEIO

Fecho a janela, pois me cansei de escutar as conversas aos berros na voz fina, adolescente de um marroquino, embora aqui e ali a conversa estivesse me interessando. Preciso me preparar para o encontro de amanhã. Boa noite prisioneiro não condenado e solitário. Outra noite mal dormida, a lua lá fora está turvada por uma espécie de neblina, ela é mais misteriosa e amedrontadora. Invade seu brilho a minha cela e banha-me o leito insone. Me preparo pra entrevista com Dra. Anne. Estudo, repasso os mais de trinta tópicos que devo abranger. Às vezes me passam coisas mórbidas pela cabeça. Tenho muito medo de adoecer aqui. Quarta passada, ou seja, há cinco dias, senti durante o dia inteiro, minha boca repuxar em tremeliques. À noite, recordando o começo da toxo quando tive os mesmos sintomas, escrevi um raport ao centro médico e até agora nem uma notícia. Imagino que se de verdade fosse um recomeço da toxo eu estaria perdido. Se bem me lembro não tinha energia pra levantar-me da cama e abrir a geladeira. Que farei se precisar implorar na batalha pelo atendimento? Deixo estar. Deus está comigo chamo-o todo dia. E assumo assim todas as culpas que me cabem, pois não sou nem um idiota nem hipócrita. Tenho muito a fazer, a rever e de verdade é sabido, talvez não tenha tanto tempo pra isto. Deus me livre!

EU, ASSASSINO CÚMPLICE

As ameaças de abortar. Até que um dia já por tanta pressão inexplicável, eu disse: você é quem sabe. Na verdade, desde o começo eu dizia que ela tinha esse direito, mas que achava que não era por ai, já que queríamos ter o filho, e casados nunca havíamos sido mesmo. Nesse dia ela telefona de um lugar longíssimo, em Guarulhos, uma clínica dessas do insano mercado negro de abortagem. Estava carente, mas raivosa, e pra mim por demais decidida e sem ouvir mais histórias me convocava a estar do lado dela nesta ação dolorida. Atravessei a cidade e numa clínica de fundo de quintal, sem quase nenhuma condição ou higiene assisti ao horroroso ritual de morte que tantas das mulheres que eu conhecera tiveram, e pior, tem ainda de passar. Lembro de flashes, seu rosto banhado em lágrimas, sua impossibilidade de me encarar olho no olho. Devo segurar suas coxas, pernas abertas para o início do ritual macabro. Ferros, injeções e contrações, não me perguntem se quem operava era um homem, uma mulher ou uma bruxa. Não sei. A imagem que tenho viva é do sofrimento escolhido, regado a ciúme, um pouco por vingança, outro por cabeça dura, outro por medo mesmo. E lá naquele futucamento assassino, depois de alguns minutos de engenharia do metal buscando o óvulo que despertava, que florescia, e que ela já havia cognominado de criança Lorena, que eu concordara era um nome lindo. Então, eis aos meus olhos o pequeno embrião de uns três, quatro centímetros exposto inerte na bandeja fria de aço inoxidável. Ela quase desfalecida. Eu arrasado, um pouco culpado, muito frustrado. Pra quem não agüentava ver sangue que estremecia, eu havia ultrapassado meus próprios limites. Tonturas. Naturalmente depois de alguns dias ela foi internada no Albert Einstein, para uma curetagem e retirada das seqüelas que no processo amador e mal feito deixaram dentro dela. Me assustei, depois ela ficou bem. Perdemos uma grande chance na vida, de gerar, abraçar, criar, amar e cuidar de uma criança judia-árabe-italiana e artista. Nos afastamos a cada passo. Saí do apartamento com dificuldade. Mesmo assim o que resta em mim são boas lembranças do nosso extraordinário e incomum aprendizado. De certa forma, posso dizer que ainda a amo.

DEVIR FEMININO PRETO JUDEU MALANDRO BICHA

Olhar os viventes de trás do muro e não invejar o tempo que não é meu. Lavar o chão

Orar por querer falar com o extraordinário. Penetrar no em si. Sair rápida e substancialmente do mim. Atentar ao que a boca cala. Desimportar do que a fala fala. Estirar os músculos da alma. Procurando os espaços. Não supervalorizar os buracos. Encontrar em muitos, ou ao menos em alguns tantos o santo homem. Perceber o centro. O ponto, o lugar donde tudo emana. Dobrar o corpo sobre si, o mim, sob o sol. Deixar a dor doer e não lhe dar tanta importância saber que ela passa. Que o subido estará a seu tempo descido. Que o embaixo não é antítese lá de cima. Que criar é infinitamente melhor que consumir. Saber-se réu misterioso. Compreender. Simples estar. Não deixar a busca. Mas não procurar nada além do que é dado. Amar o Oriente e aprender nele o que não somos. Somos o que falta não sermos, encaixar o oeste no Devir que vem do leste. E assim religar o Ocidente. Não querer nada além de uma laranja e água doce. E o pão no dia nosso de cada dia. Tentar mudar o querer constante estar longe daqui. Dar maior importância ao ancião, dar-lhe méritos para que ele nos ensine a conservar a criança conosco, aprendendo a ser. Sabedoria. Vem dia.

No pátio caminho com os pretos. Congo, Zaire, Nigéria. Falam inglês, me esforço e desisto de compreender e quando se complica, Carlos o Zaireano, que fala português mal, me explica. Querer ser místico, santo, iniciado e se encontrar pequeno, ínfimo, pequeno bandido, artista, desordenado, tupiniquim, neguinha, Zézinho, sozinho. E cavo luz! Me encontro... e mais que sempre sozinho. E o destino me dirige, me solto ao vento. A advogada se mostra segura e otimista: fique tranqüilo que esta não é sua profissão, e curiosamente disse que isso chega a acontecer uma vez na vida das pessoas... que acredita que eu seja liberado pedirá a graça — perdão. Pedirá minha expulsão da Bélgica, da Bruxelas desconhecida. Disse que chegara atrasada, mas que é lógico estivera no Palácio e conseguira advogar em minha defesa. Pediu desculpas etc. Fiquei confiante, afinal não tenho outra opção. Acordando aos bocados, dormindo aos picados, algum esforço pra cabeça não me levar, não me tombar, deixar cair. Acordei pus o lixo pra fora recusei a água quente e o pão. A garrafa térmica está cheia, não usei a água ontem. E há pão na despensa. Tenho jogado muito pão fora. Não gosto. Costume de criança, quando vai se desfazer de um pedaço de pão, lembro de beijar, e olho com um adeus sagrado com uma quase culpa, e o pão nesta prisão, e o mel que ganhei do bofe holandês me dão prazer... As caminhadas em círculos que a cada vez mais me dão tonturas, embora, a sintam também o zaireano e o Alan, aí temos que parar... Nunca mais quero estar na cela de uma cadeia, embora eu a ame, a cela clara, branca, cheia de luz, sua pequena mesa, que me apóia nestes escritos que me deixam continuar vivo. Ainda me deixam. Resisto. Cartas do Brasil me nutrem, notícias do lá do Atlântico, sinais de cumplicidade, de estar junto. Cartas de amor e pedidos de perdão, reconciliação, brigas... escrevi. Estou vivo e meu coração é ainda uma bola de fogo, com uma bolota de dor, de compaixão, de alegria. Esta música portuguesa e este fado que é a vida, que é a busca de caminhos de amor. Ontem envergonhado, preocupado, cheio de preconceitos dos comentários, da segregação... Hoje meu sorriso é largo e verdadeiro, de quem perdoa, perdoa a si, ao mundo, aos outros, os amigos e os inimigos, sorriso de bem com pequenos mundos a construir, meu sorriso de amante. Meu sorriso, talvez tenha sido ele que reuniu ao meu redor no pátio, na grande mesa de madeira sob uma espécie de alpendre, onde os presos se aglomeravam fugindo da chuva. Então, embora eu não sorrisse de verdade, mas o sorriso franco em meu peito, convidava os turcos, os africanos, o francês, os colombianos, todos comentavam o documentário na TV da noite anterior sobre a droga nas favelas, da praia de Ipanema, as lindas mulheres, a supremacia desgovernada da polícia, o salário mínimo, as armas, tráfico, as crianças, a cola, a cocaína.

SÁBADO, 4 DE MAIO. QUERO IR PRA CASA

Os presos que entram. Os presos que saem. Os homens que passam presos ao longo da prisão. Apenas gente indo e vindo. E vistos de perto, vistos de dentro, de cima, de baixo, através da cela, das galerias, do pátio, dos banheiros. Olhando de perto, descendo e subindo suas escadas, abrindo e fechando suas portas, sentindo o cheiro doce de suas cozinhas, o cheiro ácido de suas comidas espalharem-se pelos corredores entrarem por debaixo das portas. A prisão vista de perto ou de longe é a mesma coisa. Dão a mesma saudade e a mesma ânsia doutra maneira. Toda a vida prisioneira. Tudo na prisão. Nada em mim. Vazio. Eu em tudo. As solidões e os amontoamentos nas celas, os gritos parados no ar, o peito opresso, o alto preço. Os pátios, as galerias, as capelas, os corredores. Fresnes, La Santé, Penitenciária, Alcatraz, Carandiru, Casa de Detenção, Forest, Saint Gilles, Moons, Bruges. O mundo à margem, vontade de tirar a poeira dos pés. A extensão mais que humana da santidade nadesvaliadasantidadenadesvalia.

Todos os santos, todos os presos, de todas as prisões. Mesmo aqueles que são presos da rua, das casas, dos escritórios, das grandes cidades, nas favelas, nos ricos apartamentos com suas salas de visitas, seus edredões, batatas fritas, coca-colas e televisores sem imagens. Plenos do vazio, saturados. Queria apertá-los ao peito, senti-los bem e morrer.

Isto escrevi com Fernando.

TODO AO POETA

A fortaleza, a conscientização, tu o sim, teu o sim na vida, a desvalia, a alegria, a tristeza de se estar ser humano. Tu e o teu vazio que ensina, mostra, depõe. Tu e o teu regozijo de alarmante felicidade. Deita aqui deita, que minha fala de sintaxe descuidada e desimpostada, que dá de ombros, que minha oração, frases encochem as tuas silábicas, as tuas coxas grossas e essa bunda portuguesa de pelos lisos e ao rededor de teu baixo ventre reconheço tua cabeça, bendigo, esporro. Gozo nas tuas coxas, nas tuas indas e na tua vinda, no teu acertar em cheio. No lugar, no ponto, atirada, cuspida, cuspo pra te molhar entre as coxas e por meu pau que é pena em ti que já não és sendo. Sendo tu o que é, e eu o que quero ser e ao mesmo que não quero e isto mais aquilo me ligam, me aproximo de ti nas coxas como a tantos. Não sei se estranharás, pois que a mãe lusitana alma não conhece tanto o fazer filho nas coxas, embora pés rápidos como poucos, ternos e vivantes, amorosos e puros, inocentes como nenhum outro, amou e ama as coxas do Brasil, dos brasileiros as enrabadas. Te adoro e no meu delirante onanismo, te ergo, Ergo Sun, Saramago, Leminsky, Genet, Artaud, Escobar, Trevisan, Noll, Caio, Rodrigues, ergo sun Calcanhotos, Lucindas, Helenas, Veras, Adélias e Florbelas, ergo-te, ergo-me o mais puro e humilde que há de meus eus, e singelamente e com sacanagem passo a mão na bunda. Bunda portuguesa e de vós abuso, malandramente há tanto tempo e o conspurco, e sei, faço merda, pois que vil transcrevo, chupo, copio, corto, edito, faço um *copydesk* de segunda, sorvo, transformo e como sou livre, e não tendes nem herdeiros. Vem Pessoa meu bem, que maravilha não teres pai ou filho a quem deveria dar explicações, pedidos e justificativas pra te encostar contra a parede, te espremer, te pôr folha a folha, página a página, eu deito mesmo que como ontem, meu pau não estava duro, mas eu deitara em posição, pronto, querendo e quando vem o esforço, mesmo quando o vazio e talvez mais que nunca melhor porque só o vazio, o esforço, pode, deve ser menor. Então ontem frio, hoje quase quente, mais que morno, te espremo deitada a palavra em tentativa de encontro, folha na mesa aberta como pergaminho teu livro e obra abertos, aberto na procura, no quase meio, quase o teu ponto, teu núcleo central. Ah! Álvaro, minha fonte mãe e terra água e campo de. Vem abaixa-te que beijarei teus glúteos duros e encostarei minha respiração bem perto ofegante na tua nuca de cabeça sagrada, de monstro, de rei, de bela fera, de fraco forte, de menino Jesus, e eu pederasta entre outros, pedofélicamente te induzo, alicio, te quero bem, meu ídolo. Vem, vem que já, já novamente vou te quebrar como um muçulmano radical ou protestante que não suporta a existência de um ídolo. Eu te feticho. E nesse troca-troca sou também como tu ainda menino, perdido, perdido como tu. Embora tu já se tenha perdido e o que fez grande tua perda, te encontra, e eu tô quase, pois que estou contemporâneo do tempo e não de ti. Tu não precisas revelar, tuas mãos criadoras, nem tua face amada, nem teu bigode, tuas fartas sobrancelhas. Vem Pessoa, vem agora. Estou cansado, quero dormir, vem que eu gozo logo pra te não incomodar demais. Vem meu Amor, vem... Assim... Iff! Ahh! Yée! Vem gostoso, vem. Assim, aqui, assim. Iff! Ishhh, ai, ai, ai. Abre o cinto Fernando, a fivela, eu não consigo... assim... agora ponho a mão, enfio por dentro das calças, encontro carne, tua bunda Fernando, o que será o fraterno incesto com um Deus idolatrado, não sei, por isso só nas coxas, mas tens que me ajudar ainda com os botões da tua braguilha, não me preocupa encontrar teu pau, quero te afagar, afogar-te em meus braços. Vem poeta errante, desconhecido em vida, vem menino Álvaro, Bernardo, Alberto, Ricardo. *Vem por favor, não evites meu amor, meus convites, minha dor, meus apelos.*

PASSAGEM *PÓS RITUS*

Exercícios, ginástica, massagens. Durmo um pouco depois do almoço. Quero ir... psiu!

Não fala nada. Fica quieto. Quieto, quietinho. Nós sabemos, todos nós sabemos.

Ansiedade. Te poupe, nos poupe. Agora não, agora é silêncio. Respira fundo. Aguarda e acredita. Eu quero. Falei amada grega, Vênus Helena. No do Brasil, de minha saudade, ter um pai, o despertar amoroso, possível encontro de uma vez por todas. Eu almejo, eu quero, eu pressinto, alegria de viver, eu procuro e já encontrei.

A voz árabe canta a reza lá fora ALLA HO AKBAR: ALLA HO AKBAR!

O frio na alma, a solidão.

A necessidade premente de voltar, ou melhor, de sair daqui. Mesmo que seja em direção à Mongólia, ao Nepal, à Porto Alegre, à Conchinchina. Qualquer lugar onde não se fechem portas atrás de mim. Não me aterroriza a solidão. Gosto dela. Aprendi a amá-la e sinto mesmo necessidade dela. Mas a clausura desgasta. Tento trabalhar meu corpo sem cessar. O ar volta a faltar, não respiro bem, me esforço, a cabeça dói e os ouvidos tremem com ruídos no inteiro, é horrível.

ORAÇÃO

Peço continuar clamando pela minha voz, pelo sopro que sai da minha boca cansada. As palavras outrora escritas a sangue corrente, ao som molhado de minhas lágrimas oceânicas. Hoje vêm lentas, devagar, vêm quase sem querer vir. Não me esforço, embora tente, continue tentando pra lutar com prontidão pela saúde da alma, da mente e finalmente do corpo. Queria lhes entregar coisas gostosas. Risos soltos, mas nunca fui bom neste estilo, alegrias são feitas para viver, risos são feitos pra rir e nada mais do que rir, e eu sorrio sempre. Alegro triste, e às vezes tristoluto. Bola pra frente. Continuo. E sei que quanto mais ando, mais me emociono. Pode comover esta viagem? Toco meu pau entre as coxas enredado no tecido branco da cueca de algodão. Me amo. Queria dividir-me. Dar-me aos nacos, aos tecos, dar-me inteiro, mas não todo. O todo ao Todo. E aprendo na mística que na vida escarafunchei como se dar ao Todo, como conseguir que um taurino, materialista, tradicional, uma espécie de São Tomé, um cético como eu, acredite na metafísica, sinta a presença das forças. A existência dos seres divinos. A iminente fortaleza de Deus. Só sendo ao mesmo tempo místico. Assim então, a cada passo, vou aprendendo como rasgar mais o próprio peito, a carne, o cerne, e encontrar aí o ponto, no centro da cena do corpo, no mais em si, o Todo, na casa de poder.

Vai findando a quinta bic. A tinta acaba, mas a energia que corre nas veias se recicla e só não produzo mais porque os cerimoniais são constantes, exigem preparação e prontidão rápida. A cada pulada de linha prefigura-se uma interrupção. Nesses quase três meses, tenho que a tudo esperar. Tudo. Nada é na hora. E ao mesmo tempo, a pressa dos rituais cotidianos me irrita. A pressa dos carcereiros para tudo. Sinto que os homens são completamente despreparados para o sistema penitenciário e sabendo disso vivem amedrontados. No ensagüentamento do corredor, sangue no chão, empurrão, luta, murros, corpos que se engalfinham, deitam-se, e curiosamente agarram-se como amantes, sempre observei isto, em todas as lutas que vejo, desde menino, os brigantes insistem em esfregar-se ao solo, à terra, na terra os corpos, fé nos pés, mãos fortes, outras mãos, gritos, reunião, aglomeramento, amontoado, gente que se esquenta. Alguém tem que pagar por tudo isso, em sangue, com sangue. Helás! Ai de mim! Helás! Pobre de nós, que continuamos a rodar no círculo do dia, na pequena grande janela. Feras pacíficas, reunidas, escolhidas, dedo a dedo, pelos seus feitos, por suas obras. O que é de cada um, a saga, a pena, vem *caminhando como um punhal em marcha desde o começo do mundo* (Genet). Meu coração está frio. Hoje, segunda-feira, seis de maio, fui ao culto protestante, ouvir palavras de Deus, cantar, estar na capela fria e cheia de moscas e regozijar com o fervor inabalável do pastor eloqüente amoroso.

TANTO O TEATRO

O teatro me mata, me dá na cara, me bate, me tira o fôlego, a culpa de não poder fazer nada por tudo. Me lanho nas costas, a pele raspada da minha cara no chão oprime, me põe na boca o pão, o Diabo e amassa chuta, dispõe, expõe. Os franceses pedem ao Ministro da Cultura, palavra, tutela, uma voz e *sur, l'argent*. Dinheiro, subvenção, apoio, ajuda, reconhecimento. Molliére, o prêmio, o teatro, a academia, a senhoria, a nobreza, o bom gosto, o Diabo, a televisão seu fruto despagão, mau agouro, filho proscrito. Na TV outra atriz famosa, agradece. O prêmio. Ela ri e chora, os autores, os papéis, os diretores, os atores. A comédia, a tragédia. Falta-me o ar. O Teatro me deixa deixou sem ar pra respirar, me coço, me coço, coço, me arranho, banho, tô acostumado. Inspiro o teatro não quero me querer mal quer.

"*Querido Mauricio,*

Fiquei sinceramente abalada pelas notícias vindas da Bélgica, até então um país simpático (...) Hoje me trás uma certa repulsa. É doloroso imaginar um artista sem asas, sem chance de vôo, fechado em uma cela comum. Acredito muito na nossa vocação trágica... não foi o mero acaso quem lhe deu paixão tão fervorosa por um prisioneiro. Estou certa que Jean Genet, seu irmão em talento e desdita, agora, grato e comovido, é o guardião fiel da sua vida e dos seus sonhos e, por certo, com um sopro, fará do seu tormento, serenidade. E se Schopenhauer — e todos os deliciosos pessimistas — esteve certo em suas afirmações, você sairá desta prisão encharcado de inspiração, quase santo, ungido na dor e na falta de liberdade. (...) quando me contaram tudo isso, eu fiquei boquiaberta...por muitas razões, mas por uma em especial: tenho pensado tanto em você... é que, 11 anos depois, finalmente enchi-me de coragem e comecei a montar as Crônicas Pantagruélicas do Infame Rabelais *e o seu brilhante* Nossa Senhora das Flores *tem sido citação constante em meus ensaios. A sua tragédia foi um soco na minha cara! Perdi o fôlego. Mas, sobretudo, angustia-me a idéia de que essa prisão — não sei se justa ou injusta, mas de qualquer modo revoltante — possa enfraquecer a sua saúde. (...) e você precisa estar inteiro (...)*

Ana Maria Nunes"

Em prantos estou pronto. Sinceramente, não lamento gota do que me aconteceu, nada. Penso nas promessas de que somos capazes ao nos encontrarmos acuados contra a parede, quando uma situação nos cobre com o manto duro e pesado do medo, o que não somos capazes de prometer para fugir, para nos livrarmos do medo, e se não é possível modificarmos a situação ou pela fuga ou pela luta aberta. Me agarro então no meu corpo. Morada de Deus. E assim penso que me aproximo do centro. Prometo! Me sei humilde e rei nas promessas. Encontro. E fatalmente vejo claro como a questão da culpa que nos mantém humanos, se não fosse a culpa rastejaríamos como répteis na ruína do mundo. *Não fosse o sentimento de culpa o ser humano estaria amarrado no pé da mesa bebendo água numa lata de queijo palmira* (Nelson Rodrigues). A culpa então requer promessa, mudança, ou atitude de tentativa de mudança para não nos monstrificarmos. Estou aqui e daí? O que farão de mim? Quando depois de quebrarem-me os ossos... Sou todo poeira cinzas. E não sei se escrevo ou imito um Pessoa. E faço que, e peço qual, e meço um poema em linha torta, tem três trancas na minha porta e você não pode achar engraçado que eu não possa sair eu acho que acho que chô clausura... espero! E que.

Visita do Gery. Ele vem de uma viagem ao Saara. Conta pequenas histórias de estrelas, do sol. A plena lua, os dromedários trocados pelos carros. Marcas famosas. As tendas. A comida natural. Pergunta se eu já estivera no deserto. Eu disse que apenas no deserto de mim mesmo. Que o Brasil também tinha pequenos desertos no norte, de montes de areia que mudam de lugar. E só aí me dou conta que o Brasil tem um deserto. Penso que a nação está deserta. Em perigo de vida, em colapso. E como tem sete, respira ainda fundo e se safa. Quem fará pátria mãe algo gentil? Quem acordará deste sono e se porá em vigília?

Meu deserto. Ora árido, ora em bonança, tempestade. Ora cálido, banhado do poente vivo, ora negro de noite escura, sem coroa na cabeça, sem leito ou pão, sem Diabo, sem coração. Meu chão. Navego inerte, letárgico e ainda assim algo em mim se embrasa, bem no fundo. Degusto e hoje menos me lambuzo, tenho medo do desperdício, da luxúria do cio, do efeito entorpecente do mel, do fel da vida do viver. Vejo se me agüento. E quando tudo tolero, quase amo. Acredito. Passos lá fora e a eterna sensação de que alguém, ou algo, notícia ou mandado ou coisa que o valha, que me valha, está para acontecer... Há de vir. Virá. O Devir. Recolho-me ainda que importa-me o fardo do viver. Comungo com o sim estando ligado a mim. Quero o dia. Crianças e risos soltos. Passeio na rua. Amigos, ritos comuns e cotidianos. Encontros.

Chove torrencialmente. Hora, duas da tarde. Eu penso na saúde na necessidade do ar liberto, liberdade. Mesmo que chova muito de tarde. Meu carcereiro querido, meu companheiro de prisão. Meu semi enclausurado, meu parco dirigente navegado. Estamos juntos. E sei que cansados cada um por seus motivos. Cada qual com a sua cruz. Sua desvalia. Cada um lado a lado.

Na revista, passam-me as mãos, só regozijo e me ofereço com um, deve ter vinte anos olhos azuis, o mesmo eu que sempre preferiu morenas e morenos... jovem, calça justa, bocarra, faces rosadas, e ele sabe, senti que me ofereço, me exponho, gozo, aí é que ele desliza mais devagar, sinto-lhe as pontas dos dedos, roçamo-nos, tudo tão rapidamente que o outro carcereiro que abre e fecha as portas nem percebe. Ontem, ao encontrar uma lata de atum no meu bolso, e mais por estar demoradamente me revistando do que pelo encontrado, tira a lata do bolso e pergunta ao carcereiro: — Ele tem direito de levar isto? O chefe fez uma cara de desentendido. Ele enfiou-me de volta no bolso. Todo dia levo um mundaréu de coisas nos bolsos, nas mãos: garrafa plástica de água, papel e caneta, cigarros, tabaco para dar aos africanos, ou chocolates também para dar. Tenho me esforçado para não comer chocolates. Os sinos dobram ao longe. O sol é parco. Caminho em seta, estou tonto do círculo. Os presos me circundam. Ajoelho-me para escrever na cama, pois a mesa está lindamente arrumada como se fora receber um convidado especial; eu mesmo é quem veio. Me aceito. O regozijo, a alegria inocente, quando chegou da cantina um ramo de hortelã. Exultei, bendisse a Deus. Ao verde. Aos cheiros. Alegria de viver. Deus dê. Deus conceda e abra a porta. Amo.

AFRICANO

Uma espécie de árvore macaca.

Assim, o africano que caminhava ao meu lado ria e me ensinava, ou mostrava-me que sabia sem mesmo eu pedir primariamente: VIENS = CAME, ALLEZ = GO, e ria-se sem parar, movia seu corpo chacoalhando-se, agachava-se, quem de longe visse, acreditaria que eu lhe estivesse contando a mais engraçada de todas as piadas. Tenho carinho por ele, é o mesmo que depois de eu lhe mandar um saco de mantimentos, não sei se já lhes contei, no dia seguinte no pátio, ele veio perto de mim, eu, por minha vez estava próximo ao chileno e ele disse: — *"je t'empret ma soire! Ma soire?"* Vendo se eu compreendia. Eu disse, *oui, ta soire?* Ele continuou: — *"My sister, my sister."* E queria dizer, santo Deus! Eu dou minha irmã pro senhor. Ai esboçou uma cara marota, utilizando o gesto convencional dos braços, puxando as mãos para trás e jogando a pélvis pra frente, (o mesmo gesto em todo o mundo significando foder). E continuou dizendo que ela tinha dezoito anos, era mignon, e que o que ele dissesse pra ela fazer, ela faria sem titubear. O constrangedor é que o chileno, e o iugoslavo entraram na história presenciando tudo desde o começo, o que constrangeu a mim, mas não ao africano, que continuou impávido e respondeu ao chileno que pedia pra ele repetir. — "Este homem foi bom comigo, e eu gostar muito dele e quando ele vai à África, eu dar minha irmã pra ele". O chileno com a malícia vil e suja, próprias da pecaminosa latinidade, reperguntava atônito, — Ah! é! Você então vai dar tua irmã pra ele.? E eu agora também constrangido tento mudar de assunto, não permitindo pelo meu tom de voz que ele fosse escrachado, pergunto: — Isto é um costume africano, não é? Ele afirmou: — É, é sim, um costume africano. Os homens se olham cúmplices, mas se calam. Convido por gestos o africano pra andar comigo, saímos rápido.

MANHÃ

O vento ergue a poeira do chão e esvoaça meus cabelos, embora eu os amarre para trás, eles estão revoltos como a cabeleira de uma nega maluca. Caminhei uns setenta minutos e não pararia não fosse a tontura que, a cada dia que passa, o caminhar em círculo provoca. A primeira vez que ouvi tal história, foi do Carlos, o africano, assim que caminhávamos, uns vinte, trinta minutos, ele dizia que ia parar pois sentia vertigem. Tal fenômeno só vim conhecer em meu corpo depois do segundo mês, especificamente neste pátio em que me encontro. Faço minhas dez, quinze, flexões de braço, mais umas dez, quinze abdominais, relaxo, deitando-me sobre a mesa grande de madeira. O sol doura minha cara. Amo o sol com profundeza de alma. E a lua, desde sempre menino que fui. E tenho orgulho de me refestelar sob o céu. Estou então escrevendo na mesa do pátio e se achegam o sírio e o italiano. O italiano, cujo nome não sei roubara duas relojoarias. Uma ao lado da outra e na semana seguinte, cheiradão de pó, esquecido, volta à primeira, justo pra olhar sem compromisso como as pessoas comuns. Olhamos uma vitrine e quando encontramos algo que nos interessa pedimos pra olhar. Assim, enquanto a gentil e delicada belga lhe mostrava com atenção integral, o outro gerente chama a polícia que chega em cinco minutos. Tic tac, como dizem os belgas, tic tac, prisão e incrivelmente sortudo ele não perde nada do roubo, escondera de tal forma no seu apartamento que a polícia nada encontrou.

O mulçumano ensina:
Até 1946, existia a Grande Síria, ou Châm, constituída de Cisjordânia, Líbano, Síria propriamente e Palestina, com uma parte expressiva de judeus e todos conviviam num só país sem fronteiras. Claro, e o óbvio ululante, atitudes e pressões inglesas e francesas, para que eles se dividissem em quatro. Criaram fronteiras e conflitos. Queria dizer que sob o sol primaveril, nas ínfimas condições de um passeio matinal na Bruxelas que me encarcera, não sem motivo, eu aprendo a ouvir, e ver, e tento compreender o ser humano. E foi incrível quando da elegia do sírio aos árabes, como gênesis de tudo, das telhas dos telhados, dos tijolos das casas às abóbadas das torres, disse que até o décimo segundo século depois de Jesus, a Europa era feita de paredes de barro e tetos de sapé. É incrível... e o mais incrível, foi quando ele oferecendo-me uma caneta e um papel, me desafiou: — Então você conhece os números romanos? Eu disse, sim. E ele continuou: — Então faça o número vinte e quatro, e depois de escrever o vinte e quatro, faça o doze logo abaixo e tente multiplicar. XXIV × XII. Eu meio atônito, nunca sou muito esperto em

matemática. Demorei um tempo meditando sobre os números. Daí, antes que eu continuasse, ele disse: Os árabes então inventaram os algarismos para simplificar as coisas, veja então: 1, um ângulo; 2, dois ângulos; 3 três ângulos; 4, quatro ângulos; 5, cinco ângulos; 6, seis ângulos; 7, sete ângulos; 8, oito ângulos; 9, nove ângulos. Fiquei realmente impressionado.

TARDE

O carcereiro fascista, veio estupidamente convidar à ducha. Me preparo com rapidez. No banheiro, os dois marroquinos meus vizinhos. Karin se oferece para cortar os meus cabelos da nuca com a máquina, aceito. A ducha está como sempre horrível, fervendo. Me obrigo a pular de cabine em cabine, a procura de uma ducha meio fria. Todas ferviam. Estou agora com a sensação de gripe, espirro, dor de cabeça e sei que é devido à água quente. Na última cabine está um jovem de uns dezoito anos. Olhar profundo, olhos negros e tristes, cabelo raspado, magérrimo, mas de coxas grossas como cabe a um bom árabe. Ele depois de aduchar-se, senta-se no corredor e encosta a cabeça no aquecedor. Me intriga. Vou até ele e percebo que ele desfalece, nestas horas me dá um certo pânico, temo que algo aconteça de urgente e até os putos chegarem... Indevido tal delírio, pois que na prisão é como na cidade, onde estão todos e tudo aglomerados, vizinhos, embora mesmo assim corramos o risco da espera. Chamo o carcereiro que desdenha. Falo grosso, semi irritado, ele se convence. Gente burra e tacanha é assim como ator medíocre, querem ouvir que gritem pra eles, com eles, só assim conseguem responder, conseguem atinar atitude. E isto enfada. Nada é mais ridículo. Mais impróprio hoje em dia. Mas nós sabemos que o mundo girante está cheio de espíritos baixos. De gente passada. E por causa de pessoas assim, é que inventaram, e sobrevive, a psicanálise. Isto sim é de questão, de alçada edípica.

NOITE

BRAZILERO 5.208. Assim escreveu Gonzales, o big boss da máfia da cocaína. Um bom homem, um grande homem com certeza, devolvendo a fita cassete de Jovelina Pérola Negra (que nome magnífico), que eu havia lhe emprestado, ao servente que traz a sopa. Dentro dela, um saco de papel com este escrito singelo, suave. Talvez porque escrito em castellano, **BRAZILERO 5.208**. E quando a tomo nas mãos, ouço o doce sotaque colombiano.

DIA 10 DE MAIO, TERRITORIALIZAÇÃO E LÍNGUA MÃE

Sexta-feira e nada da convocação para o julgamento. De qualquer forma estou calmo e peço a Deus me manter nesta tranqüilidade... O carcereiro de hoje é um menino, apenas menino. Pouco sabe falar o francês, misturando palavras em neerlandês. Às vezes não capito um catso. Hoje ele me diz: — Você é um homem calmo, tranqüilo. Sorri. E pus-lhe a mão no braço, agradecido. E de verdade, agi todos esses dias infindos como quem se transformara no melhor de si mesmo. Acabou a tinta da quinta caneta. Ao puxar o vidro do mel, que eu ganhara do holandês, o vidro foi ao chão. Lamentei. Embora saiba que devo diminuir o consumo do mel. Que seja prenúncio e bom agouro. Sou seguro que o mel no chão derramado tem seu secreto significado. Estou atento. Hoje, sexta de Oxalá, mel no solo vertido. Promessa de caminho aberto. O tempo lá fora espalha-se como uma tarde invernal. Estou alegre e satisfeito, pois me sinto gostado, querido. No pátio caminho com vários e com ninguém. Assim na minha vida sempre segui amontoado e largado. Sempre com muitos e só comigo. Voltei com os bolsos cheios de presentes, tabaco, papéis, canetas, chocolates. Arrumo a cadeira de forma que possa colocar os pés sob a mesa num travessão de madeira, o qual utilizo desde que cheguei na prisão para massagear os pés. Agradeço. Queria tudo abraçar no peito derrisório e poder dizer: estou pronto para o que der, e morrer. Porque Pessoa, pai, poeta, criador, porque tanto coração? O que esperamos, já que não somos anjos, nem arcanjos, ou querubins? Saudade do meu amor, dos amores. Vontade de sair daqui, ir a Beirute, a Paris, a Birmânia, ou Singapura. Ricardo de Berlim me enviou um livro do Saramago, *O Evangelho Segundo Jesus Cristo*. Estou no começo. É alucinante, meu Deus, o que seria dos homens sem a literatura? Saramago o libertário conhecido como pessimista, alega que deveria haver muitos mais seres preocupados, pois se muitos homens estivessem preocupados-pessimistas o mundo estaria muito melhor. Então sem a literatura os homens seriam felizes como os pretos africanos, mas não podem viver sem a escrita, pois que são brancos. E só pretos ou vermelhos é que conhecem o peito da mãe natureza, seu lugar próprio, esta espécie de amor polimorfo. A tudo. É engraçado, pois que alguns homens serão sempre exilados, mesmo na própria pátria ou cidade e esta Europa cheia de fronteiras que se quer unir, embora rasteje ainda feito um réptil no sentido da abertura entre os seus próprios filhos povos, e talvez sobretudo, é que tenham um espírito fronteiriço, de apartage, e esta tentadora menina velha Europa, este porto seguro pra tantos perdidos e desencontrados, é um poço de racismos, de contra diferenças que só aparentemente se suportam. É esquizo como a vida, e pode-se aqui encontrar gentes dos quatro cantos do mundo. Os humanos apátridas dos terceiros ou quintos mundos. E tudo sendo possível, nada é possível e está criado aqui uma pseudo-territorialidade. O que se vive é uma contínua desterritorialização. E quanto ao português, essa língua européia, indiscutivelmente mais bela, sonora, musical, cheia de contornos, de afrescos, de sinuosidade, macia, aveludada, desmaneirada, viva, é como com o cristianismo, a família mais pobre e simples da Judéia, foi escolhida por Deus pra gerar o maior dos profetas. Assim a língua e a mente língua, o espírito portogalo e santo, é de verdade o mais bem dotado. Ainda que desvalido. Não quero falar bobagem, quero apenas testificar meu amor, e abrir expondo considerações de alguém, que une a língua italiana, a francesa, a espanhola, enfim, as frutas da mãe, raiz latina. E observo e atento testifico, não há poesia que falada, cantada ou escrita, que se assemelhe à boa sintaxe da língua portuguesa, ao profundo de nossa língua mãe. Dizem que para a *inteligentzia*, hoje, no mundo, é cada vez mais chic falar o português. Mãe saudade do arroz e feijão... Me levanto. Vou à latrina que avizinha o leito. É um prazer enorme ter água para jorrar e poder lavar-me o traseiro, o orifício sagrado, o olho do fim, terminal do canal que nutre seguidamente, purifica. Regozijo. Adoro defecar. Exulto quando os intestinos funcionam bem. Sempre fui chegado à prisão, não a de Saint Gilles, à de ventre. Despachar o transubstanciado pão e verdes vegetais, alhos transformados em bogalhos, pão santo que vira merda, essa é a maior ironia da vida. Laranjas, alfaces, maçãs, que se vestem em troços fedidos, que quando partem do mais dentro de nós, pra cacimba de louça branca, cheia d'água como arsenal de um ritual diário. Quando soltamos, deixamos que saiam, e não nós mesmos de verdade, mas o mais profundo e fisiológico de nós, o núcleo, as vísceras, o órgão do centro. O núcleo epicentro, raiz do ser da metafísica do homem. Que alívio, que integração. Assim escolhemos deixar que a merda saia, que se alongue de nós. E jorro a água. Ai pobre de mim, pobre de mim que não posso beijar a face e a bunda d'alguém amante. Carne. Princípio pagão. Carne sobre carne, religare, unção extrema. Carne não peca, se amorosa defeca. Abro a janela. O frio entra e me banha as pernas nuas e estou detento sem uniforme, um detento de cuecas. Minhas pernas engrossaram um pouco, batatas e caminhadas diárias. Gosto de sentir-me a própria carne. Lá fora, o apelo à oração, entoado pela primeira vez em três vozes. E a minha mais baixa, são quatro. Quatro ângulos de preces, de agradecimento, de louvor a Deus.

 Engraçado, muito engraçado, o idiota do carcereiro abrindo a portinhola, não me viu, eu estava na privada, não sei o que pensou o pobre velhaco, ele é um dos tipos ridículos, gordo, branco, bobo. Aí ele teve que se esforçar pra posicionando num ângulo melhor seu olhar intorlocutor, me avizinhar, quando me viu, sentiu um alívio e não pode deixar de reprovar-me. Meio tonto, assustado, sussurrou algo incompreensível em flamengo que queria dizer com certeza indubitável: Ah! Bom você está aí. Ri sozinho sem parar. Gargalhei. Que bom ser tido como aquele que poderia ser um fugitivo em potencial.

SONHO BOM

Estou ao pé de uma coluna grega branca, perfilada por concovados. Ela é alta, quero apanhar uma cuia também branca para oferecer à uma mulher entidade. Faço esforço, não posso alcançar. No prato há um repasto, e sobre ele, caindo do céu como uma chuva que respinga, milhares de estrelinhas brilhantes, quase ouro em pó. Me esforço muito e eis que está a concha branca em minhas mãos, e em total comoção, ofereço, aos lados de mim, meu corpo vertido no pé da coluna. A imagem mulher entidade me visita, eu oferto ao alto, sinto que ela recebe, não a vejo claramente, sei e sinto sua presença divina em forte comoção.

Vem um bestial carcereiro, entrando feito um animal. E antes que eu perguntasse porquê, o que queria, instalou seu grande livro sobre minha mesa e então pela cópia da folha com a minha assinatura, reconheci que se tratava de inspeção mensal, pra saber o estado dos materiais da cela. O sempre ridículo teste nas grades da janela. E quando ele tirou o pano azul marinho que uso pra tapar o sol, preso com clipes num micro furo no batente da janela, desde que cheguei este furo já estava ali.
Ele: — Você sabe que é proibido tapar o sol, não é? Eu feito ingênuo, disse não saber. Abrindo a janela ele tenta balançar a grade que pra minha infelicidade continua imóvel, não se abalou o metal com minhas implorações nem o ferro de sua constituição, nem os anjos do Senhor pra derretê-las com o calor da saudade abrasadora do meu peito. Nada, está lá ela, mesmo agora fria, impávida, dura, ortodoxamente deitada. Então ele diz, como se explicando sobre a inspeção ridícula, a não ser que eu fosse de verdade um perigoso bandido. Ele: — Era isso que eu queria ver, se estava limpo. E eu, então: está limpo? Ele foi à privada, olhou, reolhou e disse com voz fraca: — Aqui precisa estar limpo também. Ele é um puto, e tanto é que é a primeira vez que um carcereiro entra na minha cela, e eu me limito apenas a sentar-me na cama, sem me desfazer das cobertas. Sonhei com sexo forte sob as roupas, as calças justas, os paus duros, o beijo na boca, o roçar do volume protuberante, a esfregação. Me punheto. E não, não penso como o muçulmano que isto ofende a Deus e faça mal ao corpo. Sei é claro, que quando queremos concentrar muita energia, quando precisamos, não gozar é provedor.

MEU PAI AINDA ME ENSINA

Fui convidado pelo homem mais interessante desta ala. Um marroquino recidivista condenado por roubo e cheques roubados. Pegou dois anos, cumpre dois terços, pois que já fora preso antes. Roubar na Bélgica não tem muita importância, as penas são leves. Masco chicletes pra não ter fome. Então o marroquino ladrão, me convida a uma partida de xadrez. Não jogava a bem uns cinco anos, sempre fui um patife no jogo, sobretudo no xadrez. Assim como com a vida. Sei viver, sei amar, trabalhar, mas não me peçam um método claro na ação. Só sei calcular a ação no teatro e quando da repetição. Por isso amo deveras a cena da encenação, pois que nesta posso melhorar-me, o mundo, os seres, a cena em si, sobretudo, porque de novo e de novo, temos outra chance, outra possibilidade, rever, refazer. Vem-me o pai à cabeça e sua serenidade oriental, quase pétrea. Confundida por quase toda a minha vida como frieza. A cada passo no caminho da vida, na fadiga ocidental que me assoma, na esperança e busca no Oriente, a cada passo mais valor ao pai silencio, ao pai calado, ao pai sereno. E aprendi na marra, no bojo, na estocada, da forra da vida. Calma. Ainda hoje, às vezes me debato. A prisão está curando-me do que restava da aflição. Não vejo a hora de enfrentar o pai na sua imutável calmaria das refeições, onde ele até hoje me ensina a comer devagar, — cê vai aonde? Devagar, devagar, assim não adianta. Que pai maravilhoso, um pai ensinando um marmanjo de quase quarenta anos como se portar na mesa.

MEUS CIGARROS ACABAM...

O africano de Gana meu vizinho, não em delinqüência mas em desventura de prisioneiro preventivo aparece no postigo da porta. Me dera tabaco pelo servente (isto, este toma lá dá cá, é escondido vai contra as normas da prisão).

Me comovo quando da portinhola, o preto me oferece sua carta de telefone e pergunta se eu preciso de alguma coisa. O outro servente preto holandês, que vivera em Portugal, fala mal a nossa língua, me pede pra traduzir uma carta que ele é incapaz de escrever. Prometi que amanhã no pátio, o ajudarei a escrever. Penso em pedir-lhe ovos cozidos em troca. A prisão nestes últimos dias está se esvaziando. Várias transferências para prisões penais. Meus vizinhos mudaram. Chegaram em seu lugar dois romenos. Os europeus do leste são o maior contingente depois dos marroquinos. Saint Gilles em janeiro tinha quinhentos homens, em maio setecentos, e o que se conta por aqui é que no verão começam a chegar presos sem cessar. Deus me livre de um verão em Saint Gilles. Deus me livre de querer que ele me livre e ele não livrar.O certo é que tudo é incerto ainda... Afinal, uma subversão de 421,7 g de droga.

> *Por ter executado a infração ou cooperado diretamente à sua execução;*
> *Por ter, por um fato qualquer, prestando por sua execução, uma ajuda tal que sem sua assistência, o crime ou o delito, não poderia ser cometido;*
> *Por haver, por artifícios culpáveis, diretamente provocados a este crime ou a este delito, não estando nem médicos, nem farmacêuticos, nem veterinários, não podendo adquirir ou deter (a substância em virtude de uma prescrição médica lavável,(?))*
> *Por ter importado, exportado, fabricado, detendo, vendido ou oferecer a venda, delivrar, ou adquirir, a título oneroso, ou a título gratuito e sem haver obtido a autorização prévia do Ministro que a saúde pública da atribuição, das substâncias soropositivas, estupefiantes, ou outras substâncias psicotrópicas suscetíveis de engendrar uma dependência e cuja lista é detida pelo rei, em espécie a quantidade (in (?)) determinada de 421,7 g de cocaína (peso bruto), com a circunstância que a infração constitui um ato de participação à atividade principal ou acessória de uma associação.*
>
> *Bruxelles, 13 de maio de 1996.*
> *O Procurador do Rei*

DOIS TAPAS NA MINHA CARA

Para quê querem segregar-nos nos guetos? Não me arrependo de nada, dos prazeres dos leitos, dos corpos, das carnes dos homens, das fêmeas andróginas. Só sabia desde sempre que andava a espera. A espera do que se aproximou e de repente, vi que partira assim como chegara, assim voara. O que me prometia o Devir, não veio. Quando dei por mim, estava sem poesia, sem pano, levando no corpo, na mente, na alma, a marca, o fruto incondicional do meio do gueto. Não, eu não! Eu não estive a espera de estar parte dum naco de gueto. Não, eu não! Eis-me conhecido homossexual sem militância. Não, eu não! Quem falou? Não, eu não! Eu tava brincando de amar homens, como poderia amar homens, como iraquianos, como africanos amar bichos, como pagão amar todos. Carnes sobre carnes. E me encontro, o que no???

Me tornaria mais um rebelde em processo de arrependimento? Eu que já era considerado tão domesticado, e as mulheres meu Deus?

A luta, estes dias tem sido pra não ficar sem cantina. Já estou há nove dias sem cantina de frutas = a vitamina C. Beijo no pátio, não me importando quem esteja a olhar dois tomates vermelhíssimos que o Alan me deu de presente. Rio solto. Podereis compreender o que é regozijar com dois tomates? Escrevo a carta que me pedira o preto holandês. Ele: — *Você podes fazer um cartão de visita para eu?* Eu prontamente, sim, pois vira no seu olhar marejado uma escondida emoção. Ele: — *É que minha namorada perdeu a avó.* Só um preto pode ter tal preocupação com uma mulher. Eu, o que você quer dizer com cartão de visita, uma carta? Ele: — *Sim, uma carta.* Então, com um sentimento interesseiro, pego o melhor cartão que Kátia bem amada me dera de presente pelo correio. Escrevo a parte numa folha, pra que ele possa transcrever no cartão com o próprio punho (escrever um "meus pêsames", é profundamente difícil, e afinal, não consegui usar tal palavra, preferi meus sentimentos). Falei do meu sentimento interesseiro, pois que pensei em pedir-lhe ovos cozidos, sendo ele servente do andar de baixo, penso que terá mais facilmente acesso às sobras dos presos, ao menu dos muçulmanos, que à noite não comem carne. Chegando no pátio onde encontraria o preto holandês, pensei no pão de passas delicioso que nos deram hoje de manhã junto com chocolate quente por se tratar de dia feriado. Estava sonado, estando tão acostumado com o verdadeiro escândalo dos barulhos matinais que começam às seis horas. Hoje fui acordar às oito horas com o servente já abrindo a porta e sonado, não tive tempo de como noutras vezes quase implorar pra que ele aumente o peso da ração. Quando percebi que tipo de pão era, por mim tão adorado o pão de passas ele já estava longe, dada a pressa que a todos guia como já lhes expliquei outras vezes. Bom, ruminei , a maneira de aumentar minha dispensa em qualidade de nutrientes, pois que clausura com fome não dá não é? Não, eu não mereço, em dado momento era tão obsessiva a pensação, que juro, acreditem, fui obrigado a me dar dois tapas na cara. Sim, pois eu estava cheio de mim mesmo de preocupar-me de dar tanto valor, me tirando a paz, a intranqüilidade pela luta as vezes desvitoriosa pelo pão, pelo abastecer do todo dia. Isto na verdade de se auto-flagelar, foi ontem na cama, pois quase dormia e a cabeça não parava, girando, girando em torno do como fazer sem o que preciso para comer. Sou de touro, do verbo ter, peixe de morrer pela boca, pelo estômago, pela goela profunda que tudo abarca. O preto holandês ficou satisfeito, e pedi-lhe, sabe eu estou sem dinheiro, pasmei quando ele disse: — *A minha mãe virá depositar meu dinheiro, e eu poderei te emprestar.* Tenho medo infantil de passar fome. De não ter o que comer. Talvez seja este o leit motiv disto, que não consigo tecer, coser direito. O êxodo de minhas respectivas famílias, por mãe, os da Itália, por pai, os da Síria. Sei, é nítido que o motivo de toda esta imigração, fora a fome, ou o medo da fome.

De alguma espécie de fome.

A FOME

    Fosse ela de qualquer tipo. Não me tirem os limões, já que me tiraram o sol da liberdade. E melhor me tiraram o sol, a liberdade, mas não o sol da liberdade, que esse é Deus quem provê, e ele é em mim, até que eu me. Eu soltei risos de felicidade quando vi o chefe rápido jogar sobre a minha cama, um pacotaço de pão de passas. Acreditem se puderem, me achem fraco se quiserem. Primeiro não me contive, e dei urras de alegria na presença do chefe que até ele também ficou feliz. Depois, quando a porta se fechou atrás dele, voltei para o chá de menta com pão e geléia e duas folhas de alface, com uma fina camada de manteiga pra economizar. Voltei e não agüentei, em meio a minha alegria, veio um choro, ao mesmo tempo com o gesto de sinal da cruz, me pus a agradecer à Deus. Os seus cuidados, ou os cuidados do preto, os cuidados do carcereiro, ou os de Kátia que me dera tão belo cartão. Então, a sensação do agradecimento no chá de menta na boca, da última fatia de pão de passas que estava em minha frente, e a dúvida se deveria comê-la ou fosse melhor guardá-la pra depois, e agora nas minhas mãos um mundo de nacos de pães de passas. Agradecido, enxuguei com as mãos, tomando com a direita a última fatia, que agora poderia ser a primeira, ter qualquer lugar na ordem da fração numeral, pois eu tinha tantas mais, daí, eu não poderei descrever-lhes nunca o que passou nesses minutos que já estão parte do passado... Despenco de mim, soluço, no começo me contive em som baixo, talvez por receio que o carcereiro se assustasse lá fora, ou mesmo risse de mim. Embora ele não fosse do tipo segundo, mas com certeza do primeiro, depois... gemo, grito, suspiro num choro arquetípico, primal, inumano, primevo, converjo o corpo, me verto no chão, os joelhos, a cabeça, as mãos, agradecendo, querendo bastar a vida, que me faz ser pó, ser nada, ser mendigo, ser humilde, ser pedinte, ser reles como um réptil, e ao mesmo, enlevado em santidade, em pureza, em sensibilidade aguçada, em saúde, prontidão, proximidade, na super valorização de quase nada. Transubstanciação do nada em tudo, e isso tem a ver com o divino, deidade, divinização. E isso me basta, sendo o eu assim demasiadamente humano.

    O frio e a chuva. Acordei disposto ir ao pátio, mas quando levantei o pano velho, que faço como meia cortina vi lá fora a névoa, o chuvisco, e senti o gélido vento, não tive coragem. Alguns minutos depois, olho pelo espelho, há quatro homens no pátio num círcular rápido, encolhidamente que chega a parecer desesperador. O círculo, o homem, o ser prisioneiro. Está lá o africano inocente que tem lá fora uma pequena de oito anos que o espera, atônita, desentendida. Ei-lo aqui dentro e não devemos nos esquecer que o fato de ter a pele preta, o sorriso e olhos brancos e largos, lhe indica propriamente ocupar um lugar diferente. Não só diante dos palácios da justiça, mas na casa, nas fábricas, nas salas, nas cozinhas, nos jardins, nas ruas dos brancos.

O branco masculino só acredita no si, na sua superioridade, e pior presume que bichas, pretos, árabes, judeus, chineses e asiáticos, tenham inveja deles, queiram ser como eles. Raramente encontramos um destes "morenos" acima, querendo ser branco, quando isto acontece, denominamos que o moreno se branquizou. Pois o moreno moreno, não quererá jamais ser-estar branco, pois que já é moreno, que já leva em si um cadinho do branco. Morenos de meus país, morenos do mundo inteiro. Aguardai mansos na sua dor. Nas vossas exclusões. O dia virá, há de vir. Já veio diria o libertário Felix Guatari. O Devir. Seja ele judaico, cristão, muçulmano, candomblista, taoísta, budista, xamânico, ou democrata.

Os ruídos trazem os presos às janelas, que comentam em voz baixa o sucedido. Eles assustam o bando de pombos que levantam vôo em debandada. Estranhamente os corvos tocam o solo, e em contínuo e rápido movimento circulam de novo até tomarem novamente os píncaros negros das torres do alto da galeria da terrível ala D. Me olham agora de lá, meio que mancomunados com o sonho da tumba que já habitei.

Ir à janela. Ver que os vidros foram banhados. Na minha cidade os vidros das janelas são banhados por mãos pretas. Abaixo no parapeito, miro as cebolas que com um cuidado imenso enrolei no saco plástico, pois que ontem chovera. Já a última banana e o pomelo, este também último, ao qual venho namorando como a uma donzela e lhe preparando o leito. Misturarei a penetração de meus cinco dedos e sorverei com a boca perto seu sêmen fresco, só depois de atravessado o hímen da fina pele transparente que reveste os Dez Mil Seres num gomo de laranja. Escrevo agora com medo.

SÃO NÃO AO MIM

São Não ao Mim é um santo que acaba de nascer talvez uma falange remota de seres divinos. São Não ao Mim dá a tranqüilidade pra amar de verdade. Quero até falar do velho que eu amo. Ele tem cinqüenta e oito anos (acho que ele mentiu por dez), parecia oitenta, se não fosse sua agilidade (às vezes) de movimento. É baixo, magro e feio, embora tenha um brilho terno no olhar, cabelos e barba brancos, e por ter operado um tumor, gânglio interno entre os dentes na bochecha tem um buraco de onde brotam pêlos brancos. Parece que ele tem a cara de um porco espinho. Ontem eu soube que ele era boliviano, que seria julgado no dia trinta como eu. Fui direto ao seu encontro, interessado por tão distinta figura de cabelos brancos e de olhar de bom homem. Me acheguei grosseiramente num péssimo castelhano e tentei cumprimentá-lo esfuziante, e ele não entendeu nada no meio do círculo. Sagrei-me no círculo, pois busquei encontro com o pobre diabo. Ele não entendia o que eu falava e eu replicava novamente. Come estás, eu usava o *comme* do italiano e carregava no estás, espanholando e isso acredito dificulta por um instante, e ele não era francês nem nada pra ter esta reação de demora, de desvoluntariosidade (pra tirar um homem de língua francesa de sua contrição não é fácil). Então, na continuidade, eu bombardeando-o de perguntas, ele caiu com 1.250 g, ou um quilo e um quarto. E eu caí de pau, tendo que repetir, reformulando os acentos, as tônicas e até as palavras como se falaria em castelhano. Ele é igual um roceiro brasileiro. Falamos então. Eu continuei tranqüilamente tendo que repetir. Agora me ocorre, talvez ele seja um velho surdo. Agora sei que cego sou eu que não o vi... Mas não, eu o vi. Ele esteve vinte meses preso na Holanda. Diz que pegou pena de trinta. Cumprira dois terços (Deus me livre) e disse também que fora pego com dois quilos (acho cinco) e eu disse, já esperto em penas européias, você pegou muito hein? Tava sozinho? Ele não entendeu. No caso, ele não entende "affaire", no processo, *process, nel ton casso tienes associacion*? falo como em português, e coloco o acento sonoro da outra língua, caso, casso, um *catzo*, que não sei como se fala isto em castelhano. Ufa! Finalmente ele me compreendeu. Ah! Sim, se eu fui julgado como associação, gente envolvida? Não. Não, tô sozinho no caso (foi só aí então, ouvindo a palavra caso num sonoro acento em português). Foi aí que vi, reparei, conheci que ele falava minha língua. Fiquei eu pasmo, eu poliglota, eu um burro e orgulhoso de minha compaixão.

Pra nós, os ávidos famintos de devorações e apaixonamentos, falta-nos justo o vazio. O zerar, pra poder nos colocar em compaixonados seres vizinhos de todos, de tudo. Acima da paixão. Paixões não devem ser momentos. Mesmo que nos seja enlevamento d'alma paraíso. A vida na vera, vivida com amor dia após dia, é simples e desprovida, despojada. Desapaixonada. Pra assim de novo, novamente e sempre, depois vir a onda de paixão, mas lá no centro, no anterior ainda, a compaixão. Deus me abençôe por não ter nascido em outra terra, de ter provado do legado da mais bela língua mãe, mesmo que de colonizado, e isso sim graças a Deus, pelo melhor dos europeus colonizador destruidor construtor, como a maioria branca, o português. E agora estou até cansando do assunto de amar, de ser poeta, quero mundanidade, vou comungar com a minha fome normal. Mancomunar-me com o trivial.

ENTRE CALDEIRINHA DE CADEIA E CRUZ DE PRECISÃO

No tempo certo. Cada tempo a sua coisa. Cada coisa a seu tempo à sua causa. Por quê? Simples, é assim. Um vem e um vão num tempo distinguido. Nós não vamos no vem, vamos no vão. Busca enrolada. Pés pelas mãos, as vezes desolação na busca doída do coração. Onde estou? Que horas são? Quero entrar pra dentro de casa! Que é issoooo? Há uma grade em minha janela. Vejo o céu ser e estar, nascer e morrer, geométrico, emoldurado a ferro. E eu aqui a ferro e fogo. Entre caldeirinha de cadeia (não tens idéia) e cruz de precisão, crucificação. E lá fora produz-nos cura um círculo vem e vai de penas, condenações de homens de todo dia, um vai e um volta. Não, um vai e um vem. Não, um vai e sempre vai, não volta não. E então a minha postura largada, debruçada sobre o bloco de papel e a mesa, e a rigidez de meu braço, é que esteve entortando minha coluna?

JESUS = YESCHUA

Chove torrencialmente. Bendito Deus. Natureza mãe. Apago a luz porque quando fui à janela, senti em mim a água da chuva. Esfriei, molhou tudo, começando pelo chão, dali a pouco depois de senti-la, fecho o vidro e vejo as gotículas e me vem a infância querida, e a viva memória de por muito tempo desde sempre em minha vida contemplar a água da chuva, água de fluxo de continuidade de vida, de ação, água de peso. E vi sempre, desde menino que a vida nos dentros nossos se assemelha a esta trivial urbanidade dos vidros e dos pára-brisas, párachuvas, pára-águas (e não param lágrimas) da vida cotidiana. Urbanamente confesso que me orgulho de poder testemunhar a mágica do aglomerado, ou mesmo das solidões das nuvens do céu. Reviver devir natural na sala de visita, no automóvel, no escritório, na livraria, no trem, no avião, na prisão, na igreja; o vidro protege, refrata, reflete, rebrilha o imaginário, sobretudo quando há líquido nele. Não falo do vinho ou da água no copo, do cocô, ou dos chás, cafés, cervejas, mas antes como platôs de desenhos, panos, hieróglifos, mapas, desenhos, pontes, quadros, imagens; pode-se do mundo tudo criar e imaginar, comover, ler, o que pinta, como escrever nas nuvens. Suas formas e sua certeza imanente, luxuriante de conteúdo. Assim no vidro chuvado pode-se tudo. Criar, ler como os árabes o destino no fundo da xícara de louça borrada de café. O vidro chuvado que agora escorre, dá-nos a todos testemunhas dos sonhos do imaginário em formas, mas o conteúdo está lá. Leve, forte, intrínseco. Há um choro na alquimia entre a água e o vidro há o choro.

Pobre diabo, amigo pobre de Deus, velho acreano, peruviano, boliviano. Onde vais tu com a *marchandise*, mercadoria, a que festas irás enfeitar, que homens de negócios legarás esperteza, a que artista portarás um pouco de lucidez criativa, a quais jovens amortecerá os neurônios, o fio do deprimido senso comum, que mortido abrandarás com este pó branco? ...e sendo ele um depressor do sistema nervoso central, e paradoxalmente provocador de excitações, trás de sensação de estado de como diria Freud: o estado que deveríamos estar normalmente, ligados, inteiros, não fosse a repressão anciã da civilização. Então, esta droga que no meu tempo — e olha que não faz tempo — no meu tempo era cocaína pura, ou melhor, já não era pura, mas não continha este sem número de merdas que hoje se encontra num quase nada de pó, uma trama de mundos de misturas e miasmas. Eu pude com ela, sorvi-lhe a essência, retirei do caule da interdição sua seiva, transformação, alquimizei-me em noites altas, seguidas de auroras matinais. Fui homem jovem rebelde e provedor de festas de rir e de dançar, de amigos entre mesas. Gosto. Saudade. O que fez ido é passado. Tô no aqui, olho a frente, mesmo que Jean Genet mais do que sempre tenha razão, e repito, ainda como ele antes da condenação:

— *"Há em tudo uma saudade de sol e de festa."*

E o velhinho? O velhinho traficante recidívo mas ainda puro amador, recidivista mas amador, eu pergunto e agora? Farias de novo? Ele: — Não, não, quero voltar pra casa, já fiz o que podia... E havia certa canseira no seu tom de voz. Olhei pra ele pela lateral, já que caminhávamos ombro a ombro. Olhei nos olhos e repergunei, é verdade? E continuou em seu olhar o mesmo cansaço da voz. Agora via e ouvia. Não, não, quero ir pra casa. Tenho uma família, sete filhos e a menor eu não sei se é homem ou mulher, pois nasceu em março e eu nunca mais falei com ela, a minha mulher. As vezes ele parava no meio do caminho interrompendo a caminhada. Ali, imóvel, parado, no meio do caminho falando, explicando. Ele é forte genuíno, seu português campesino é rico de matizes, de sonoridades, embora as vezes indecifrável. Diz que o seu amigo brasileiro na prisão holandesa engordou vinte quilos. Deus me livre. Conta das histórias de uma amiga sua, que o marido estava preso em São Paulo e que eram dezoito homens numa cela, os colchões eram jogados no chão e o marido aguardava o companheiro dormir deitado o seu turno de uma hora e meia/duas horas pra depois quando este estiver de pé, pudesse dormir ele. Levei a água numa pequena garrafa plástica de leite e me sinto bem em jejuar com água. Xamanizo-me. Jesuifico. Amo os tantos profetas e mestres e destes sempre escolho todos, embora tenha primazia Jesus, sabemos que Lao Tsé, que Buda, que Bagwaan, que Mestre Irineu, Isaías, que Maharish, mestre Eckart, Zohar, Chenrg, Agenor Miranda, Saramago, Pessoa, Zé Celso, Artaud, Joões, Fassbinder, Pasoline, inúmeros mestres que não sei até quanto de suas profundidas adquiri me assemelhei por osmose. Sou vidrado em profetas, são parecidos com o nome. E destes todos escolhidos eu quero Jesus. Eu o amei desde antes, desde sempre. Eu o sei de cor em canto e dança, alma, pai e mãe e infância sacramentada de vida simples vivida. Seu nome diz Saramago: **Yeschua**.[4]

DEUSDÁ

Naquele dia, passaram-se anos é o que parece, que sessenta dias atrás são seiscentos mais de mil. Mais de mil ângulos. Tento chegar perto de Deus, implorei que me desse a fé. Ei-la em mim brotada como flor de verão, mesmo que sem liberdade, agradeço. Pedi que me tirasse a fome, pois estava enlouquecendo com a privação e o medo dela. Ele me deu. Sinto pouca fome, o que vem me basta. Agradeço. E sobretudo a aflição. Sentia-me no ponto alto quando nos primeiros quarenta dias achei que ia surtar ou ter alguma infecção oportunista, que não havia oportunismo maior do que o que eu estava vivendo dia após dia. Passei.

Depois, lá pro septuagésimo dia, começa novamente o delírio, angústia, claustrofobia, aflição, desordem... Muito canto, choro, reza, imploração, ginástica, dijocupuntura, meridianos... Orações, agradecimentos. Afetos de cartas, sinais vindos de longe, provas de que outro mundo onde há sol me espera de coração. Promessas da advogada, acredito, duvido, acredito, agradeço. Estou já pra o que der. Vem a já esperada recusa da cantina de frutas. Antes me desgovernava a cada privação listada com os nomes, os números, os valores das frutas, das vitaminas naturais dos nutrientes... Hoje, quando o chefe abriu a porta e a devolveu nem me mexi da cama, agradeci como sempre faço. Feito menino educado e voltei a tentar dormir dando de certo ombros. Claro que ainda penso em maneira de falar com assistente social e pedir implorar pela minha

---

[4] Não sei porque sabendo passei a amar o Buda, e o escolhi e osmosinei-me em tantos mestres búdicos por ele, que estou profundamente grato por isto, e mesmo quando miro fundo na imagem do Buda original a face crística de Jesus reaparece indelével intocada, mas curiosamente azul e fria, de uma calmaria triste, não o BUDA, tranqüilo e solar.

saúde. Mas de que saúde estou falando? Que importa além daquela que vem do dentro em si.

Chegado é o verão de todos os povos, de todas as terras. Ei-lo que chega. Eu te saúdo. Eu o saúdo. Ponho o espelho e vejo no pátio Feliciano que caminha sozinho. Grito, Feliciaaanooo! Ele acena, pára na grade e diz: — Como estás? Eu digo, porque non cambias de lado? Me esforço no sotaque espanhol e tenho dúvidas se lado é lado em espanhol. Ele aguarda não entende. Grito de novo. Nada. Ele acena desistindo. Daqui a pouco virão me chamar ao CMC. Onde eu tentarei mais uma vez com o pires na mão, suplicar direitos... Ah! Deus do mundo dos homens, homens cabeças de bagres, filhos da puta. Tenho vontade de começar a brigar. Não posso. Não ainda. Só depois da condenação.

> "Deus criou-me para criança e deixou-me sempre criança. Mas porquê deixou que a vida me batesse e me tirasse os brinquedos e me deixasse só no recreio, amarrotando com as mãos tão fracas o brinquedo azul sujo de lágrimas?"
>
> Pessoa

DESAPOQUENTO-ME ESCREVENDO, COMO QUEM RESPIRA MELHOR SEM QUE MINHA DOR HAJA PASSADO

Ainda na língua mãe, caminho devagar com o Evangelho de Saramago. Tenho medo e dó de a qualquer momento ter que acabá-lo, e assim de ficar sem ele. Um livro talvez seja parecido a uma paixão. Tem-se que admitir a transitoriedade da combustão do queimar enquanto chega e dura pois que dura pouco... Combustão. Estou virado, durmo e sonho. Meu amor por Jesus é grave. Como o dele. Assusto-me também com os ensinamentos do Osho. Assusto-me com Saramago, será mesmo Deus medonho? Deus é medonho, evangeliza Saramago. Numa profunda, grande, humana e simples e bela visão de Deus, de Gênesis, de história, de religião, de civilização, terras e povos... Dá-te medo, seja Deus medonho?

NÃO É POSSÍVEL A MÃE NA LINHA E A PALAVRA CORTADA

Telefonemas, seis números diferentes, inúteis tentativas. O senhor deseja São Paulo outra vez? Não. Sim. Não. Como? Senhor? Desejo sim, desculpe, 834... A música de sempre da Embratel. Ah meu Deus! E se a voz de minha mãe entrar na linha, e eu quiser chorar muito alto, e o carcereiro como sempre me interromper e dizer basta. E a mãe na linha, e a palavra cortada, ordenança, não é possível a mãe na linha e a palavra cortada, ai!. Escrevo estas linhas, encharcando a calça das gotas que pipoqueiam dos meus olhos perdidos, e ainda achados e resolvo escrevendo abrir o berreiro, e gemo e me banhei, estou melhor. E o telefonista diz Matilde não está. Quem está na linha é o senhor seu pai. O senhor quer falar? Não, sim, não. Como? Quero, quero sim, quero pai, meu pai. Eu que sempre fui filho de mãe, também tenho pai, dá-me o pai senhor telefonista, passa-me o pai, o meu pai.

— Pai?
— Fala! tá muito frio ai?
— Tá pai, tá muito frio. E a mamãe?

E Essa Minha Retardatária Maneira — Cinco ângulos e dois zeros. Estou aqui, mais que nunca inteiro ao lado direito de mim e bem no centro. Réu de minha pena tão culpado quanto inocente, e quais de nós não? Passo os olhos no dossier que é bem pesado. Quero dizer, é um bom dossier, tem muitos testemunhos além de documentos. Meu trabalho, moradia, médicos, amigos, sindicato dos artistas, abaixo assinado. Agora aqui tudo como sempre na correria, não se dá, não se tem tempo, é tudo a toque de caixa. Então, vejo tudo nas mãos da advogada assistente que não tem tempo, pois me esperou quase 50 minutos pelo atraso do sistema da prisão. Passo os olhos, vejo um sem número de assinaturas promovidas pela Érica menina mulher mãe atriz, e o Sálvio, fiel amigo e ator rimbaudiano, e também pelo Sindicato dos Artistas. Com uma tentativa louvável de engajamento da Bete Pinho[5]. Encontro muitos nomes conhecidos, a maioria desconhecidos, agradeço. Sou também um desconhecido, então, estão ali juntos comigo. Solidários os muitos sem nome, os anônimos deste oceano solitário que é a vida de artista. Peço pra ler a carta do Zé Celso, quero saber da tradução. O dossier está uma zona. Papéis e envelopes, clipes caídos, desconectando documentos. Leio os dois primeiros parágrafos. Zé falando bem de meu trabalho, me libertando da de traficante, explanando o porquê da desventura e pondo o seu genuíno e verdadeiro olhar gestáltico e integrado e desperto de sempre... Ela não deixou-me terminar de ler. Disse pra ela que era a carta de um dos mestres mais importantes do teatro mundial e que ele tinha sido meu professor, e que era muito importante que eu soubesse que ele me amava pela sua boca, ou seja nas suas palavras no papel, mais do que sair da prisão era

---

[5] Presidente do Sindicato dos Artistas do Rio de Janeiro.

definitivo saber se meu primeiro mestre ainda me amava. Ela disse: — O senhor me desculpe mas tenho outra prisão pra visitar... E eu, o mesmo tonto de sempre disse, ok. Merda! Acho que sou eu de verdade que me tiro o próprio chão, a tranqüilidade. Essa minha retardatária maneira de só cair a ficha depois que a cena passou. Por isso acho que faço teatro, porque de primeira sou fraco, frouxo, quem perde. Só lá pelas tantas, só depois de contemplar, meditar, refletir é que espertifico e posso dominar com emoção e razão o movimento, a ação. No desenrolar da cena da vida vivida sou essencialmente inapto, imaturo, míope, debilizado, quase burro e acho mesmo que sempre tive o esforço gigantesco de me construir mais inteligente que a maioria exatamente por isso. Senão, estava na sarjeta, mendigando. Não que eu esteja muito dessargetado hoje em dia, mas tenho em mim, a clareza da transformação, do reerguer-se, do mudar e reconstruir, sempre foi, fui assim... Agora creio que todo o meu esforço de aprofundar-me intelectualmente, de correr atrás, foi por isso, medo de massacrarem-me com minha genuína maneira débil, fraca e esta "inteligência-alma" à que perscrutei alucinadamente, é claro, me fez, me pôs distante de tudo, longe dos homens, de mim, longe até da arte, pois sabemos que pra ser aceito, fazer arte no Brasil, e seguramente no mundo, não se deve muito expandir-se fora da mediana normalidade e eu me quis à frente, vanguarda, sem mesmo ter optado por ela, apenas obsessiva e voluntariosa vontade de ir a frente pela alma, a frente pela alma, e aqui me encontro atrás e atrás das grades da alma.

PRETOS SÃO PRETOS (MELHORES) EM QUALQUER LUGAR DO MUNDO

Da entrevista com a advogada fui direto para o pátio. Estava me sentindo solitário e a fala sobre a senhora que irá me acusar, logicamente passou a martelar-me a cabeça.

Sinto a coluna fora. Caminho sem parar durante as duas horas. Os pretos caminham juntos, todos em vias de sair liberados a qualquer momento. Todos presos por papéis, (*carta de sejours*), ou trabalho no negro, todos na prisão, finalmente porque são pretos e pretos em qualquer lugar no mundo... Minha vista queima...

BRANCOS ALEMÃES E BOFES TAMBÉM PODEM SER SOLIDÁRIOS

O belga alemãozinho junk, playboy gostoso, está na mesma ala do outro lado. Me perguntou se eu precisava de alguma coisa da cantina. Eu já lhes tinha chorado que não teria cantina por mais uma semana. Eu não compreendi bem a frase que ele formulou em francês, também pois que juro não podia esperar deste bofe tal gesto de preocupação, gentileza e solidariedade. Ele repetiu, até que mudou o verbo e eu compreendi e respondi, dizendo que precisava de qualquer coisa que ele tivesse pra me dar. Ele disse o quê? Sempre tenho na boca a vitamina C. Então, disse, laranjas, limões e ele pediu ao chefe que é casualmente hoje um gentil pra que eu pudesse acompanhá-lo até a sua cela onde me encheu os braços. Três laranjas, dois limões, duas latas de fanta que eu recusei mas ele insistiu. Depois ofereceu-me mais coisas que eu não compreendi e eu disse sim eu quero. E me deu ainda chocolates e bolachas. Tudo que eu estou interditando a mim mesmo... Estava parado na porta com o chefe a me esperar, e os braços cheios. Não pude nem quis discutir, agradeci sorrindo e quando a porta fechou-se, eu o vi em pensamento indo em direção à parede e senti a solidão de seus vinte e cinco anos e me contri. Me aperta o coração, o peito, como se empaticamente minha fosse aquela dor desvairada, inútil dor que não se mostra que não há à quem. Sendo ele tão jovem, sua dor seria maior? No pátio o búlgaro do traseiro de dar águas em bocas, vem ao meu encontro falando excitado rapidamente num francês nada fácil de compreender. Creio que nem ele conseguia. Disse que vendia carros roubados, que ganhou muito dinheiro que a polícia ficou com U$ 4000 dele que são uns putos que isto aqui é um bordel que a Bélgica é cheia de belgas loucos fominhas racistas. Ao mesmo tempo confirma que está cheio de búlgaros que são outros putos de ladrões iugoslavos de putas de assaltantes de romenos contrabandistas de policiais e mais policiais e mais do que tudo de marroquinos sujos traficantes e perigosos. Bem, às oito horas da manhã ouvir tal enxurrada de impropérios, vomitados com o fastidioso escárnio humano e pior, entremeado a cada frase por imundas cuspidas grossas no chão, fui ficando irritado. Ele, dizendo que estava nervoso, acabamos sentando pra fumar, coisa que nunca faço logo de manhã. Um lindo moreno corre, e na passagem grita-me: — Brasília, Rio de Janeiro! Não que ele soubesse que existe uma cidade chamada Brasília, seguramente não, ele me dava um nome próprio e feminino. Senta conosco um armênio pego com dez gramas de heroína e oito declarações de que fazia tráfico, pensa que vai pegar oito meses, ou seja, vinte e quatro. É inteligente, vivo, seus dentes como da maioria estão acabados pela heroína (ou cocaína). Conta que trabalhou quinze anos em importação de frutas e legumes. Chegou a ter três casas, carros, empresa e nos últimos anos perdeu tudo a troco de droga. Basta, pra ele basta. Não é comum ouvir basta aqui. Comentamos a desgraceira promovida pela heroína (ou cocaína, apesar desta em muito menor escala) em todos os sentidos e falou-se até em Sida (Aids). Isto no pouco tempo que o gostoso e sujo do búlgaro nos deixava conversar, porque não parava de falar, reclamar. Os belgas os búlgaros de si mesmo e a desventura.

O vento surge retinindo como máquina. São três da tarde. Escrevo enquanto massageio os pés sob a mesa no travão de madeira. Aguardo a ducha, via de regra problemática. O sol resplandecente no azul céu. Dou graças pelo verão começar brando. Deixei o búlgaro com o armênio e fui caminhar com o albanês/iugoslavo. Antes quero lhes contar que o búlgaro disse que falando com a família no telefone, está sabendo que um trabalhador normal ganha em média cem reais ao mês, e pergunta se eu posso acreditar. Penso que este é o salário de nossa gente brasileira... e, ao mesmo tempo que deve ser melhor ser pobre no trópico de que neste terrivelmente frio continente europeu. Uma prisão penal, poder ir e vir, comer o que quiser e fugir se bem entender. Se conseguir promover a possibilidade de um passaporte sou mesmo capaz de fugir, não há muros em algumas prisões penais, e se você for pego volta pra prisão e apenas continua a pena de onde parou. Não há penalidade legal. Só não se pode fugir com a roupa de prisioneiro, daria chance de acusação de roubar o estado sob pena de seis meses. Dizem que alguns presos chegam a primeira cidade e devolvem a roupa pelo correio, se chegar em vinte e quatro horas está quite.

JÁ TENHO MEUS LIMÕES E LARANJAS...

O ganense, meu fiel amigo Nelson, o da irmã se lembram? Se o chamei de zaireano foi por pura ignorância. Falo isto porque hoje de manhã no pátio, o outro preto africano me corrigiu rápido, quase veemente, ele não é do Zaire, ele é de Gana. *Excuse-moi.*

Bom, tô saindo da ducha e já indico a ele o meu box que era o melhor. Ele vem com o seu amigo preto de cheiro forte, pele brilhante, lisa, sem uma marca, glúteos de Deus, coxas semi abertas e um pau só proporcional à medida do seu cheiro encarnado, equivalente a sua negrez profunda incomparável cor de azeviche, jabuticaba, pedra da lua, do ébano, do ônix, carvão, asas da graúna, dos melros. Êta negro lindo!

Ouço lá fora uma árabe canção com batuque parecido a uma candomblenização denso, mas sereno e calmo. Penso na fala do Zé Celso que Eurípedes foi obrigado a escrever *As Bacantes*, porque as remanescentes dos bacanais construíram um terreiro atrás de sua casa, avisando que enquanto ele não escrevesse sobre elas e as bacanais, não cessariam jamais o tambor, revezavam-se em turnos, não parando o sonoro retumbar nem só por uma hora de um dia. Tenho fome, fome de hábito de comer. Desisto. Primeiro porque tenho que economizar, depois porque, estou me deliciando com a vontade menos imperiosa do estômago e mandíbulas e língua. Saio do banho e ouço o chefe falar com o ganense, *depechez-toi vite qui vouz alles partir* às seis horas = despacha-te rápido que você vai partir... Volto até a porta o que não é comum e quero, faço questão de saber se o Nelson entendeu pois que ele fala mal francês. Óbvio, claro que uma fala desta ninguém descompreende, ou se descompreende é por não acreditar merecedor da boa nova, *Liberíe*, liberado, liberto, livre. Na porta dos banheiros os presos pretos e eu confirmamos ousadamente atrás do chefe, *Nelson vous etre liberé, a six heures*. Ele diz emocionado: —*"Auê Auí Auo Aui!"* Chora. Choro eu, o chefe olha, sorri, pois tem também um coração e talvez leve naquele sorriso uma ponta de inveja, pois ao que tudo indica carcereiros jamais são liberados, estão em cárcere eterno, babás ridículos dos detentos rebeldes, ou exemplares como eu, como Nelson, como a maioria dos pretos bons. *Ieó, Ieó*, a palavra de Gana pra dizer tá tudo bem! Ieó Nelson! Evoéh, libertas! O outro preto grita! Eu saio pleno como se meu irmão que me escrevera hoje que me ama, o meu melhor e mais caro irmão e Nelson liberto, como meu irmão Marco liberto, assim sinto n'alma. Estou no telefone e vejo no rés do chão da galeria o greffe, o escrivão que despacha Nelson e outro preto. Formalizando o ofício de liberação uma jovem bela belga. Penso se alguém nesta prisão pode pensar sobre a ironia de tal boa notícia ser portada por tão linda jovem que neste momento se torna santa, uma espécie de Joana D'Arc, providencial justiceira. Adeus Nelson. Choro, enquanto no telefone aguardo a escrituraria do Banco do Brasil em Bruxelas, com a qual estou sedutoramente como um bom pedinte. Contei que estou na prisão que meu dinheiro atrasou e que não tenho o que comer. E não estou lá muito bem de saúde, eu digo. Quando eu disse que a comida não é boa, ela do outro lado foi tão solidária como só os brasileiros sabem — e ainda bem — alguns ainda conseguem ser... fiz o inevitável pedido nacional, dá um jeitinho Catarina, me ajuda que este dinheiro chegue logo por favor. E lá estou eu, marejado de brotos de milho que ainda não são pipocas mas que já pululam, e estão com o menino das pipocas. Penso que ninguém vai querer pagar pra conhecer estas histórias cabisbaixas e tecidas com ruptura, estes fragmentos ondulados em ritmos e harmonias ingênuas, mas cada um tece o que lhe vem na agulha cega ou afiada, que é a própria ponta da língua não é? E sei apenas que não escrevo pra ser comprado, mas escrevo pra ser lido, ou sobretudo, pra me livrar de mim.

> *"Sou daquelas almas que as mulheres dizem que amam e nunca reconhecem quando encontram; daquelas que, se elas reconhecem, mesmo assim, reconheceriam de forma (...) Tenho todas as qualidades pelas quais são admirados os poetas românticos, mesmo aquela falta dessas qualidades, pela qual se é realmente poeta romântico. Encontro-me descrito — em parte — em vários romances como protagonista; mas o essencial da minha vida, como de minha alma, é não ser nunca protagonista (...)"*
>
> Fernando Pessoa

OITO DIAS DO DIA D

Depois de dias recebi as pantufas que pedi à prisão. Peguei-as na mão e vi que eram feias, sujas, usadas e com as palmilhas arrancadas por algum prisioneiro que partiu. Por um instante, assim que a porta fechou, senti o exultar de ter comigo ali no chão o legado de um homem livre, de um homem que bateu asas, de alguém a quem abriram a porta. O meu amigo de Gana não partiu como estava previsto. Me avisou tristemente pelo postigo, que conversaríamos no pátio, pois o carcereiro já o estava repreendendo. No pátio ele estava triste, cheguei perto dele e o outro preto que fala inglês, começou a questioná-lo. Ora, em africano, ora em inglês, eu pouco entendendo disse: depois falamos. Caminhei e de longe fitava reparava a tristeza de Nelson.

VISITA

Todo o silêncio do mundo naquela pequena cela e os seis homens tristes miram o chão. Pergunto a um deles porquê visita pelo vidro, sei que pelo vidro são os casos de droga e sabendo que ele nada tinha a ver com droga, perguntei. Ele diz que escolheu assim porque não suporta poder tocar na mulher na frente do todo mundo, pois fica enlouquecido e tem vontade de ir fundo, de continuar, de possuí-la ali mesmo, de tirar-lhe a roupa, de descansar-lhe a cabeça de preso no ventre, de chupar-lhe a buceta, as coxas, de enfiar-lhe os dedos, de amá-la, pois que é sua mulher, assim disse e o escrivão no cartório até assinou. O que se passará na cabeça de um homem que não está ao lado de sua mulher há doze meses? E quando a recebe, toca-a e beija-a pelo vidro? Provavelmente deverá masturbar-se escondido naquele cubículo sufocante, e com extrema dificuldade, visto que os carcereiros estão a espreita como aves de rapina no corredor de tijolos de vidros cheios de luz. Novamente eu pasmo a procura do visitante inesperado no desconhecido caminho, nestes corredores que imaginem! tem a mesma arquitetura dum corredor que levou judeus e homossexuais para as câmaras de gás, para os fornos gigantescos. Não posso descrever a sensação e os homens tristes que caminham. Não sei porque os detentos escolhem calçar tênis (vendem na prisão). Seus passos são ainda mais tristes, não fazem barulho, enquanto os vigilantes caminham sonoramente orgulhosos e cheios de si, diria mesmo que caminham sádicos, esperando cheios de razão recriminar um pau duro, porque não uma ejaculada dentro das calças ou um gemido desesperado dos concubinos através do vidro. Deus me livre ter visita da mãe, dos filhos que não tenho, de minha irmã, de minha Helena ou de meu amado. Graças a Deus estou a mil léguas de todos. Penso em falar com Dra. Anne. Só eu e você acreditamos que sairei logo, nem seus assistentes, nem Satã que ri de mim, talvez nem mãe, nem Helena, nem os presos todos acreditam que poderei partir. Apenas eu e você e isto fica em segredo selado. Tudo que vejo ou faço em relação às pequenas coisas está relacionado a um cálculo de tempo, de medida desesperada. E em mim vai impávido este medo infantil torpe de que a porta se abra tarde demais. Aqui os cálculos são feitos no ciclo da lua e não do sol. Quero dizer a cada sete dias contamos um ponto, um sonho de ir-se. No sabonete que se acaba, na cantina que virá um dia antes do julgamento e seus limões (benditos sejam!) suas laranjas e maços de hortelã (benditas!). No shampoo, nos livros que faltam por terminar, o tempo do colombiano me fazer a gravação das músicas mexicanas e andinas que prometeu, no trocar endereço com alguns bons amigos, na despedida do pastor protestante que tanto bem tem feito por nós.

SÓ EU E O VENTO

O vento, o vento e a solidão. Foi assim minha primeira impressão da solidão... A solidão só porque minha mãe dormia e pai e irmãos. Solidão só porque ninguém havia, só eu, só eu, só eu e o vento. Não, não, não só, os metais duros, retinentes e compassados, os metais batendo leves quase surdos e aqui e acolá, o som que tão poucas vezes enleva. Agora chove. E o canto do vento aumenta, ele ruge, como se agora tomasse em seu poder a forma de um ser. Não, de seres, pois que um ser o vento já é. Um ser não, o vento se é ser desde muito é muitos. Navego em mim, e não é fácil a tal viagem. Sei que estou a cada vez mais ante os amores dos descaminhos os segredos misteriosos dos horrores das dores de Jesus de Genet Artaud Nelson Rodrigues e até de Janis Joplin crueldades e desagradabilidades cristãs crucificações suores ensangüentados Édipos e olhos furados e corações maternos arrebentados e coroas de espinhos flagelos roda de suplícios sussurros xingamentos. Solidão. Uma visão de meu pai José que não é José é Moysés. Se disse José foi porque confundi as patriarquidades e mais do que elas as bondades. Pai Moysés era chamado o Turco Preto. Foi isso que me fez sair da reza um instante e ir até a folha na mesa e escrever na contra capa. Turco Preto. Alguém me chamava Turquinho. *Voilá, ces moi, moi memê*. Boa noite. Amanhã contarei sobre o mercado na galeria no rés do chão no fim do dia. São onze da noite. Acaba de se pôr o dia de sol e eu já estou batendo pino e tenho que me deitar com meu mais novo Mestre José Saramago de Jesus. Dormi pouco, está frio, garoa e mesmo assim preciso ir ao pátio, circular a mente no círculo a alma, circular o ar ao redor de mim, o vento na cara, a cabeça tentar mantê-la ereta, não dar bola pra tonturas e circular, circular o sangue que é preciso circular. Estou há dias nesta punheta, adapto ou não adapto. É que de verdade creio que começo a gostar de escrever. E não vão pensando vocês que um prisioneiro não faz nada o dia inteiro, que fica de papo pro ar batendo punhetas... não é mole, é cerimonial todo o dia, e tem que se estar atento, marcou toca, tipo esqueceu que amanhã é sexta e se não botar o lixo pra fora às seis horas da manhã, portanto tem que estar pronto acondicionado hoje a noite, quinta, porque no mesmo instante que a porta abre, em alguns segundos depois ela fecha-se e adeusinho, não adianta chamar e dizer, ei chefe me esqueci de... E pensem ficar com lixo de quinta até a outra segunda nesta cela de 4 × 2. O texto já está decorado para a audiência, um bom ator já o teria decorado há dias, mas até que não estou mal. Perguntei à Dra Anne se devo cortar os cabelos com receio que ela afirmasse que sim, mas disse que não. Penso em usar gel como faço todos os dias, colocando-os para trás... É como as bundas, a parte mais feminina dos homens, que tanto admiro. Talvez exatamente por um desejo que se apóia na inveja. O pior é que toda a família tem bunda, só eu é que não tenho, segundo um amigo, tenho bunda de gaveta, e lhes confesso que isto dá certa dor de cabeça, sempre me deu. Primeiro porque os assentos em todos os lugares não são pra seres da minha altura, me faltam os glúteos e assim sofro terrivelmente sempre e faço um esforço gigantesco para não destruir-me a coluna. Percebo que estive desquerendo curar-me o inchaço nos olhos pra de alguma forma despertar pena na Dra. Anne. Como se dissesse olha só como eu tô mal: descuidado, abandonado, doente. Paro com isso agora! E vou tratar de curar-me eu mesmo. Método infalível: uma ou duas gotas de limão: urra-se neste caso, que é muito mais forte, mas também em segundos os olhos estão brancos e brilhantes.

Receita árabe. Aliás, o tratamento com limões é do Oriente e também dos índios, portanto milenar; problemas de úlceras, gastrite, garganta, feridas, gripes, infecções e sobretudo um alto desintoxicador do sangue. Limpa. Mesmo que em claustro, tenho amigos do peito no peito, mãe que perdoa e ama, limões e laranjas e pães e folhas de menta. Tenho até iogurtes e um benfazejo anti-viral sobre a mesa, bons livros, meias quentes, cuecas e lençóis limpos, promessa de futuro, boa música mesmo que racionada (estou no fim com as pilhas), fotos de crianças bem amadas na parede, carta que trouxe sinal de bem querer, promessa de liberdade, futuro? Basta-me agora o hoje, os pássaros que cantam mesmo que já seja quase noite. Verão que se aproxima, mas bem aventurado sou eu que o sol está atrasado. Confesso-lhes que nem tudo é tão primeiro mundo no continente europeu. As canetas esferográficas bic falham muito. Que delícia é poder terminar a sétima caneta, estou no meio dela e desde a quinta observo falhas.

MINHA IMORALIDADE TROPICAL

Lá fora com os pássaros e com as vozes marroquinas os sinos dobram. No banho hoje haviam dois lindos ninfetos marroquinos bandidos de pau duro sob as cuecas com que sempre tomam banho vestidos. Riem de mim, comentam em árabe qualquer coisa sobre o meu pau, ou minha imoralidade tropical de banhar-me despido. Fico irritado e devolvo a queima roupa admirando o pau de um deles e arrisco: por que vocês marroquinos tomam banho de roupa? Porque somos moralistas, respondeu ele, também incisivo e continuou: — Porque às mulheres é dado conhecer o corpo dos homens não a outros homens, a não ser que você seja um pêdê. Se não me engano, ele deve estar falando de pederasta. Eu respondo em português indo de volta ao meu box: eu hein!... Convenço-me da pederastia marroquina e mais dúvidas não tenho por tal lei de interdição que rola uns troca trocas entre eles... Hoje no CMC cheguei às onze horas. Aguardo no banco no horrendo corredor. Saem e entram. Dr. Donot, o velho médico diretor, sumidade em aids e sua gorda secretária enfermeira, à qual outro dia eu passei um pito. Pois saibam que a gorda que um dia antes me havia deixado esperando duas horas, sentado e provocadoramente atendera a todos que chegaram depois de mim, um a um, até que passadas as horas, eu disse: Madame, por favor, estou aqui já há duas horas e tenho fome, preciso comer. Ao que ela respondeu afetada: — Todos aqui também tem fome e como o senhor precisam comer. E não se deu por vencida, continuou atendendo, ou melhor, colocando pra dentro do gabinete médico todos, até restar a mim que havia feito um *raport* há uma semana atrás, pois sentia a boca tremer como da primeira vez que me veio os sintomas da toxo. Claro que fiquei paranóico e quis urgentemente ver Dr. Donot. Era quarta-feira a boca tremendo o dia todo. Neste dia que lhes conto o "causo" fazia já uma semana. Era a quarta seguinte, quando entrei fiquei pasmo em saber indagando ao médico sobre porque não me chamara, ela responde se dirigindo ao médico gorda e pérfida: — Dr. Donot eu rasguei o pedido já que o Sr. Abud estava agendado para a semana seguinte. Fiquei furioso e fui direto: não posso crer que a senhora tenha tido tal atitude, a senhora não tinha este direito, eu poderia ter estado realmente doente, e acrescentei mentindo: eu por minha conta dobrei o número de antibióticos. E ela, a vaca respondeu: — O Senhor fez muito bem. Dr. Donot ficou frio na nossa discussão e continuou o seu último exame de sangue: — Há provas de que o tratamento está correto e devemos continuar com o duplo anti-viral. Mal sabe ele que eu não tomo o Azt, e que não o tomarei, e decido não abrir ou dar margem para discussão já que ele é um chato, carinhoso, tradicional e fechado, disse-me que o nível dos CD4 subira oitenta e cinco pontos. Estava então com duzentos e sessenta e cinco, era um bom sinal. Perguntei se poderia reduzir o dapsoma e daraprin, os quais eu usava como minha médica prescrevera-me no Rio; um dia sim, outro não, e ele queria que eu tomasse todo dia. Chegou até a dizer que eu deveria escolher entre Dapsona ou Bactrim até o fim, o caralho! Bactrin só doente. Bom, cada vez compreendo menos a medicina branca, resultado: O senhor pode interromper totalmente os antibióticos, disse ele. Eu entre feliz e pasmo: é verdade? Sim! Lá ia eu recomeçar minha súplica sobre as minhas vitaminas, dois sacos gigantes que trouxe comigo. Vocês já sabem que ele me proibiu. E eu: por favor Dr. Donot ao menos o complexo B! E ele para a bruxa branca barriguda e estroncha: — Complexo B uma pastilha por dia. Claro que sai aliviado, antes que eu saísse ouvi a gorda num tchi tchi tchi com o diretor do Centro Médico na sala ao lado. Falou, falou, enquanto Dr. Donot me disse: — Nos veremos daqui a três meses. E eu ri perniciosamente comigo no íntimo e espero não ter feito aí o meu pecado maior, iludir-me. Disse a mim mesmo, não senhor, o senhor não me verá daqui a três meses... não mesmo, porque eu vou estar na praia ou talvez na Avenida Paulista, ou no Santo Daime. Então Dr. Donot no meu silencio lhe confesso, não vai dar. Mais um dia, na hora que ia receber a comida, Abud CMC. Não quero ir porque sei até que não vai adiantar, ou seja, se ele não me deu nem a vitamina C, e em verdade até riu de mim e quando eu insisti ele disse: — Ora, o senhor não precisa destas *sourceries* (bruxarias) brasileiras. E achou graça nas suas próprias palavras, eu ri amarelo, puto.

Acendo um cigarro. Estou cansado e amo o cansaço como quem ama o começo. Amo a manhã na prontidão dos olhos que se abrem e olham o dia como quem a ama o fim. Amo assim o nascente que é sol resplandecente (de fato em mim anoitece) e amo o crepúsculo que é lua e é nascente. Lá fora o chamado à prece **Allah Ho Akbar**.

Os pretos que conversam aos gritos pra se ouvirem de uma ala à outra tentando sobreporem as vozes na oração, outra voz árabe num francês arrastado que ameaça, cala a boca Conard! O preto se cala, vou à janela atendo o chamado, mesmo que eu como a voz preta também cristão, e como eu neste momento pagão, calo, na janela me sinto convidado a testificar em prontidão, *que não há outro Deus que Allah!* Quero terminar a história de hoje, onde eu estava? Lembro-me de mais de um adulto da minha infância incluindo mãe a me chamar de arteiro. Complementando que eu pintava o sete e mãe as vezes: *Destruidor, e, pode tirar o cavalo da chuva*, me lembro da primeira vez que escutei tal metáfora e fiquei a meditar, a refletir e a imaginar o cavalo na chuva e o grande esforço desajeitado que eu, um menino urbano teria que fazer para empurrar o cavalo atabalhoadamente e guardá-lo dentro de qualquer coisa que eu só podia pensar ser uma garagem, um hangar... Matutava tentando decifrar a parábola (?) e não precisava entendê-la pra compreender pelo tom rigoroso de mãe o que ela queria dizer = não inventa. Chegam as roupas limpas e só agora percebo que meu olho inchado, que hoje de manhã já untei com o alho, é o mesmo olho de todos os demais detentos que desde o começo observo. Então decido não usar mais a toalha próxima aos olhos... Há razões, sabem os árabes que não usam nem meias, nem cuecas, nem toalhas, nem camisetas da prisão, apesar de que pra quem tem mãe ou mulher que levam sujas e trazem limpas toda a semana é muito fácil.

COCAÍNA

Há três dias que não faço Do In. E se eu não quiser passar a quatro, devo começar agora pra que dê tempo de terminá-lo antes da chegada do almoço. Dr. Donot lê minhas receitas traduzidas e juramentadas que chegaram do Brasil consolidando minha necessidade de usar dos medicamentos que eu trouxera comigo e a prisão interditara. Medicina ortomolecular diz ele pausático com um sorriso de superioridade. Diz que estas medicinas, ortomolecular, homeopatia e acupuntura são medicinas paralelas, o mais grave é que diz (o que só um branco na sua mísera superioridade é capaz), que não há prova científica legal sobre a funcionalidade de tais terapias (ele é burro branco e refineé, tem máu hálito, e usa gravata borboleta) e que aqui na Bélgica, não se utiliza nada que não seja comprovado a eficácia científica e tradicional. Eu, como já esperava tudo isto, tratei de responder várias vezes, ok ok ok. Pedi o oftalmologista e perguntei sobre a possibilidade de darem trabalho a soropositivos. Eles disseram que sim, que não havia problemas, me senti aliviado. Embora tenha no fundo, agora que estou aqui no silêncio guardado de minha cela, dó, de ficar longe dos escritos. Mas o dever de sair, a necessidade de me movimentar, circular, arejar, me chama. Enquanto esperei no outro corredor o oftalmo, onde havia duas policiais femininas com uma linda jovem mulata sul-americana, do Suriname. Ela entrou junto à policial, uma senhora mãe de família, gorda, gentil, que me olhava carinhosamente, perguntei sobre a garota que acabara de adentrar o consultório. Ela disse sim, mais uma vítima do negócio de droga. Eu disse, eu também. Ela disse: — Eu não entendo, isto é idiota, como podem pensar em tráfico num aeroporto tão moderno e conhecedor destas artimanhas, é burrice. Eu confirmei, sim é idiota, é. Ela diz e quem os mandou está lá, firme e forte, como se nada tivesse acontecido. Engraçado que continuou: — E nós somos prisioneiros disto tudo como vocês, a única diferença é que todos os dias vamos pra casa... Ela era sensível, inteligente, boa mãe, seguramente amiga e fervorosa cidadã. Me reconfortei por conhecê-la, rezo esta noite por ela. Chegaram cinco presos de Forest, converso com um marroquino e pergunto o que significa "les assises". Foram as últimas palavras da velha senhora, que agora mesmo haveriam "les assises" para droga. O marroquino me diz que ela quis dizer que haveria um tribunal mais rigoroso. Um dos presos me ouve respondendo a pergunta de um outro, que minha advogada é Mme Kriwim. Eu me interesso, afinal ele é como se fosse um irmão, protegido pelo mesmo pai/mãe, o advogado. Pergunto da pena, ele diz vinte anos. Congelo. Atônito eu pergunto o que você fez? Ele demora a responder e sinto só agora que quando a condenação passa de dez anos, devemos tomar cuidado e não perguntar assim, à queima roupa, na frente de outros presos. Bom, mas já estava feito. Ele disse depois de pausa enorme: — Matei. Eu disse, vinte anos é muito. Ele disse que Dra. Anne é grande advogada. Eu disse, significa que se não estivesses com ela, terias pego trinta? Ele diz desassentindo: prisão perpétua.

Penso nalguns que conheci, partners do tormento, da tragédia, não quero visitação da droga, nem a mim, nem a ninguém. O que importa dizer então, que minha antiga convicção de que a cocaína não trazia mal algum, ao contrário, que faria bem trazendo maior elucidação de processos, vide Freud e sua utilização para as terapias, ou no caso de europeus que faziam uso constante da heroína e quando a substituíam por cocaína, encontravam algo menos prejudicial, moral e físico. Tempos idos. Não acredito nisso, não mais. Não acredito, tenho medo dela, pelos mesmos motivos que antes não sentia causar danos. Hoje, só vejo prejuízos. E sobretudo, o que faz esta droga de droga com os pobres do Brasil e do mundo, a ruína, a deterioração sem precedentes que ela e sua super valorização — narcodólar — e o encontrar-se hoje nela e não em outra coisa, o bode expiatório pros poderes sem precedentes, das polícias, dos governos, dos homens de negócio... Segundo W. Burroughts, o lúcido americano, o capitalismo já ruiu e a civilização não quer ver, e o *narcodólar*, a droga em si, especificamente a cocaína é o último sustentáculo, a última coluna que ainda mantém em pé o edifício ruído do capital.

QUE É QUE EU TÔ FAZENDO AQUI HEIM VERA?

Lá fora o árabe canta, e eu rapidamente fecho a janela. Não, não quero ouvir a prece. Não, não quero Deus. Talvez porque esteja aqui na vitrola, o Villa Lobos, as tristes e impossíveis Bachianas e lembram do Bach? Não te esqueças pobre Maurício, que as partituras de Bach foram encontradas num açougue com as quais se enrolavam quilos de carne. Não te esquece que Pessoa, Van Gogh, Genet, Rimbaud, Corpo Santo, que Artaud, Lima Barreto, João Noll, Trevisan, e até Fernando Pessoa, e não sei mais quantos viveram desquerências...

Então, a voz árabe lhes contava. Joguei fora o cigarro. Fui dispendioso, em meio ao chamado à prece que sempre me deixou em prontidão humilde. Abri o outro maço pra ocasiões especiais como esta de minha fúria. Escreverei ao rei da Bélgica, à rainha da Suécia, à família do rei da República do Brasil, ao Papa. Quero, preciso, tenho, devo partir e a Ti justo, Te aguardo, sendo parte ínfima do Teu cesto de caranguejos que se entredevora sob a mais terna crueldade. És o Deus dos, dos debatimentos, da vontade, do sangue, gotas de seiva dos corpos que jorram, que queres, que me corte a goela? Ou que a cortem em mim, e eu calmo, branco, leve, impávido, parvo, aceitativo, aquiesça vertendo a cabeça? Não, hoje não, hoje a apenas seis dias do julgamento, tenho medo, medo de não agüentar ouvir, agüentar esperar. Canta a soprano a ária cantiga de Villa Lobos. Grita ela grito eu também.

No pátio, caminhando no círculo, chovia. O turco me disse: — Quanto esperas? Eu disse, dois-três anos de condenação. Ele: — Não, acho que não, tráfico internacional, normalmente são quatro-cinco anos. Não quero! Não quero mais este assunto... O problema é que aqui não há escolha, ou isola-te, e ficas só no teu canto, ou és obrigado a ouvir, mais de uma vez, duzentas vezes quatro vezes.

Ouvir e pior falar, falas sem querer falar, sem saber porquê, fala-se, redunda-se na roda redonda do círculo que deixa tonto e o dever necessidade de circular o sangue, os ares. Merda! O que é que eu tô fazendo aqui, hein Vera? Hoje descobri que os meus amigos marroquinos foram transferidos, merda!

TOURO TEIMOSO

De verdade. E o que tenho de humano em mim, que me liga estatelado ao solo do chão da cela é a vontade assassina de destruir os pernilongos. Já matei um na palma da mão e há outro que resta intacto. Talvez pra que eu não pire na absorção, na navegação inútil, profunda e dolorida do ser. Há uma angústia hoje negra, funda. Deus, dê forças a esta humanidade que me vai no peito e ou humilhe-a, transforme-a em nada. Pois na força me amedronto e posso perder o ar. Soa Villa Lobos e assim...

Estou quase pronto. Me olho no espelho, estou ficando velho e belo. Tenho a paz que apesar do deslugar, me visita como pobre e desprovido discípulo, que habitante de uma caverna úmida, come mel e gafanhotos e dorme em travesseiro de pedra, cumprindo assim a antiga revelação do santo homem não ter onde repousar a cabeça. É engraçado sentir, um tal Deus está comigo. Deixo a janela aberta e tomo a fresca fria da manhã, deixo o ar entrar.

Abro a janela pra que entrem os insetos, diria o poeta, janelas abertas... Por fim, será o mesmo que escancarar-me em alma e tudo o que vier. Assim como andei até agora, e este caminho vida de andarilho me faz como sou, apronta-me gigante em mente, corpo, coração e alma e já aprontado, agora posso e desencolho. Fecho as janelas, escondo alma, protejo dos insetos, pois até ter cuidado com os poetas aprendi. Entreguei-me na crença (entrego-me ainda, embora diferente) de que tudo que mais vale na vida é a arte-poesia, e é de verdade fato incontestável, pois é tornar-se Deus e deificar as coisas, os homens nas paixões, vidas e mortes. Um saco de verdades, um monte de ilusões, aberrações e vejo tanto a poesia da realidade sem poesia. Sendo então sem poetas e nesta não poesia ainda amo. Amar sem poesia, haverá tal estrepolia ou pirei de vez e falo língua de anjos, ou de extras ou terrenos demais?. Quero a terra viva, supurando secreções reais, vivas, sem pele de poesia que enlevessa, enleve, aerifique, como um touro teimoso, pés no chão, no chão, no solo, na nuca, na borda, no bojo do manto da vida. Mesmo que em noite escura. Poesia, poeta que era jaz, e sou o que fica e permanece transitório, inefável, corroído como metal que enferruja, que mais cedo ou mais tarde, o tempo destrói. Abro braços ao tempo, ao tempo que já me mata, me ilude como poesia ou poeta e já destrói. Vou ao pátio.

O DETENTO PERGUNTA SE EU TENHO AIDS

Lá fora chove tudo, poucos homens no pátio.
Converso muito com Alan; Portugal, Brasil, França, Judeus.
Falamos sobre a sua raiz possante, sem dimensão e de certa forma apátrida. Um Jesus que tudo fez pela relação homem a homem e destes a Deus. Um Marx que tudo fizera pelo homem, sociedade, sistema. Um Freud que muito tentou fazer pelo homem e a si mesmo. Humanidades judias, humanos demasiadamente humanos e divinos. Não pudemos caminhar muito, pois até certo ponto suportávamos a chuva que molhava nossas cabeças e nossas jaquetas verdes a prova d'água. Depois quando apertava muito, parávamos e discutíamos preconceitos, raças, fronteiras, gente boa, gente boa e más. Aguardávamos o marroquino que nos vendeu o chocolate (haxixe) e ele nada. O Alan me disse que ele lhe perguntou se eu tinha Aids. Não sei se é apenas uma suposição, devido ao fato de constantemente nos encontrarmos no CMC, ou de fato se vazou, ou seja, alguém no CMC contou-lhe tudo. Não dou importância, mas não quero ouvir como um xingamento da boca suja de um moleque marroquino qualquer, afinal, são todos...
São 13:30 hs do sábado, depois de almoçar, deitei, dormi profundo. Resquício ainda do remédio de ontem e do silêncio inabitual. Lá fora quebra o silêncio o chamamento pra oração. Vou à janela, canto árabe e no final da chamada, cantada junto a minha voz, as vozes muçulmanas que reiterando, confirmam. ***Allah ho Akbar.***
Sobreponho-me mais que nunca cristão, talvez católico, talvez protestante, ou mesmo ortodoxo, já que esta é a religião de meus antepassados e nesta ecumênica idiossincrasia me encontro um brasileiro ***taorajneshdaimista***. O Alan me confirma também que seus olhos ardem inchados. Falei das toalhas de rosto, ele concordou e decidimos não usá-las nos olhos... e sobretudo, não há de Deus outro motivo pra selar meu destino aberto e tão transparente de honra e honestidade que não me fazer compreender a necessidade pura e real e simples de culpabilidade e conseqüente arrependimento. E eu já estou pronto. E tudo agora se eleva em sacrifício e reconhecimento. Um estado de exultação de alegria de viver e de regozijo.

Tenho a impressão que pra prosseguir escrevendo depois de tantas laudas, há que se ter veramente estofo de literato, e creio que não é esta ainda a minha melhor vocação, mas aqui não há escolha. Me perdoem!

Os dias passam sem fim que se entreveja comumente. Eles tem o peso de semanas, meses, às vezes acho que envelheci nesta temporada tudo que tinha que envelhecer em cinqüenta, sessenta anos. Deliro que chegarei tarde e não reconhecerei nada e todos que deixei há tanto tempo. Disse que voltava logo e nunca mais voltei. Ora, que me aprisionaram aqui nestas paragens que nunca, nem por idéia escolhera, o destino é pai, é indubitável. E às vezes padrasto.

PAULISTANO SOU, DOS SILENCIOSOS, ANARCO E TERRIFICANTES ANOS 80

Por quê? Por quê? Sobre a mesa um cartão postal numa foto panorâmica te vejo inteira, sem saudade, embora saiba que és minha, que sou filho, que sou pródigo e assim é a vida, é ir e vir, é voltar. Pipocam lágrimas nos meus joelhos. Te quero bem triste mãe não gentil, pátria paulistana e sem coração, caminhos de desvãos, homens medíocres teus magistrados, tuas ordenanças de poder. Sinal maior dos Brasis, amostra grátis de tudo que é o resto. Assim sendo, mal dás, mal divides, dás a uns, pensas, pareces, assemelhas que dás a todos, mas não, és rica e sovina, dá a poucos e conhecerás, como já o vives a decadência, a de tuas vilas, teus centros, tuas capitanias, e em teus apartas e te tornarás tão escura que não terás mais poetas e crianças ou velhos. Pois que estes se esconderam com o medo, o medo louco de. Um dia bem me lembro foste a benfazeja promessa de um sonho de vida melhor. E teus edifícios, teus arranha-céus, tua maneira de que também teus filhos se arranhassem, se escabelassem para terem lugar, para afinal tu teres lugar, pois que sempre quisestes ser a primeira, e aos teus a guarida tão altamente paga, um teto, um meio de ir e vir, locomoção, ter um bom vizinho, uma fruta, um pão. Inesquecíveis os teus pães, o pão, as tuas padarias, os teus mercados, tuas feiras verdejantes. Não sei se era tão jovem ainda que não pressenti o desespero, a complexidade do problema vivido pelas mãos das donas de casa para comprar o pão. Sal da terra onde escondestes, Paulicéia?. Abre tuas gavetas, desaloja teus terrenos, sê. Mostra teus calçamentos, teus transportes, automóveis, ônibus, caminhões, teu tráfego que fez Elis, dando nome ao poeta gritar *"fechada dentro de um táxi, numa transversal do tempo, acho que o amor é a ausência de engarrafamento"*. Ah! SamPaulo, herdastes deste terrível radical e moralista cristão o teu nome. Teus poderes vencidos. A ruína que amedronta. E saibas que só te cuspo, pois que és prato comido, cultivado, e que tanto lambido me fez homem em teu seio e era grande o que se a mim apresentava. Era quente o teu útero e acreditei um dia seres a melhor e a maior cidade do país e tive orgulho a cada nova cidade perto ou longe que conhecia de te impor como pedigree, título de nobreza, patente. *Sou de São Paulo*, tempos idos. Depois disto, águas e pedras e céus que rolaram em mim, nos pés, mãos, meu dorso e cabeça. O que querias, por que me ungistes assim? Algo pretendes? Não me digas que logo irás me libertar, dar prova de teu amor de mãe e arrependida por rejeitar um fruto teu, me encherás de carinho e proteção... Então, contava que na minha mesa o tal cartão está escrito a caneta, TUA CIDADE TE ESPERA.

Queria ter dela qualquer sinal de que não só soçobrarei novamente, entre suas ruas amargas, seus edifícios de burocracias e mesquinhos jogos de política cultural e de poder. Queria ter janelas naquelas tardes frias e sujas, naquele ar contaminado, queria acreditar em uma volta, de verdade, de bem querença, lugar ao sol, só eu sei as portas que bati e esperei, os sorrisos que vendi, os projetos que apinhei e as recusas, os nãos, não vendendo-se nem comprando, apenas negando-se. Discorro na memória o fio das cenas de pedintes, uma, duas, três, dez, cem vezes, não. Não, não. Eu sei senhora minha, que tudo isso passará, que estes reles despaulistanos, digo assim, pois que são medíocres, se não dão espaço na terra dos espaços, são chulos enganosos, mentirosos.

Minha existência ínfima de jovem artista sem doutorado em universidade, sem parentes ou amigos influentes, jovem audacioso quase político, da periferia, do cu do mundo, ousado, criativo, decidido aprendiz de feitiçaria, pois a vila, os citadinos, a megalópole me condenou, me coroou, me deu indumentária e falou de mim aos quatro cantos. Assunto de salas, de aulas, não eu propriamente, pois que ninguém era eu, mas jovens diretores e suas trupes, donos de uma idéia louca que agregou naqueles falidos, exultantes, silenciosos e anarquicamente terrificantes anos oitenta, a década donde tudo se podia —, até meados e fim, quando da interdição tenebrosa, como espécie de desconsentimento e desaprovação do Olimpo vivido, hoje campo minado, caminho de pedras pontiagudas de depurações, todo espaço passou a ser terra de Deuses briguentos.

Tenho medo dos sofrimentos que me aguardam ainda. Não falo mais de vida de detento ou mesmo a que virá de condenado. Não falo também da volta e das possíveis condecorações desonrosas de soropositivo ou de traficante ou desonesto. Falo daquela de ser espiritualista e de levar no cerne de mim, ânima de vida. Nem da doença que poderá me levar a morte súbita antes do tempo, nem das dificuldades de artista engajado que continua a velar em mim, pois que não sei, não quero e não devo ver a arte e o seu *modus fazendis* de outra forma, doutra feita se negar esta visão de arte que tenta melhorar a vida, pra quê? Pra quê tudo? Não sei se continuarei, continuo o mesmo. Me orgulho, ainda que na sarjeta, ainda que malvisto, malquisto, proscrito, confundido, impedido, jogado às traças, persona não grata, continuo. Mesmo aqui trancado a sete chaves, carimbado um número que não sou eu, e sim a máscara que consenti que inimigos me vestissem, (apenas provisoriamente!).

PENTECOSTES
(Ou o dia em que a capela de Jesus foi a base de tráficos internacionais)

Com a sopa, vem o jovem carcereiro. Sei que ele é novo e só por isso peço para ir à missa, tantas vezes negada. Ele diz que sim. Quero encontrar os presos, sobretudo os brasileiros e o português que talvez possam interceder por mim na *Pre Fabr* para ganhar trabalho. Vem o outro chefe mais tarde e me pergunta: — Você quer ir à missa? Digo que sim. Ele diz: — Mas você é protestante! Olhando a tabuleta pendurada na minha porta, diz: — Não é missa protestante! Quase lhe respondo que de verdade, não existe missa protestante, neste caso é culto. Mas, de verdade, respondo sim, é verdade, mas quero ir à missa católica, sou cristão, quero dizer católico. Os presos se aglomeram no corredor e o bom do catolicismo é de verdade, que todos estão lá, embora via de regra sejam sem bons cerimoniais. Claro que há exceções, mas geralmente são frios, sem brilho, sem fervor. No corredor estavam pretos africanos, pretos holandeses, pretos portugueses, holandeses, surinameses, espanhóis, franceses, portugueses, colombianos, peruanos, um representante do Brasil e até belgas. Uma sensação difícil de narrar-lhes, mas misteriosa, cheia de encantamento, energia viva, vibração. Os presos falavam com emoção, apertavam-se as mãos, riam, se beijavam, abraçavam, brincavam, riam, riam, riam. Estavam felizes, era pentecostes e creio que ninguém sabia, mas cristianamente estávamos irmanados em suas múltiplas línguas numa só confraternização. Amor entre os homens, e os carcereiros, aliás, trataram de reprimir tal festa pagã de afetos, silenciando-nos, encaminharam o bando à pequena capela que se contar pelo carpete, velas, o grande sacrário dourado, crucifixos em madeira, a grande cadeira de palha e com o vivo figurino do sacerdote, poderia nos ocorrer que o catolicismo tem prioridade nestas terras. Lá dentro então começou o bafafá. Na sua maioria eram jovens, além de que é hoje sábado. Precisou de muito rigor do sacerdote para poder começar o culto, digo, a missa, afinal não há que se misturar as liturgias. O que mais deprecia a catolicidade, é começar o rito a seco, sem uma canção sequer e até que este era um bom padre, falava bem, mas desmoronou-se ante os meus olhos quando a propósito de alguns ruídos dos presos no momento em que ia abençoar, sacralizar o ponto alto da eucaristia, a transubstanciação, a alquimia do pão que se faz carne de Deus, ele parou o rito e lançou um olhar de ódio repreendor. Fez-se o silêncio brutalmente. Não sei se em obediência, ou se por estatelamento geral gerado por tal atitude. Como se nada houvesse acontecido ele continuou e sacrou a patéla. Acabou o culto, culto não, o rito e ele disse com tom benevolente: — Agora então vocês podem conversar.

Foi o sinal esperado pra o bate-boca e papo começar, e o mais estranho, é que Gonzales, o grande chefe, o "paisano", doce e terno homem de idade, fora requerido por vários homens, tendo em vista que ele parte terça-feira para outra prisão. Então, os que queriam negociar com ele, não perderam tempo. Então, esta capela de Jesus, hoje serviu de escritório, de base pra futuros tráficos internacionais. E olha que pro Gonzales faltam no mínimo, não me lembro bem, mas no mínimo quinze meses. Feliciana, a bicha sorridente (ah! como ele me faz falta, ele pegara seis anos, pois é, era a acusação que pedira-lhe, seis anos. Em verdade, depois de uma senhora defesa, do advogado mais famoso e mais caro da Bélgica. Então, conseguiu-lhe quatro anos, ou seja, teria que cumprir dezesseis meses, já fez três, faltam onze meses, pra 4,5 kg de cocaína e acusação de tráfico com associação. Está bem, não?). E já está armando o, segundo ele, grande tráfico de sua vida. De uma vez por todas, e nada melhor que Sr. Gonzales, o colombiano, pra lhe garantir preço, qualidade e quantidade. Cordeiro de Deus que tirai os pecados do...

MÁ TERRA ONDE JOÕES SÃO CORTADOS NAS CARÓTIDAS

O amor pela pátria emociona, sobretudo uma pátria tão eternamente descasada, descasada de descaso, não de separada de marido. Brasil, repito na genealogia, Brasil. Ilha Grande, terra prometida, paraíso perdido. Leio *Ana em Veneza* de Trevisan.

Faltou-me o ar, para conseguir beber a água que estava longe de mim, e não abandonar o livro, fui até a garrafa com o livro aberto na mão esquerda e olhos grudados.

É surpreendentemente a honraria, a fartura da criatividade labutada, laboriosamente persistentemente, às vezes em total privação. Regozijo. Dói-me o livro profundamente certeiro n'alma em ferida. Ferindo e libertando, por isto mesmo, penso que ai e talvez só assim seja a arte cumprida. Não o acabei ainda pouco sei de Thomas Mann. Estou no fim mítico da mística senhora santa dona Ana. Dói-me viver, duvido! E acredito no poder fermentador do artista e da arte. João Silvério é grande, merece os bravos gerais de qualquer brasileiro ou europeu. Estou silente, dolente, seguro minha angústia pra que não me venha à tona redemoinhando-me os pesares e me jogar em tentativa pra fora e como pra fora não posso sair gritando na chuva, tendo um ataque, um achaque, chilique, choradeira, nem embriagar-me de vinho, que me ajude este nó vomitar e transpassar. E como não posso ir pra fora, tenho receio de me jogar contra o muro (*The wall*) a parede, os ferros, a porta, os ferros, janelas. Mergulho na literatura, na boa é só esta que consigo hoje e sinto sedes e sonho sonhos que não são meus, isto me acalma de alguma forma. As máscaras, afinal de todos, em tudo, muitas e no fim uma só máscara. Me compraz, me lembro que anos passados era este o meu ideal, e cabeça batida contra parede. E murros dei em pontão de facas e em fé vi a faca ser amolada e quase me degolam as carótidas. Tenho medo e bem-aventurança ao mesmo tempo. Não sei o que quero, sei o que não quero, sei que algo novo me aguarda.

JARAGUÁ
AS ÀGUAS QUE MURMURAM...

Chove muito lá fora, água em gotas finas, constantes reportam-me outras garoas, de uma outra cidade planal, natal. A que um dia foi minha, uma cidade planalto, um mínimo quase nada de montanhas, ou que apenas as montanhas conhecemos quando deixamos a cidade, e são em verdade tantas as montanhas, mas todas semi-distantes, como que formassem um vale, mas bem longe, nestas paragens, de floresta quase virgem, e cerrados, campos de escassez, de urbanidades, nasci, aos pés de uma grande montanha que parecia dizíamos; um gigante deitado. Quando criança, havia histórias sobre o gigante deitado. Suas mãos postas e sua gigantesca barriga. Havia também histórias sobre a nuvem de fumaça, a neblina constante que habitava sempre o cume da montanha, penso que só o homem branco doente demente, pode erigir a metrópole e com sua urbanidade desenfreada e sua selvageria de cimento sua mecanização e tecnologia agressiva: excluir. Só num mundo frio de máquinas e de homens que por fim imitam máquinas, é que pode haver o desprezo pela grande montanha. Então, esta neblina prateada que deita-se na horizontal na parte da grande barriga, dizem, eram os lenços brancos das mulheres que davam adeus ou sinalizavam a hora do reencontro com os bandeirantes, brancos sólidos, cruéis e corajosos, pais dos primeiros paulistanos. Aquela montanha, *o pico*, como chamamos, ainda hoje dorme dentro de mim, desde as minhas primeiras impressões de vida, e sei que de alguma forma a memória vermelha indígena me foi impregnada, mesmo que nos estertores de suas ultimas seqüelas, e creio que este bairro de índios e florestas e cerrados e bambuzais, eucaliptos e de pedras soltas enormes, e de barro vermelho escarpado e de muito vento, vento, vento num indo e vindo ao redor da grande montanha sólida e terna. A estas paisagens eu irei eternamente de encontro, a uma procura, querendo encontrar, sina do eterno retorno? Buscar a si mesmo? infância profunda, o lugar no tempo da memória em que tudo está vivo? Não sabemos de nada além do calor e amor severo de mãe, pai, irmãos, de crianças da vizinhança, nossos pares e de novo pais e mães e irmãos e grandes famílias e animais e pés no chão, alegria, batuques, samba, pretos, pobres, gente simples, ciganos, gente rica, brancos justos, dignos perfumados, gente humilde, comunidade, fraternidade, começo de história, opressão, roubo do espaço, do dinheiro, desterritorializações, uma cidade quase pronta e que nas periferias ainda está por se fazer, e sei que pai e mãe e outros, fizeram por construí-la, venderam, pau, pedra, cimento, feijão, areia, cal, farinha, madeira, sal e cachaça e mortadela. Pois não é esta a base de construção de uma cidade, ou ao menos é o que bastava para edificar um lugarejo. Há da montanha alta algo em mim, talvez que as janelas do meu quarto abriam trancas no leve e pesado do todo dia, sol e chuva e eu mirava a emoldurada e para sempre lá Montanha do Jaraguá. Mãe sempre cuidara de abrir janelas e fechá-las. O Brasil é uma terra de abrir janelas e fechá-las e fatalmente e unicamente de bater portas, de trancá-las e novamente abri-las e de romper cercas, invadindo. E de coser muros delimitando e de destruir paredes libertando. Foi, é assim, é assim a terra que procura o caminho que ainda não concebeu quantos séculos pra se construir uma nação, o trilhar do novo mundo entre o sim e o não. No nosso caso, a escolha do tudo, da contradição. Ó terra de malucos. O Brasil é uma paisagem, diria Rodrigues. Significará que o nosso crescimento desenfreado, desmedido enquanto louca urbanidade vai destruir o Brasil, irá acabar com a paisagem?

DEUS DO CÉU, DOS CÉUS PROTEGEI ESTES MENINOS

Deixem em paz os meninos, deixem rir, correr na rua e brincar e porque não brigar? Se nós não lhes ensinamos mais que brigar, que matar e morrer, como seus pais, nossos pais, pelo pão, pelo chão, pelo ser-estar de todo dia? Deixai-os! Liberdade abraçai pondo asas sobre as alas, pois são pássaros sem asas esses meninos na gaiola.

Outra voz na janela — Assad, não esqueça, não quebra a cabeça; esquece a noite da prisão. Chove desde ontem como se fosse outono ou inverno, frio.

Levo uma toalha de banho ao pátio e visto-a na cabeça como se fosse um árabe. Há poucos homens, uns oito. É terrível não poder caminhar por causa da chuva, de qualquer forma, quando há o estio, caminho rápido, sozinho. Ouço um pouco das histórias do turco, aquele que me diz quatro/cinco anos de condenação para tráfico internacional, então, toda vez que chego perto dele, eu digo: sete anos, como um encantamento pra de alguma forma isolar aquilo que ele havia proferido, cinco anos.

90 DIAS DE TRABALHO ÁRDUO E NÃO ESTOU PRONTO

Noventa dias de comer neste deserto, de certo arrotando suas secas areias, noventa dias, vinte e sete de maio de mil novecentos e noventa e seis. Pois que então se passa o tempo e eu deveria ter mansidão, depois de tanta reza, tantas tentativas de recuperar-me, de finalmente curar-me, revendo, refletindo, relendo vida, atitude, postura, exercício contínuo, diário, decisivo e porque então me visita a alma como que outra porta fechada? O desespero. Meu Deus, o que será de mim? Estás me ouvindo, que grande medo me forneces a granel, espalhando-me o horror nestes dias que precedem o tribunal? (outro comprimido) E de novo a pena não corre, e não me serve a folha branca, tão minha amiga, de escarradeira vomitório e não passo o mal, o bom, o tudo, memória que pede esvair-se, por pra fora, não só pro meu alívio enquanto ser, mas pra um possível reconhecimento de nós todos. Falo como se eu pudesse ser lido, compreendido e que tal entendimento conseguisse levar algo de novo, de bom e modificar a vida de detentos amadores, de artistas experimentais, de soropositivos, de qualquer um. Algo que acrescesse, que pudesse falar aos sentimentos e dar espelho de erros, egoísmos, dessolidariedades, desuniões, neo-liberalidade, mortes. Me faltavam públicas desventuras, me faltavam lanças e espadas e pedras abertas, me faltava a coroa de espinhos, o sangue vertido e derramado, testemunhando minha diferença. Eis-me pois! Uma identificação de incapacidades para aceitar a vida como ela se apresenta, num certo edifício de homem ainda e sempre criança. Meu sorriso pronto e amoroso de sempre, a luz de meu olhar sempre triste, mas pleno de misericórdia, ante o que vejo pelo mundo, minha mão a palmatória, a cara bater. Estou aqui. Abro peito e escancaro tanta luz, semente plantada, é fonte de água viva, vem e está dentro, emana em mim. Sou capaz de fazer milagres, pois que volto a ter fé. Removo. E já de novo, cá estou eu, duro empecilho de mim.

AJOELHO-ME OU O ABSOLUTO APENAS É

Finalmente o marroquino montanhês que me causou receio e tantas cenas desagradáveis, já que não gostava de mim e me serviu todos os dias o alimento necessário, quase quatrocentas vezes até agora, finalmente hoje, depois de nesta semana me ter pedido um limão e eu tinha ganho dois dos mais sagrados dos frutos, então, dei um a ele, como me é próprio, como ter a virtude do dividir, dar e emprestar a quem precise, a quem pedir. Então, hoje ele perguntou-me o nome, como sou parvo me emociona contar-lhes isto, pela primeira vez não tive de repetir, disse brando, comovido, com regozijo, ABUD e puxei no sotaque árabe. Aqui todos os nomes têm acento árabe e o mais estranho é que com a necessidade e o tempo, toda a carceragem e funcionários em sua maioria flamengos, pronunciam os nomes árabes com acento próprio e não era de se esperar, já que os flamengos comuns são considerados matutos, até mesmo tacanhos, embora eu os ache campesinos maravilhosos. Não vou esperar pelo chefe para receber a água quente, vou entrar na primeira fase das orações agora. Joelhos no chão, ínfimo grão de areia no lugar que nos cabe antes de mais nada, antes de tudo, antes de poder ganhar o mundo, verte teu corpo! Se não, podes ajoelhar, deite, sente, se encolha, mas há que ser no solo, pra se voltar ao bojo, ao colo ventre cinturão a pele, tez da terra, como nas primais adorações à boa mãe, e ali, como quem quer nada além de seus afagos, seus carinhos e até seus tapas, sofreguidão. Vou a janela pra ver os meninos homens culpados, arrependidos ou não, ao mesmo tempo um e outro sim e não, seus olhos rebrilham aos sóis, suas dores hão de ser ouvidas, pois não há Deus que Allah, acreditam eles e sabemos nós que não se discute o Absoluto, não sendo este, questão de opinião de ateus ou crentes predicantes, o Absoluto apenas é. Quando olhar o mundo e além do mundo que veja, e quando vir, repara. Um menino de uma janela diz, em cansaço, "*auê*". Outro menino homem de outra janela distante, "*uê*". Estas repetidas interjeições francesas ditas assim tão febris e enfraquecidas, como se atrás dissessem, pra quê? É, é assim... Dói-me tanto que volto a mesa onde na solidão infinda, terrível e grandiosa, me encontro em domínio de uma dor que é só minha, quando olho e vejo e reparo outras dores, as vezes acho que vou sufocar, que já não há mais o que rasgar-se em mim, já não haverão possíveis silícios e flagelos por devenir, tudo já vi, tudo ousei por a mão cheia de dedos nos recônditos mais obscuros do mundo ao lado de nós, ao lado direito, o lado da dor.

ELEGIA E VALOR AO PRETO MESTRE IRINEU

Danço o dois pra lá dois pra cá, centrando-me na linha imaginária central que liga o ser de cima, o céu, a terra, o ser abaixo, e neste ritual xamânico da Ayauasca, evocando as forças dos céus, da terra, dos mares, das florestas e ninando seus cantos puros, quase ingênuos de tão simples e amorosos, poemas românticos e campesinos, em intocado hino existencialista de amor, aos seres e a vida, numa espécie de tratado de pura filosofia, origem da questão humana e divina dos pra quês, de onde, pra onde, dos por quês, de nosso nada, deste ser humano que não é sem deuses e seus encantamentos divinizatórios, que não é, não pode, não agüenta, ser. Eu agradeço Mestre Irineu, e o teu povo mais que santo dos homens da Floresta. E sei que pela minha história vivida com o Santo Daime faltam muitas coisas a dizer, mas me despreocupo, pois há coisas indizíveis. Sim! Esta é a minha experiência mais franca e deslocubrada, vive-se aí, o inenarrável. Deus saberá continuar esta rota, este roteiro que de verdade não é fácil conhecer qual será a possível próxima e talvez última ou das últimas cenas. Posso tentar escrever mas... Amanhã quando faltarem dois dias para o...

Haverá de passar, logo passará, não te avexes. Acordei às quatro da madrugada e como se atendesse a um chamado, levantei minha parca cortina azul e deparei-me com a Vênus. Lá esta ela magnífica, brilhante, prometida, inconfundível no céu da aurora que semi-desperta azul marinho. Olho. Vejo, e saramagueando tento reparar, e assim compreender qualquer que me seja a razão de clara metafísica deste pressentido bom agouro. A aproximação do dia do julgamento com o stress que tenho vivido... Não é, e não será fácil transpor este preconceito, é bom que eu comece a compreender isto e estou disposto, sobretudo se estiver como guerreiro na luta e não na passiva como vítima. Quero sobretudo ser útil, estou compadecido como ser humano, como artista, como soropositivo. Os brasileiros precisam mais do que nunca de culpa. É preciso primeiro se sentir protagonista, causador, isto é, em cheio, sem meias palavras, o fundamental da *mea culpa*. Depois olhamos em volta, o próprio umbigo, ou melhor, mudemos a ordem: olhamos para o próprio umbigo e olhamos em volta, vemos e reparamos, e reparem que se reparamos...

DIA DO JULGAMENTO E A PASSAGEM

O dia está em esplendor absoluto. Minha vida já está modificada, mesmo que eu não queira, já não haveria tempo, mas eu quero profundamente, esperei anos a fio por esta chance, por esta demarcação temporal, este rito de passagem, por esta crise libertadora, batalhei por ela. Vergonha? Do texto que estudei, aproveitei na hora uma ou outra frase no dia do julgamento. Vi nos olhos da juíza uma boa pessoa, provavelmente cristã. Mantive-me de pé a responder-lhe o bombardeamento de perguntas sobre minha primeira confissão à polícia: então, eu deliberadamente comprei, escondi, transportando para vender na Europa uma quantidade precisa de 421,7 g de cocaína. Tá tudo muito quente e intenso hoje, não consigo mais. Escrevi dez laudas de cartas, o pacote postal para amanhã cedo é intenso. Uns seis-sete raports, quatro cartas, contratos, pedidos de trabalho, de cursos, serviço social. O movimento é intenso.

LÁ FORA TRÊS CHAMADOS, ALLAH HO AKBAR SE SUPERPÕE

Hoje na cela no Palácio da Justiça, um marroquino tão feio quanto um gnomo, careca, baixo, de barba rala, mas grande narigudo e sem dentes, coxas grossas e coração enorme, dividia a cela comigo, mais um belga todo vestido em couro e cheio de anéis e brincos e um preto chiquérrimo daqueles empertigados burgueses cheirosos. Camisa de seda estampada, calça de linho, sapatos feitos a mão em cromo alemão, gigantesco anel azul de pedra preciosa, correntaça no peito, impecável. Não, nada era gratuito ou exagerado, era fino, refinado, de bom gosto e ele sobretudo, era um puta preto lindo, alto, forte, se via através do fino linho a formatura esguia, delineada e musculosa de seu corpo. Suas mãos, seu rosto de traços finos, barba e cabelo rente, sorriso esplêndido, dentes brancos. Jamais existiram corpos tão possantes quanto os dos pretos. É dono de um café em Roterdam, dez quilos de cocaína líquida. Imagino-as em garrafas de Curaçao, não sei ao certo, pois ele só falava inglês. Assim compreendi que as garrafas devem ter sido jogadas de um lado para o outro, vazando o suficiente, para na busca da alfândega cotidiana, chamarem a atenção, pois então, testaram e... dez quilos de cocaína diluída. Não sei se. É quase uma da madrugada, não consigo pegar no sono. A lua é linda, quase plena. Ao ouvir o silêncio deste bairro bruxelois, penso que não há saída para o tormento humano. Ser humano é ser estar em contínuo estado de tormento. Quando há o silencio, fazemos por quebrá-lo e quando o quebramos, pobre de nós... Não sei se terei chance de fazer literatura do que vivi hoje, aliás, dos marroquinos que xingam; filho da puta, cão, conard!. Ouço lá fora, as janelas estão abertas, sons de um pássaro estranho, vou à janela e nada encontro, a não ser a lua solitária e franca. Algumas vozes longínquas de laisses tombes, *laisses tombes*, deixa pra lá. Descompreendo. Agora gritam; *Ueeé! Conard!* Talvez gritem a Deus ou ao Diabo. Ou a si mesmos ou ao ser humano em si. Aos reles si mesmos. Estamos via de regra doentes de si mesmos. O vento sopra afagante, benfazejo, a noite é primaveril. Há muito não havia, não via, não cria numa noite assim...

TEATRO 22 SOU GREGO

Queria de verdade estar, poder gerar algo, criar e que criasse para outrem. Então queria estender este grito, este solilóquio, eu que já nem sei de mim, do que sou capaz e que coisa sou de verdade, artista du? que catzo, que *cosa facco io?* O que saberei fazer de verdade? Talvez nada profundamente de verdade e esta fatídica e crudelíssima (artaudiana) e desagradável (rodrigueana) e absurda (ionesquiana) e de pânico (arrabaliana) e oprimida (boaliana) antropofágica (zécelciana) situação, talvez tenha tudo a ver com teatro.[5] Foram ao teatro os homens que não eram nem excelentemente músicos, nem grandes poetas, nem ótimos escritores, nem puta pintores, nem famosos cantores, nem filósofos profundos, nem pensadores. Uma espécie de homens amadores de tudo isto, mas não propensos de verdade à verdade disto, o que talvez os transpõe, os gabarita, os eleva, seja a devoção e a fé em tudo isto.

O vento ruge, antes que eu me vá, e passe da única e grande porta do aqui para o lá, antes disto se alguma cobrança puder haver. O teatro. O tom, a cena, o ato. O medo, o desamparo, a roda da Crueldade impressiona. E do meu próprio invento, forjo: Desconformidades. Que poderia um filho assim poder fazer para fugir de ti, do si, de todos tantos outros? Qual será o descaminho, o desvio. Humilho-me, sou um terceiro mundo no mim mesmo. Sou jovem e já estou em ruínas. Fechei o ciclo. O parco teatro parvo da vida cotidiana. (Estou no leito e frito e frito e enrolo e me viro e.) As palavras são palavrões, tecem, zunem, crescem, florescem e eu fora sempre aquele que a decidir imprimir as palavras, preferia a maçã no armário, abri-la, comê-la, mordê-la, fora sempre aquele que preferia dormir e insistir em dormir, sem chegar lá e ficar na tentativa no nada da cama,

---

[6] Teatro Cruz, base da lei do esforço no Teatro (Artaud).

que outra febre não indica, senão não ser. Como que ter frio como agora e não fechar a janela, quebrando o vento. Deus meu até quando a criança brasilis em mim, o sudamericanismo pleno em seu centro cultural de zéninguenismos, amar inimigos e odiar os amigos, estou farto. De mentiras. De promessas. De nões, nãos, nós. A lua já deita a beira do firmamento. Estará só, está comigo? Eu que vou sozinho. Desconvido-a, quero o leito. Quero o nada. Não quero. Desquero.

TEATRO @% ^&*(ALQUIMICO?)
EU HEIM! QUÊ MICO!

Minhas vestes já foram dívidas, algumas por troca de algumas dracmas, outras pagando dívidas antigas. Clareza de que não há travesseiro onde pôr a cabeça. Crístico teatro?

Exulto que tenho mãe por Maria ou Maria por mãe, pois que a minha é santa, sempre o fora, e no que carrego de cruz e pecado diferi dela e no que levo de santidade pura de ser naif, sou por ela. Outras Marias Madalenas, de verdade Helenas, me seguram aos pés do crucifixo existencial que é ser Teatro. Tenho um João que é o Sálvio e que amo. Ontem cortei as pontas dos cabelos. Ironicamente, mas não casualmente, fui chamado ontem depois de quinze dias que fiz o pedido para ir ao barbeiro. Quando veio o carcereiro, eu disse, não obrigado, já fiz a barba há dias... e não disse, mas poderia ter dito, não obrigado, já fui julgado, dia vinte serei um condenado como tantos — como se eu não o fosse ainda —, e antes que ele desse as costas; sim senhor, eu quero, eu preciso! O jovem barbeiro cortador de cabelo, era um marroquino gentil, bonito, cabelos castanho claro, alto, forte, olhos vivos, mãos ágeis, embora não o fosse ao que tudo indicava um bom cortador de cabelos. Espero nesta página 600, ser fiel a mim mesmo. Cortei, apenas aparando os cabelos. Último ritus? Furaram-me o olho esquerdo, mãos de médico, aparelhos, instrumentos, sedações, auxiliares, luzes, e a ponta de uma enorme agulha me fez Édipo involuntário, sem mais odiar o pai, sem mesmo querer matá-lo. Tragédia. Aceito. Bebo, não se não puder quebrar o copo depois. Quebrava copos quando era alegre, quando ia jovem dentro em mim. Ainda sou grego e jovem talvez por renascer. Estou forte. Estarei mais forte. Agradeço. Bendigo. Bem isso.

O TRIBUNAL

Juíza: — O Sr. se chama Abud Mauricio, nasceu em São Paulo, a 23 de abril de 1950?

Prisioneiro: — Sim. (Deixo pra lá o erro na data, nasci em 59, puta diferença, não é?)

Juíza: — O senhor foi descoberto no aeroporto de Zaventem no dia 27 de fevereiro, portando 421,7g de cocaína (diz rispidamente à advogada), Maitre. Krywin: — A senhora, e o seu cliente pediram que transferissem a procedura (o processo) de neerlandês (flamengo) para o francês e eu não entendo porque não há uma só palavra em francês.(rápida a advogada responde): Excuse moi. Mme Juge, eu também não compreendo. Disse qualquer coisa que eu não compreendi, acrescentando que o mais rápido possível providenciaria que lhe chegasse as mãos a tradução. Limitei-me a olhar para trás e esta foi a única vez que virei a cabeça para olhar a advogada que se deteria todo o julgamento atrás de mim. Quando entrei na sala gigantesca, atentei sorvê-la na sua compleição meio igreja, meio salão de festas, enfoquei Gery, meu fiel escudeiro e Pierre, o leal, me confortei e sorri para os dois que estavam lado a lado. Continuo de pé até mandarem-me sentar.

Juíza: — O senhor declarou (lendo) deliberadamente que comprou no Brasil, escondeu e transportou esta droga com destino à Europa para vendê-la na rua e ajuntou ainda que o senhor considera que a cocaína é melhor que a heroína... (faltou ajuntar uma irônica interjeição, algo como: é brincadeira!) O senhor confirma esta declaração?

Preso: Não, isso eu disse com o medo natural de quem foi pego pela polícia e temia entregar outra pessoa, que depois percebi que não havia outro jeito e que era melhor refazer a minha declaração.

Juíza: — O senhor afirma que o senhor (lendo) Francisco lhe deu à transportar tal quantidade de droga e?... Como isto se passou?

Preso: — Sim uma conhecida minha me apresentou o Sr. Francisco que teria interesse que eu lhe aportasse na Europa o pacote de livros para entregar a uma francesa que me encontraria no aeroporto, eu rejeitei a idéia, rejeitei, depois pensei na necessidade de.

SEM TERRA É O MESMO QUE DESTERRITORIALIZADO

Hoje não, hoje o silêncio que vem do lado de lá me mói. Sucumbo. De verdade queria o milagre de ver abrirem-me as portas, mas sei que não estamos aqui para pequenos milagres. Os presos lá fora estão na maior gritaria, de ala pra ala, de janela pra janela, um bordel, uma confusão. Será a lua que é plena? Gostaria de poder vê-la despontar no céu do continente europeu, no fim ou começo de alguma das cálidas ruas bruxelois. O sol ainda é vivo, são apenas oito horas da noite. Pretendo dormir cedo, além da micro-cirurgia com a grossa agulha na pálpebra inferior e o quase desmaio no centro médico, estou hoje em farrapos, de alma esfarrapada. Por mais que eu reze, que eu medite, que eu tenha em mente e coração esperança e sabedoria que tudo vai logo passar, é o que repito carinhosamente como um Jesus de mim mesmo... E aqui há gentes que eu convivo que amo e me amam. Os prisioneiros, talvez sejam como os homens urbanos de hoje em dia, estão aqui e num piscar de olhos mudaram-se. Saberá Deus para onde, foram-se, esvairam-se. Assim os presos são transferidos para outras prisões ou são liberados, sem mais, sem aviso prévio. Depois ficamos sabendo do amigo, normalmente por sentir-lhe a ausência no pátio. O pátio, uma possibilidade de encontro, de troca, de convívio humano sem número que demarque, embora não haja outro assunto entre nós que os números, os quantos, tempos, marcações, números, números, chafurdamos até a alma. Minha mesa é repleta de ícones, Nossa Senhora Aparecida. Peço-lhe norte, Conceição sobre a lua, peço a calmaria e prontidão, a Assunção sobre os seus, proteção, um São Sebastião crivado, como o poeta peço, *nublai minha visão na noite da grande fogueira desvairada!*. Benedito atento a minha solidão e aflição, fotos de crianças regozijos e penas minhas.

O servente antes inimigo de morte e letal servidor do meu repasto diário, hoje meu companheiro, me pede vinagre, pergunta se eu tenho onde colocar um pouco pra ele. Abro o armário, encontro o vidro de Azt, aqui chamado Retrovirus, vou à pia lavá-lo, aí me pinta um certo receio, tento arrancar o rótulo, impossível. Digo foda-se pra mim mesmo e penso que é difícil alguém compreender para que é utilizado um medicamento chamado Zidovudina... Pergunto pra ele mostrando o vidro se é suficiente, leio em sua face o certo constrangimento próprio dos árabes, por ser um vidro de remédio e digo: olha, você pode levar a garrafa, tira o que precisar e depois me devolve, ok? Ok, você é gentil. Tento voltar ao eixo, massageio-me, procuro os pontos dos olhos, só conheço os da sola dos pés, queimo-os, afundo os dedos. Nas mãos, todos os principais: pulmão, estômago e coração. Engraçado, não deverá ser casualmente, pra o meu parco entendimento, que este meridiano do coração é o mais dolorido, seu ponto de tonificação na palma da mão, entre o mindinho e o segundo dedo, se apresenta constantemente como uma faca pontiaguda e seu terminal nas pontas do dedo mindinho também. Vivo em cima dele. Escrever, escrever, não é nada fácil, pior ainda quando se deve.

> *"Ninguém jamais escreveu, pintou, esculpiu a não ser realmente para fugir do inferno.".*
> Artaud

PRIMEIRO DE JUNHO

O céu agora se limpa, está azul, belo, limpo. Meu Deus, João não pára. Ah! Joãos quantos, são tantos. Da cruz. Do nó, o Noll, o ponto, o lugar, um sonho, uma cantilena, cantiga um conto. Uma voz, um clamor, uma chama no deserto que somos nós. Sem tirar nem por, agora, o hoje, a Brasilindia, ilha encontrada e perdida para sempre achada. Futuro em ruínas. Silvério. João. Ai, ai, Helás. Ai de nós.

> *"Ah! Branco púrpura. País de mim mesmo, onde ao contrário do Brasil, não há conciliação, anseio por este país de todas as possibilidades o meu, e não esta falsa ilha Brasil, que vive massacrando os seus melhores, em nome da da da da da da "*

Coloquei-me a mim que sou parvo, que não tenho Noll, nem Andradas, nem Trevisan, nem Cruz, nem Pessoa, quisera Rodrigues ou Ribeiro. Então, dois das, um da, seguido sem vírgula, mas cheio de aflição, um dia e outra da ainda. Ainda dá? Ai, ai que a mim também vitimou, e a quem profundo ser não vitima esta terra de brasas. Um comprimido, quero cair e dormir. A lua resplandece, hoje sim, totalmente plena e prata e branca. Apago a luz, me encosto no armário, fecho as janelas pra não escutar os marroquinos. Adoro-a. Canto um canto. Compadeço-me dela, pelo que deve estar olhando nos continentes dos mares humanos. Peço-lhe compadecer-se, corre uma lágrima, uma apenas de um olho só, como nos atores de televisão. Esta página só existe por amor à lua, por querer ficar para vê-la, erguer-se no céu pra eu vê-la inteira. E sinto muito por esta página não ser poema. Aqui com estas paredes frias, neste campo sem verdura, nesta rocha dura, neste oco entre o nada de tudo, a ausência de liberdade e o nada de ser. O que sou eu, que projeto, que roteiro, que filme, que peça, que cena, personagem! Hoje nada, nada ao mim. Penso na vida lá fora. Penso na volta, me amedronto, me preocupo em que fogueiras não querer, não queimar na ilha Brasil.

COCAÍNA CHACINA

Aceito. Aceito a dádiva do não, até o não pão, a não cidadania, aceito voltar como um filho pródigo e mal sucedido à casa, à custa dos pais. Aceito o que der, o que me espera, os preconceitos, as novas denominações. Aceito sem titubear, sem estrebuchar, num silêncio mudo, num assentir sem escolha, num baixar de cabeça. Incendeio e jogo fora o rei em mim, chacino o artista, destruição inequívoca, não gerada por mim apenas aceita. Sabem quando penso na origem do mundo das drogas, desde lá os bolivianos ou peruanos ou colombianos, semeando de sol a sol, aguardando e recolhendo as benditas e benfazejas inocentes folhas da coca.

Depois o pouco lucro na venda para os ainda pequenos negociantes e destes para os grandes e aqui começa o esquizo roubo da mais valia, e já se sente o cheiro do sangue, da tirania, da loucura humana pelo *ouro*. E continuando a redistribuição e a ilha Brasil, feito pura, se abre pelos seus seiscentos buracos e droga entra, e os guerreiros bandidos, corajosos as atravessam pelas fronteiras e outra coisa não buscam a não ser tirar sua parte do brilho. Ei-la que chega nos morros, nas periferias, nos subúrbios, favelas, no bordão à margem das grandes cidades, onde só será sorvida em parte ínfima, pois o grosso será servido nas mansões, em suas festas iníquas, nas redações dos poderosos da mídia, o novo poder clerical do século vinte. Nos edifícios luxuosos do mundo dos homens de negócios, e a alguns artistas ricos e fúteis, a um sem número de políticos e homens poderosos das bolsas de valores e a uns tantos jovens burgueses da zona sul. E aí o que fará aceitar a minha condenação, seja ela maior do que a que tenho passado, é pelo sangue vermelho e inocente, que verteu nas montanhas sagradas e nos morros também sagrados, nos morros onde ela não foi fabricada, mas armazenada para ser valorizada e revendida. Pago a pena também, pela destruição promovida por homens que não são homens, por sua imensa ganância, avareza e luxúria, mas sobretudo pelas suas maldades. Então, por estes não! E neste acusar a tantos, sei mais do que nunca, que se houver acusação apenas caberá à mim. Mas me acuso sobretudo, pelos neguinhos e neguinhas que são todo dia vitimados por esta porra deste néctar, desta droga ridícula, este pequeno comprimido raspado virado pó, que liga, ou trava as pessoas, esta idiotice que não deveria ter um mínimo valor e move o mundo do capitalismo degenerescido, num só eixo, narcodólar. Assim, sou o que eles querem que eu seja; uma ponta mínima, um reles grão de areia sem o mínimo valor, nem em narcodólar, nem em representação expoente. Sou figuração!

E entre vender-me a mim, Mephistófeles, não mo quis, vendi o ouro, passei, atravessei fronteira de continentes em corda bamba, por acreditar que com algum dinheiro pudesse continuar íntegro, como cavar uma via (de acesso a luminosa dignidade) de sobrevivência de artista inconstante. Isto é, fazer ser reconhecida e aceita em valor, minha mais valia. Do Brasil, a ilha vendida, promíscua na prostituição das almas, vem até aqui um silêncio pesado, me fazendo olhar no espelho e não ver nada, nada além de um semi delinqüente de quase quarenta anos e nem isto me vesti por inteiro, até bandido sou amador, sou imperfeito como um... como um brasileirinho.

Sonho muito. No sonho (ontem pedi à biblioteca o livro do código penal, para saber minha pena na teoria), alguém me informa que a lei permite, ou exige, que eu seja liberado o mais rápido possível... Acordo com uma sensação de bem estar.

Deus é português! Desassossego-me e de tanto ele, sou mais eu, sossego-me. Amar, amar, amar, amar, o mar, o mar, o mar que falta. Ouço o carcereiro lá em baixo na galeria (moro no terceiro andar e gosto disso, assim há mais vento, um pouco de paisagem e a distância necessária do lixo jogado, que amontoado, promove a proliferação das moscas que eu assassino freqüentemente, pois sei de casos, sobretudo nas outras alas que elas se multiplicam rapidamente, a ponto de contar-se cem ou duzentas, num mesmo teto). Abud para o Paluart. Aproveito e me arrumo rápido, os carcereiros odeiam esperar. *Despechez toi. Despechez toi.* Despacha-te! Atravesso o corredor central, onde o cheiro de tudo que é parte, cerne do sistema carcerário, tem mais força, se mistura. A central de vidro com os computadores, cheia de guardiões e luzes e em cada curva, mesas com os carcereiros e suas listas. Antes que perguntem, eu já informo: *cinc mille duzent ouit, Abud* para Paluart. Anotam e continuo. Vejo já do corredor Gery. Voilá, meu amigo na porta da saleta de conversas. Abraçamos forte como sempre, Gery não gosta de dar a mão. Pergunto-lhe ávido: e aí? Ele diz coisas lindas, não sei se saberei repeti-las, mas incrivelmente descubro-o de verdade um grande cara, genial, humano, com um olhar lúcido, sensível e abrangente. Diz que eu tive de verdade um presente dos céus, que ela deve ser a melhor advogada que ele já conhecera, que o fato de ela ser talvez quase anã, fez com certeza que ela abraçasse a minha causa de minoria, pois também ela é minoria, também ela chama a atenção quando entra, também ela carrega uma marca, e identificada com a(s) minha(s) marca(s) artista, estrangeiro, soropositivo etc... Defendeu-me com ternura, não com o intelecto mas com o coração, e que não se ouviu durante os trinta minutos, mais ou menos em que ela discursou uma só mosca mexendo-se. A sala deveria ter umas cinqüenta pessoas, e que geralmente o greffe, o escrivão, está cansado de tantos casos e que se mostra tedioso e neste caso, ele mudava de lugar, ávido, acompanhando a teatralidade de um francês bem falado e que ela usava palavras que endereçavam-se ao coração da juíza. Que ela saíra contente do que havia feito, realmente contente de seu próprio trabalho. Apertamo-nos as mãos sobre as mesas, as suas mãos brancas e gigantescas. Fui chorando a cada passo de sua reportagem, sua visão certeira e reveladora que transformava aquilo que eu havia visto com meu olhar super envolvido. Além do stress de não dominar totalmente a linguagem e mais pelo sofrido bombardeio de perguntas da juíza, fiquei cego, sentia ante o manancial de lágrimas que jorravam, algo forte no ar, que temia significar minha pré-morte, prenúncio de minha dura reclusão e conseqüente impossibilidade de continuar saudável.

LEI

No alto sobre a cabeça da juíza um vitral colorido de uns três metros com flores, gerânios e estrelas, **escrito LEI**. No grande balcão de madeira de lei, a juíza loira e linda, soube por Gery que enquanto ela falava comigo, no seu bombardeio, *Maitre* Krywin, a advogada disse a ele: *quando ela fica furiosa, ela fica ainda mais linda*, regozijo, choro e rio quando ele me diz isso, não acredito. Vibro e vejo o quanto o super envolvimento nos causa a morte e começa a morte sempre pela morte do momento, pelo presente, a morte não está nem à frente no futuro, nem atrás no passado, ela está, sempre esteve no aqui, presente agora. Isso é que a faz ser misteriosa e grande, ser morte, divindade primeira, filha do caos e de Deus. Gery viu extrema gentileza no fato de depois de tantos tapas e safanões, como uma terrível mãe, a juíza pareceu aliviada e disse: — *Asseie vous, Monsieur Abud."*

O carcereiro vem olhar pelo postigo pra conferência diária pós almoço. Vos contava que quando cagamos, nos instalamos donos de si na latrina, a minha é transmutada de uma caixa plástica imunda, a um vaso branco de louça e sobre ele, emana uma tocha farta de água corrente pura, que tudo arrasta num som de cachoeira, transformando o cálice sagrado que comportou toda a imundície defectada em merda, e pela ação sempre sagrada da água é de novo cálice branco e puro então, ali não se é nem rico nem pobre, nem nobre nem plebeu, nem liberto nem prisioneiro. À parte, quando a gente não caga por algum motivo, aí é foda, é a pior. Aí a prisão é de ventre e aqui moram e jazem os enfezados!!!

Ontem no culto aconteceram tantas coisas que não sei se dou conta, embora tenha todo o tempo do mundo, e saber-se, admitir isto é quase meio caminho pra fazer poesia. Estar tranqüilo e se procuras, precisas, queres, ela vem. Vem noite.

Um dia vem poesia. E poesia é prosa com amor, mesmo que sem rima. O dia está lindo. O calor é brando e o dia é cheio de luz. Aguardo a ducha e o telefonema pra mãe. Preciso tranqüilizá-la, já purguei e espero que ela também o Jesus crucificado e o seu mater dolorosa, devo de minha parte liberá-la já que ela será minha eterna poeta.

Pois bem, não entro numas de que o mundo dos homens deva ser bom, cada canto, seu canto e seu modo de cantá-lo, mas como apontava o Rodrigues, no nosso canto Brasil, há um canto de amor, de bondade, de compadecimento com a paisagem... toda ela. Então, estamos, somos mais Brasil quando olhamos e vemos o desabrochar e a ruína e reparamos que se pode mudar a realidade da vida, então recriamos, temos contato com o sagrado e voltamos a ser um povo santo.

Vem o chefe da cantina que tem me tratado como um animal e que cada semana me fode o humor e os órgãos, porque corta metade da minha lista de mercado e mais cruelmente específico, me deixa sem alfaces (a única verdura existente). Eu tive estes três últimos dias uma vontade de me aliar a ele, e pensava em alguma forma de me aproximar e tentar transformar a minha raiva... e graças à Deus, ele não trabalha mais na cantina. Ao menos hoje ele acaba de entrar aqui junto com os dois pretos e me pergunta quantos quilos eu trouxe e eu digo, quantas vezes repeti isto, e me alegrei porque todos não acreditavam num bandido de porte como eu, que pudesse ser tão café pequeno. Então, eu tenho que repetir dez vezes, sobretudo que a minha dificuldade com os numerais franceses é enorme, já eles sendo tão confusos e pelo fato de darem tanta importância lingüística, às medidas, as quantidades. É definitivamente uma língua que se ocupa das quantidades. Fico feliz que me trouxeram um Asterix e o Código Penal.

APENAS UMA QUESTÃO AMOROSA
PRIMEIRO ÂNGULO BLUES

O Oliver diz que a família o tinha abandonado, mas hoje veria sua mãe que lhe disse, que ele poderá trocar de advogado. Ele tava muito puto. Vou logo ao assunto, porque não estou aqui para romancear, se bem que não sei se fugimos do romance quando contamos uma história, *savoir dire* (história é mais bonito), à nossa maneira, nosso ângulo de posicionamento, então não crio, conto e tento capturar o demasiado e cotidiano humano. Contar com amor, é romance... e romancear é romântico e este é a mais refinada das possibilidades da obra acima, ou em detrimento da, isto é assim também na vida. Amar é o mais difícil, é o verbo, a ação que requer maior esforço e há muitos, são muitos os pobres diabos que passam vida sem descobrir. Às vezes são até bons leitores de romances e pra eles o verbo amar está lá distante, faz parte doutro mundo, é intocável, é arte e portanto (ilusória superstição) não é a vida vivida... ledo engano... Então, contava do meu amor e da minha tentativa de transpor-lhes nada além disto, é que ele estava super ansioso e eu disse, te acalma, não deves encher-te de ódio por alguém que amanhã fará a tua defesa, aquiete-te, pensa nela bem e vai com energia boa pro tribunal, amansa teu coração. Ele me olhou, relaxou e sorriu como se eu lhe tivesse feito o favor de lhe lembrar que isto estava absolutamente correto e disse obrigado você me fez lembrar que quem dirige a cena é Deus, não tô ficcionando, ele disse isto. Voltamos pras celas. Sento-me, os ferimentos a pesar e trabalho. Ouço os pássaros e o silêncio bruxelois de Saint Gilles, e penso que o silêncio me fará falta. Ouço através das paredes a sua voz preta, grossa, grave, noturna que se regozija eu não sei se reza, ofende ou se humilha num blues e com blues, quero dizer: chora.

VOU MIJAR O AMARELO FORTE DO COMPLEXO B

Acendo um cigarro, mesmo sabendo que assim corro risco.
Volto pra cela e: Abud Paluart. Ricardo querido fez esforço enorme pra me visitar na prisão belga, ia pra Itália a trabalho, não o deixaram, questões burocráticas. Me enviou as havaianas de Roma, mas talvêz nem mesmo ele percebeu que elas não eram legítimas. Estas imitações... apenas percebi pois que os pés suam, elas grudam e cheiram mal. E meu pobre velho, pobre diabo do boliviano, do acreano, do peruano, sei lá, não sei o que ele é sei que ele fala "vochê"... O puto do monstro do porco flamengo dentista se recusou a tratar dele. Ele faz que não entende estrangeiro, todo mundo o conhece por sua diletante maneira de não fazer nada na boca de ninguém... Eu sei que o velho Vicente foi lá e não devia ser fácil entendê-lo, já que nem "merci" ele fala. Mas ele tirou do bolso a ponte de quase seis dentes dos da frente e mostrou, implorou em espanhol, em português, em língua de surdos-mudos, apontava a boca e proferia sons como um mudo. Nada, o porco, o monstro o deixou sem dentes, pois ele não tem dentes mas tem um par de havaianas que causam espécie entre o geral de prisioneiros, legítimas... O meu velho que não é amigo, mas seguramente é um igual, ele faz hoje cinqüenta e oito anos, dou-lhe os parabéns e só hoje pergunto o seu nome. Ele irá à julgamento no mesmo dia, vinte.

SEGUNDO ÂNGULO BLUES

As notas do piano... A dor de existir, uns gritos de Win Mertens, o velho boliviano conta que então ela, a tradutora holandesa, disse a ele que ele fez muito bem em dizer que seu passaporte paraguaio era falso, pois que tirando-lhe as digitais, a polícia descobriria pelas impressões digitais do antigo dono do passaporte. Não posso me certificar se ela disse isto apenas para agradá-lo, relevando-lhe a virtude, a ingenuidade e contou por isso uma grande mentira, ou de verdade os passaportes paraguaios venham com as digitais impressas, o que considero improvável. Prometo-lhes que antes de editar esta porra, eu tomarei pé desta situação informativa, infinitamente necessária pros sudamericanos que compram falsos passaportes, o que passa de verdade, é que o velho, nosso fiel compatriota Vicente, não precisava ter se entregado, eu quase falei, mas logo em seguida me calei, ouvindo a paixão que ele nutriu por si mesmo, a propósito de sua virtude, sinceridade, confirmei, repetindo, você fez bem, você fez bem, pra deixá-lo certo de.

De qualquer forma, não repito só isto, tudo que falo com o velho Vicente, tenho que repetir. Não duas, mas três vezes. Primeiro porque ele está longe, tão longe de uma terra que se assemelha as suas tantas terras americanas do sul e só ouvindo francês, árabe e flamengo, quando me escuta em português, estranha, além do que hoje confirmei o que eu já imaginava, ele é surdo e não diria pouco, muito surdo. Andar a seu lado é cansativo, mas não consigo privá-lo de minha companhia. Quando ele me vê chegar no pátio, grita rindo feliz: Brasil. Aliás, não sei se lhes falei que a maioria me chama Brasil, ou *bresilien*, ou, o que eu detesto, Mauriquio.

Rezo todo dia por ele, e pelo muçulmano horroroso que parece um duende e que fala de Deus e pergunta: — Você não estava bem no Rio de Janeiro? O que você faz aqui? Eu digo: loucura, idiotice, bobagens... e penso: não, eu não andava bem de verdade, e tudo que é ser divino, queria me acordar, ou melhor, queria que eu me acordasse e aí me prepararam essa, pra eu ficar grande de vez. Eu lhes confesso, eu já sabia desta prisão desde que era jovem... eu já havia compreendido esta passagem e claro, que se me perguntarem vocês se eu faria de novo... eu responderei que não e com sinceridade e ao mesmo tempo que sim, que tudo se tem passado em dor e um tanto de prazer, em privação e em fartura...

TERCEIRO ÂNGULO BLUES

A cada vez que vou escrever preto, escrevo negro e reescrevo preto, pois é este o certo, as raças são: branca e não clara; vermelha e não rubra; amarela e não parda. Portanto, um branco, um vermelho, um amarelo e um preto. Negro é outra coisa, negro é o preconceito. Negra é a sublevação dos pretos no Brasil. E por isso, os black powers consideram-se pretos, não *negrois*, negros, com total razão.

Então, como diz Denise Assunção, a diva primeira da negritude do Brasil, preto é ouro. E o preto enorme e sempre em forma partiu com violência e dignidade tamanha sobre o grupo de sempre dos marroquinos violentos que por uma simples discussão na partida de futebol começaram o seu tão conhecido movimento covarde de ataque que mais se assemelha a uma chacina. Vão juntos de vez e adoram chutar e ainda mais quando o sujeito cai no chão. A vítima hoje era um preto magro, altíssimo, sorridente, gentil que chegara há poucos dias (caiu por causa de seiscentas gramas de cannabis). Sujeito boa gente que quando se deu por si, estava rodeado de pernas fedorentas, e daí Lúcio foi direto, fulo da vida, coberto de razão.

O que era aquilo? Caírem de pau, uns oito/dez em cima de um e por nada? Não me contive, também levantei pronto pra entrar na defesa dos pretos, de meus amigos pretos e ainda bem, entraram outros marroquinos, uns dois/três bastante fortes em nossa defesa. A briga quase que se esquenta de verdade, já na cabine e nas janelas da galeria um sem número de carcereiros sádicos expectantes. Então comecei a gritar em português, Lúcio pára com isso, Lúcio te acalma. Eu e mais o Daniel, o gigante holandês amigo de Lúcio inseparável, alguns belgas e estes marroquinos pouco mais sensatos conseguimos acalmar a negra fera, uma pantera enraivecida. Depois, Lúcio me confessou: mesmo que fosse um branco, se ele estivesse covardemente atacado por uma gangue, ele estaria ao lado dele. Me comovi, não há nada mais saboroso que a coragem humana, heróica, a justiça crida, provida e sempre mantida. Adoro. Adorei tanto que levantei, normalmente não saio do lugar, ou pelo contrário, fujo, me afasto. Hoje estive pronto a colaborar no que fosse preciso pelos meus irmãos pretos e entrar na dança mesmo que chuva fosse e que provavelmente molhasse.

"AH QUE TEMPO MAIS VAGABUNDO É ESSE QUE ESCOLHERAM MALANDRO PRA GENTE VIVER..."[6]

6 de junho São 21:30 hs e o sol vai alto. Tudo agora se modifica em função do sol, de sua fulgurante presença. Caminha-se pouco. Realmente existe o perigo de uma insolação. Levo uma garrafa d'água a qual vira e mexe entorno na cabeça, no rosto e dela me provenho de goles hidratando-me. Não é possível caminhar mais que dez minutos contínuos e ainda assim, fazendo em etapas, tenho dor de cabeça. No pátio hoje há um equilíbrio de raças, o que antes era setenta/oitenta por cento de marroquinos, hoje é cinqüenta por cento. Romenos, búlgaros, zaireanos, ganenses e até alguns belgas. Hoje havia jovens bonitos de verdade, parece que o verão em Saint Gilles pudesse ser agradável se não houvesse o horror da clausura. Hoje vi homens frágeis, sensíveis, seus corpos semi-nus, suas peles brancas. Devo lhes confessar que eu tinha querido não usar da cannabis todo dia, mas num tem jeito, e já que se tem... Faço isso com um cagaço du caraças (como dizem os portugueses), embora este fumo não cheire muito.

São vinte e uma horas de quinta, seis de junho e o calor arrasa, a secura é total. O céu cobre-se de bandos de andorinhas. Curiosa e naturalmente os corvos e os pombos e até os melros desapareceram, creio que foram baixar em outra freguesia. Olho pelo espelho o passeio dos presos, vejo Feliciana que caminha rápida, exibindo suas coloridas camisetas enormes, espalhafatosas, que ela faz questão de não repetir jamais e seus calções curtos, botinas pretas com meias brancas ¾. É realmente de parar a prisão. Eu imagino o que seria dele em Aruba donde veio ou no Brasil numa prisão. A secura do ar, este calor aflito, não dá vontade de fazer nada e toda hora digo que vou deitar pra meditar e não medito porra nenhuma, divago, viajo, penso e teço qualquer sonho, ilusão. As sete horas da manhã haviam tambores ritmados árabes, agora uma canção algo como yugoslava, tcheca, albanesa, búlgara, não saberia distinguir, sei que a música distante me deixa feliz. Opreto Oliver, o jovem que agora é meu vizinho, tem se acostumado a me chamar na janela, onde com certa dificuldade, dependendo dos ruídos em volta, conversamos. Ontem, às nove e meia ele me chamou, estava já no leito, mas aceitei o convite e acendendo um cigarro, conversamos sobre Deus, rezas. Dali a pouco aparece um zairois na janela da outra ala e respondendo a pergunta de Oliver, o que ele estaria fazendo, disse que vendo o Sidaction, mas que ele era diplomado, não compreendo, perguntei ao Oliver o que ele quisera dizer e Oliver disse: — Você não tem o diploma de quem não tem o vírus? Eu disse, eu não. Ele disse: — Então pede no CMC que eles te dão. Quase eu disse: fui reprovado!

---
[6] Adriana Calcanhoto.

ABRE-TE SÉSAMO

Já lhes contei que Munir, o garoto marroquino de voz forte e que poderia ser um vereador na prisão, dada a sua popularidade nos quatro cantos, me chamou no meio da passarela, me tratou melhor que normalmente, avisando que quando quisesse do chit, pra falar com ele. Eu disse que tava duro, mas que não me esqueceria dele. Perguntei porque ele não andava saindo para o pátio. Ele diz que esteve de castigo, brigou com o "monstro" — o carcereiro — e o monstro, vocês sabem, está aqui neste mundo para infernizar, este é o seu papel, causar a cizânia, a tirania, oprimir... E Munir me perguntou: — Escuta, é verdade que você é doente? Eu digo, pensando que somos parceiros no CMC — ele é diabético e toma insulina quatro vezes por dia, vira e mexe o encontro ou na enfermaria ou nos corredores — ... então eu disse: tenho toxoplasmose cerebral. Ele: — O que é isso? Eu, é uma bactéria que se aloja no cérebro. Ele: — Não é verdade que você tem *Sida*, é? Eu disse: não. Neguei (pela terceira vez?), e tive que me esforçar para manter a máscara. Não e porquê pareço? Não... é... que... Quem te disse isso? Perguntei. Ele: — Eu ouvi de um marroquino, talvez porque ele pense que vocês brasileiros são muito sensuais, muito livres. (desconversando) Há belas moças lá, não há? É o que todo mundo diz... E finalmente é absolutamente preciso dizer que a fama corrente nos quatro cantos dos outros continentes, não se deve aos brasileiros como um todo, mas sim ao contingente feminino nacional começando pela forma. Todos acham que são as mulheres mais belas do planeta. Eu concordo. E que são sensuais, não pudicas nem muito permissivas; no ponto, algo entre putas e santas, um ideal de mulher. Concordo e não entendo porque estou até hoje, sem mulher que fosse minha.

Gosto de homens e sempre tive enorme prazer em me ofertar e possuir um corpo masculino, mas com o corpo feminino tudo muda, há algo como a azulada luz da energia do orgônio, a presença de Deus, o ser levado para o abismo da morte, o encontro natural da existência humana e total, sei lá. Sei que as poucas vezes que amei uma mulher, conheci o orgasmo. Uma ou outra foi apenas trepada, mesmo assim, sem orgasmo, me dilacerei de prazer. Bobas tantas dessas brasileiras que me perderam pros homens, que se assustavam com os homens, que tem medo de bichas, estar bicha, homossexual, pederasta, é um estado, não é isto que se é, isto é o que se pode estar, de vez em quando, ou parte de uma vida ou até toda uma vida. Conheci pouquíssimas mulheres que compreenderam isto e não ficaram preconceituosas e via de regra, haviam experimentado estas mesmas mulheres, o tesão comum sem muita importância em relação ao mesmo sexo. O mal foi darem muita importância a isto, não se pode, não se deve. Maldita a hora, já dizia Pasolini, quando institui-se o gueto, institucionalizou-se a bichice, criando um abismo intransponível entre homens e mulheres.

SOBRE A PESTE

Quando há esperança, estamos prontos para a guerra pela transformação. E quando cremos em Deus cremos na totalidade da vida, cremos no cosmos e como gregos, amamos com serenidade e como pagãos amamos a todas as criaturas. Quando amamos não queremos a morte. Infelizmente no meu discurso até hoje não temi a morte, mas sei que pragmaticamente ela me horroriza. E ao revés deste horror do bicho que há, haverá em meu sangue e em minha porra sagrada, a desimportância de que aquilo comece a corroer-me, comece a tentar assassinar cada parte de mim, tendo todo um organismo perfeito de testemunha passiva. Volta às origens, guerra de princípios assim foi desde o princípio, o bem contra o mal. Há luta sacrossanta, metafísica, transcendental e o vírus como tudo obedece, primeiro obedece estes princípios e eu... procuro, busco, imploro que esteja Deus a terra e suas vibrações comigo, então, sou apenas um guerreiro inespecífico e conseqüentemente parvo.

O importante é sabermos que, como dizia Artaud, visionário mestre e santo francês, mártir e referencial da modernidade cênica, que só quando a peste aparece é que tudo entra numa possível via de transformação. A peste instaurada é que suscita que o luxurioso se queira simples, que o simples se faça nobre, que o moralista se imoralize, que o imoral se empudiqueça, que os santos pequem e que os putos se santifiquem. Será isto, **o lugar, o ponto (o teatro)**? O vento zune, canta lá fora.

Afasto as migalhas, afasto a negação, afasto a ruína, a doença, a cela, o vírus na célula, recebo todas estas mortes e me quero vivo. E que cada um viva (de cabeça), todo um, o seu próprio mito. Se não os tiver de referência no primeiro dia, no primeiro pensamento, pense no dia anterior, no pensamento ou no exemplo de um qualquer antepassado. Se procurarmos no atrás, reparamos que ele traz em seu bojo, apesar de crueldades, uma bem-aventurança qualquer, já que perdeu-se o século todo e precisamos voltar sobretudo no Brasil onde o presente dói e o futuro apresenta-se incerto. E saber que quando olhamos atrás, vemos melhor o presente e espichamos nosso olhar esperançoso para o futuro. E quero (aprendi com Pessoa) temer a morte. Ah! Como quero temer o horror da morte. Em tudo, ao redor, da criança da rua, os rios, arvores e cachoeiras, a costureira da coxia vazia, a empregada preta que trás o pão, passa a camisa, faz feijão, os pretos da minha rua, das favelas, os meninos sem terra do mundo, os sem casa, sem afeto, sem irmão, os doentes, pobres, incompreendidos. Morte que não te quero viva, e me embrenharei nesta cruzada judia, cristã, grega olímpica, síria, européia, indígena, afro brasileira, taoísta, muçulmana, católica ecumênica. Olho pra trás e tento me lembrar da guerra, como lutar, antes como gostar de lutar, como cair de amores pela guerra dos Princípios. E eu aqui me quero São Maurício da Cruz, ou apenas Maurício com sua cruz, cruz de peso, mas eu sei que de letra minúscula. Que eu mereça o Devir, que eu teça a coroa, os braços abertos, o cimo, o cismo, a sina, a marca, missão.

Temos que molhar o corpo pra agüentar o calor. É uma estupenda manhã de verão, de céu cinza chumbo carregado. De madrugada acordo com os barulhos dos trovões e vejo a luz salutar dos relâmpagos que abraçam a paisagem e nos prometem trégua.

Acordo às sete horas com o servente pedindo os lençóis (para troca). Ponho meu paninho azul marinho forrando a cama desnudada, e volto ao leito. O céu derrama-se e levantando da terra vapores, traz um cheiro de terra profundo. Fumamos haxixe no pátio, eu e Alan. Falamos, filosofamos feito doidos. A chuva se tinha estiado e havia um refrescamento. Caminhamos sobre as poças d'água. Alan me escuta e sei que ele é um cético, que acha a idéia de Deus cabível para homens fracos. Cheguei a acreditar neste niilismo também, cada um com seu cada qual no tempo de cada vez... Não consigo me desligar do relógio que data 16:25 hs, faltando cinco minutos pra porta se abrir e eu ser chamado a telefonar. Ei-la aberta. O chefe me sabe no toillete, ele parte deixando-a aberta e assim deixada, é o vento que atravessa minha cela. Bendigo! Esse vento de verão, pós chuva, esse ar que me é familiar... Não tenho mais assunto. Sou um desassuntado. Poucas coisas de contar, de aumentar um ponto no conto, eu que me queria num canto, e me descubro assim parco como contante contador. Então, tento usar dos contos de cantos de outros mundoutros.

PRETOS

"Os brancos foram aqueles que abandonaram os espíritos"
A. Artaud

Na conversa com Alan, focalizo longe o preto de Gana, sozinho, conturbado, longe de seu sorriso habitual. Seus olhos brilhantes, sua cara sempre disposta, solar. Hoje vejo-o em sofrência, perdido, de cenho franzido, contrariado, daquele jeito transparente próprio dos pretos. Tenho dó, e escapo do Alan e de nossa boa conversa.

Sento-me ao seu lado, não muito próximo, com a distância devida numa tal situação com alguém que sofre. Em primeira instância, sem merecimento, sem ser culpado. O que mais contraria é que via de regra, isto assim se passa com pretos em qualquer canto do primeiro, segundo, terceiro, e quintos mundos. Penso as vezes que deve ser parecida com a história dos judeus ortodoxos que agradecem a Deus por não serem mulher, como se no inconsciente de machos, houvesse um grande e irrefreável medo, quase pânico, de qualquer menção de possibilidade de um Devir feminino. Nada além, penso eu, de que a consciência amedrontadora de que cabe a mulher o domínio real da vida, de tudo que há nela, sobretudo pelo seu poder imanente, restaurador, milagroso mesmo, de serem infinitamente transformadoras. Assim penso que se passa com africanos, seu poder é temido, sua maneira religiosa e feliz em acordança com os primevos poderes da natura, com a sua harmoniosa e temida cultura naif, inocente, é invejável. Por isso eles devem ser oprimidos, tiranizados, exatamente para que não venham a ocupar o lugar que lhes é devido, algo como o centro zênite do mundo. Os brancos saíram do seu lugar por sua infinita infelicidade e onde aportaram, conheceram terras infindas, paisagens de homens felizes, aztecas, incas, maias, tupi-guaranis, zairois, nigerianos, angolanos, martinicanos, singapurianos, filipinos. Ficaríamos horas desenrolando a ladainha, o terço dos oprimidos, das terras e suas gentes massacradas pelo colonizador... este via de regra branco. O continente africano como as Américas, foi dividido metade para os franceses e metade para os ingleses. A América do Sul, metade à Espanha, metade a Portugal, isso feito com a conivência, a adoção e aprovação de papas e igrejas. O mais terrível na história de tais colonizações é que não permitiram com o seu legado, sua herança de podridões, dar maneiras, vias de acesso a uma qualquer melhoria. Então chora independente e solitária, desvalorizada, longe da colônia e ao mesmo tempo, longe de si mesma, as culturas de pretos. Os glamoures do mundo. A terra da alegria de viver, do sorriso franco, aberto, entregue. Num mundo justo, seriam reis e príncipes, músicos e cantores, provedores da regozijante capacidade de comunicação com os deuses, com as forças primevas e isto tem mais a ver com o homem do futuro, Devir, que com a primitividade com a qual é confundida, ou se tiver algo a ver, deverá ser pelo tal do eterno retorno. Soam flautas andinas e lembro de dez milhões de índios sábios e harmoniosos com a natureza e o cosmos serem massacrados por apenas quinhentos europeus brancos. Tocam os tambores, ruge a caixa, o tarol e avisam à África, América, Ásia, sua iminente ameaça, o perigoso risco do ódio, vingança do opressor que veio verdugo, carrasco sem motivo, veio duro, amedrontando, aterrorizando, punindo exatamente os que não tem culpa, mas o que é certo é que mais cedo ou mais tarde o céu cairá sobre cabeças.

QUARTO ÂNGULO BLUES

Então, era pra contar que o preto de Gana sofria no pátio, oito anos de trabalho duro e nós brasileiros mais que ninguém sabemos o que são oito anos de serventia de pretos, preto de portas a dentro, preto pra todos os fins, ligar, desligar e religar o branco com a vida, mãos pretas que refazem tudo na terra, mãos de pretos donde todo o milagre é passível de frutificação, coração e mentes de puro alvar, algo de santos e também de mártires. Enfim, um povo que causa benfeitorias a tudo, a todos, até à paisagem ao redor. E basta, para não causar inveja. Bom, eu dizia a ele: você quer partir pra África? Ele: — Eu não, eu trabalhei oito anos sem descanso, eu tenho uma filha belga, uma esposa que também trabalha. Somos queridos pelos patrões, temos amigos, nossa vida aqui estava na iminência de se acertar com os papéis e meu patrão foi protelando, protelando, até que... Ele já deveria ter saído no quarto mês, o correto para um homem de caráter irrepreensível, trabalhador e honesto, e agora isso, que o deixa maluco: deve esperar mais dois meses o ofício de estrangeiros ou para ser reintegrado na sociedade belga com documentos e não no negro desta vez, ou ser expulso de volta a Gana. O que ele diz que aceita, embora não queira ser expulso, já que crime algum ele cometeu. Digo: procure o serviço social protestante e peça pra pedir ao teu patrão uma convocação de trabalho e escreva você mesmo do teu coração, e peça também pra tua mulher. Toca o coração (branco) do teu patrão. Assim o dossier pode melhorar. Ele se interessa, fica mais feliz, contracena comigo, diz que tem rezado por mim. Eu digo que rezarei por ele e assim nos irmanamos, e confessamos por nossas bocas que qualquer que seja o nosso destino, Deus que tudo vê e governa, é quem fará o que melhor for...

Estava aqui escrevendo na espera, creio que sempre criamos algo com a mente e o coração e por fim, com o espírito que espera... algo que sempre se espera adentrará pela porta, pelas portas do mundo criado, do mundo interior, suas janelas e frestas, se espera e hoje em dia talvez mais do que uma suposta boa nova, esperamos também sem querer, mas como que já avisados, pelo pior, algo que de repente tombará dos céus, virá em marcha pelo asfalto, entrará pelas águas, virá em forma de bala? Voando como um anjo, um míssil, uma rajada de metralhadora, ou um avião ou balão colorido e iluminado de papel de seda, um punhal. Eu aqui esperava a vez de ir à missa, de ir rezar, ouvir boas palavras, ver os presos, ver a bicha Feliciana, o holandês Lúcio o preto, enfim, encontrar meus homens, amigos, desamantes pelas contingências e o puto do carcereiro não me deixou. Acendo a luz de fora que ele vê do corredor e vem saber o que queremos. Eu disse: missa. Ele: — Eu falei com o chefe do bairro (chef du quartier) e ele disse não, que você não está dentre a lista de chamada dos católicos. Merda! Bééééh! Nem mais ir à missa posso. Pouco me importo sou preto nascido e amado miscigenado se me perguntarem amanhã cedo de que país? Digo venho da cozinha. O céu está cinza e agradeço por isto e quereria eu que ele, o sol, não aparecesse mais até o dia vinte. ALLAH HO AKBAR. Deus é grande, Deus é maior.

PRIMEIRO MISTÉRIO DOLOROSO

Meu vizinho preto bate na parede e na janela o escuto: — *Hei Abud?* Ouvi... — *Aoui!* — *Laisses tombés*, deixa pra lá, deixa cair (sobre não ser convidado a ir à missa). Penso nos jantares familiares que meus amigos suíços, cariocas, paulistanos, devem estar solenemente se preparando e sou contente aqui com minhas batatas frias, que junto com cebolas e tomates e me sei, me encontro fiel à minha sina, minha chaga, minha história, minha escolha. E deixo a vocês o direito de o que quiser falar.

Os presos são como os burgueses que trancados nas salas, vêem a TV. A diferença é que quando o filme é bom no sábado à noite, eles os presos saem às janelas e começam a conversar. Estonteante é a sensação de que o sonho vai no eu em si, misturado à realidade semi monástica, embolado à vida real: o chefe (monstruoso) abre a porta como quem abre o tampão de um buraco e adentrando feito um javali flamengo, se põe de lado deixando passar o servente (todos se contaminam pelo mal que ele emana e provoca) que deposita com rapidez brutal, às sete horas da manhã, a pequena garrafa de cerveja sem álcool, dádiva dominical obsoleta, e ainda a maçã pura, irrepreensível em sua colorida face verde vermelha, e avisa: — Você deve tomá-la durante o almoço, o chefe precisa da garrafa vazia ainda hoje. Quando a porta se abrira, a janela entre aberta coberta com o meu parco pano de trapos se descortina e desenrola-se no chão, aumentando assim a violência desta entrada militar, ignominiosa e ameaçadora. Deitado, impávido, miro-lhes, olhos nos olhos, com um olhar puro que acaba de nascer, eles saem como que fugitivos culpados.

FLORES DO MAL

A casa que não é casa é cela está limpa. Não há migalha de pão que se veja. Fiz algumas flexões e parti para as massagens. Não tenho conseguido fazer a sessão intensa e concentrada da cura chinesa já há cinco dias. Fiz algumas flexões, poucas, o suficiente para ter o mínimo de tônus.

Ponho minhas pequenas caixas de som na janela, aumenta-se a potência, talvez por causa dos ferros da grade e do ângulo que toma toda a cela. É MadreDeus, Teresa canta na janela. Queria ter 1.000 watts de potência e deixar soar, chorar estas guitarras portuguesas invadindo a prisão, o quarteirão e o bairro de Saint Gilles. A própria vila bruxelois, a Bélgica deitada, amedrontada em berço outrora esplêndido e entrando em cada cela acordar um simples homem preso, mesmo que ainda não condenado, e livrá-lo de todo o peso, todo o mal. Toquei com as mãos uma criança de uns dois/três anos no salão das visitas. Penso como pode ser que a tristeza já exista no olhar inocente e puro de uma criança, embora na melhor infância tenha primazia a alegria, mãe de todos os sentimentos, filha de Deus, a mais velha, a primogênita e preferida. Piso em duas lágrimas salpicadas pelo chão, tive um ataque de choro profundo, penso nas crianças, nos acontecimentos... As lágrimas vão pingando passo a passo e já não há mais milho seco nem pipoca, tudo é doce e devagar, como o verão seco e promissor e a promessa de Helene de me levar até o mar. Eu quero, eu quero, berro apenas dentro em mim, berro feito uma criança excitada pela convocação do mar. As lágrimas vem, deixo-as que escorram, que rolem. O fado, o vento, vou à janela e olho abaixo o mato que cresce. Eu que testemunhei cada broto desde quando era tudo bem seco. Ah! Lisboa, mãe boa desconhecida. Ah! Saudade que vai em mim do doce Tejo... E na janela, olho o rés do chão e vejo pasmo, em meio ao lixo e ao matagal, pequenas flores amarelas e outras vermelhas. E são papoulas, papoulas vivas! Oh! Meu Deus, ó vida doida! Ó beleza do amor, o descaminho humano de sempre encontrar-se uma dor. Quebro o meu contrato e acendo o segundo cigarro da parte da manhã, são quase meio-dia, os olhos a partir do choro estão enormes de inchaço, de vermelhidão, injetados, quero afirmar nesta minha prazerosa baforada e no contínuo movimento da pena hoje preta na folha branca, quero afirmar que... Não quero nada! Não, não quero nada. Deixem-me na sarjeta, no meio-fio da minha alma melancólica e hoje só comigo um fado *alegro ma non troppo*, com triste, andante quase galopantes guitarras e cordas portuguesas.

Meio dia. Hora aberta, conversa cósmica. Solidão. Vazio. Nada. Deus. É. O ponteiro do relógio do mundo aponta e dizendo tudo, não querendo nada dizer...

apenas o eu tremendo nesta cela e livre como nunca, quase liberto. E lá fora a candura desoladora da fina estética da natureza que propõe, entre o lixo abundante nos rés do solo (com os corvos e pombos que voltaram e que se nutrem e se provocam feito humanos) e os matos, poças d'água, lama, papoulas alaranjadas e vermelhas e pequenas flores amarelas. Sei que já está na hora de ir pra casa. De ir até o mar que se debruça ao norte e conhecê-lo frio, sem nada esperar de atlanticidades, algo como não esperar nada mais que a um mar morto. Ainda assim o quero e o possuo, pois que o quero já em tempo de memória de querer...

A JUIZA DEUREX ME ME

Vôo até a sala escritório onde Deurex estuda o meu dossier e a vejo acendendo um cigarro, talvez com uma xícara de café. O ruído de filhos que andam pela sala ou no jardim. O marido que faz a ducha no cômodo ao lado. A casa iluminada, a alegria e o conforto. Ela se detendo na carta de minha Dra. Katia, admirada com o inglês naturalmente bem falado no Brasil, com os juramentos de tantas declarações, de tantas generosas solidarizações. De repente ela pára, deita as laudas no colo estirando as pernas, recosta-se no espaldar da poltrona e olha a janela, e mesmo que nada veja vê tudo. Se pergunta porquê, o porquê deste universo em que subsiste, o porquê deste mundo louco, desta valorização mentirosa da drogaria, dos ungüentos, dos alucinógenos, dos excitantes, dos dopantes, dos entorpecentes, do porquê dos crimes, no risco que corre pelas portas a dentro, com um de seus adolescentes que ela o sabe, é ovelha negra, é perscrutador, é queredor e lembra-se agora daquele amigo dele marroquino, e tem garantia de que ele já provou da droga. Pensa no babado branco de sua veste de juíza e recordando, vê o meu olhar se levantando do plano médio (que donde ela me via era plano baixo), vê o meu olhar vermelho comiserado que sobe, atravessa o balcão, subindo receoso mas necessitado e ela sente a luz solar que irrompe nela mesma, na sua fazenda tecido preto brilhante, nos seus cabelos blondes, na sua pele de faces belas e apenas se dá conta do sol, pela luz imanente do babado da gola branca que reluz, branco, branco. Cruzamos nosso olhar. Eu não conseguira deter o meu, embora num átimo eu reze tudo, a ladainha dos pedintes, o terço dos oprimidos, a litania dos desvalidos, o pires na mão dos artistas, do menino naif, de minha pequena e parca sublevação... É que eu naquele instante encontrara a mãe no ser juíza, e desci rápido o olhar com medo que ela percebesse minha descoberta, que ela se desse conta, e a partir deste olhar me tranqüilizarei, sei o mundo no feminino e este mundo não se teme, nunca. Ainda que seja esta mulher o meu verdugo nada tenho a temer, sei que me deixará ir pra casa. E em meu delírio, vejo ainda agora na sua combinação de cetim prateado que realça sua pele bronzeada em seu movimento brusco de meter os pés sobre o assento da poltrona e seu interesse incomum de encontrar um dossier estranho, que prova, testifica a valia de um homem de bem, de um artista trabalhador honesto, diletante, cultivado, um artista que lhe disse ter vergonha de si como artista, como cidadão brasileiro e como filho de mãe, que desinformada de minha desvalia, de minha sina, desta peste prece que vai em mim, que me carimba o sangue, mas não me pende a cabeça, esta mãe desinformada que se ocupou de mim durante uma doença em leito.

ADMINISTRA-SE UM ARTISTA?

Sonho: falo com Gusik, o crítico humano inteligente, pronto a construir gênesis, começos e prestes a pular sobre o iniciado noviço e lhe conferir beijos como flores, abraços e guias, orientações feito pai criador, ensinador, constrói arte que gera, procria, menstrua e corre na veia arte. Na real falo com Gusik em telefonemas nos últimos anos e marco uma amostra no de mim mesmo, traçado, roçado, vermelho, rubro da vergonha do que fiz em mim, eu comigo em meu ato de contrição.

Então, falava com Gusik e perguntava: o que é que eu faço, não tô dando conta, sei que devo representar algum papel nesse décor artístico, tresloucado. Então, eu preciso de ajuda, não tô dando conta, administra-se de verdade um artista? Isto existe? Ou é utopia, ilusão, que a maioria tece como um preceito supersticioso e que nada nos dirige, à não ser a arte por si mesma, e arte engajada será foi sempre marginal, sempre deixou artistas nas sarjetas, sentados no meio-fio, com uma latinha para um convite, uma crítica, uma nova matéria, uma qualquer condecoração, uma celebração, já que vivemos artistas pra sermos queridos, já que nascemos sujeitos pra sermos queridos.

> *"Quanto mais contemplo o espetáculo do mundo* (ou o mundo do espetáculo) *(...) mais profundo me compenetro da ficção ingênita de tudo, do prestígio falso da pompa de todas as realidades"*
>
> Pessoa

LONGA JORNADA NOITE ADENTRO

Quase liberto aqui pois que liberdade quero ainda e não só da cela ou do vírus na célula, mas da própria vida exclamatória em mim. Litania da desesperança, diz o poeta primeiro. Litania da convalescença d'alma que sofre em mim, e não cessa, não quer, nunca cessa. Jazo, pode ser jazzo, pois que canto sobrepondo-me os gritos alongados, da morte de mim, de cada ser em mim. A realidade é lavar na pia uma muda de roupa, especificamente uma cueca que andava de molho. A realidade é uma inflamação com inchaço no dedo polegar e a dor que trás ao escrever. A realidade é pedir às horas que passem e abreviada a carceragem, sei que não se abreviará finalmente minha longa jornada noite adentro. Quase renuncio ao dia, ao supra valor que a porta se abra, mas sou um fraco, rezo a Deus, choro e promovo o que não posso, o que não é da minha alçada e me debato, enjôo, entedio-me, durmo, como, me masturbo, escrevo, leio e espero. Acompanha-me a música (portuguesa) e tenho às vezes a impressão que viver por si já basta. Poucos quereres. Quase nada, e aí, logo vem o estar pronto. Embora eu já lhes disse, confirmo, não estou pronto, ainda não. Me faltará eternamente a negação radical e invejável dos poetas, dos claustros, das celas, dos monastérios, dos castelos perdidos e solitários, dos quartos dos hospícios, dos hospitais, das casas de correção. Me falta o desdesejo, feita a escolha, falta-me dizer não, querer-me só regozijar com a solidão. Aprendi a amá-la desde menino, mas amo-a como se ama a noite na noite, sabendo que vai-se ela e vem o dia, e o sol e a chuva dos dias, feitos pra amarmos porque chegam, vem e vão, assim admiro e me construo em solidão.

Creio que hoje não há arte que não provenha de um certo ócio da alma, um sedentarismo do espírito, um ficar quieto, em silêncio com o fazer nada. Fazer nada é algo que a mim pesa como um fardo chumboso, procura ininterrupta de um espírito que carrega um corpo montanhoso, comprido, em busca de sentimentaria e prazer e obsessiva fuga de dor. Quero gritar da janela que já cumpri a minha pena, já sou novamente o santo que era. Grito pois que idéia grito. E se tomasse realidade por esta, estaria rouco. Dá-me caminho. Dá-me que perdi. Então, será Deus esta tristeza calma, quase fraca que vai em mim?

Recomeçam os medos, o veredicto finalmente daqui a nove dias, o medo da condenação. O que mais me aflige é o tempo que me resta de clausura destas vinte e duas horas fechado e os cuidados com a alimentação. Não agüento mais esta sopa ração aguada noturna. Não posso sentir cheiro de queijos, nem de frios, me dão enjôo. Tudo o que numa noite fria brasileira em boa companhia é sinal de... O tratamento médico, me irrito, acabo de receber o ungüento com cheiro de éter para desinflamação do polegar que começa a latejar e me impedir de escrever. Agora mesmo enlevecço quase que toda a força do toque da pena, senão dor. E como disse o poeta:

"A tragédia é bela de observar-se, não de vivê-la."

Supondo então que eu escreva e que estas mundanas palavras queridas foram escritas com dor real, banhadas num líquido asqueroso secretando do dedo, molhando o papel branco que sedimenta secreção e sentimento, produtos de um mesmo corpo e alma. Deito e procuro não pensar no veredicto. Deito e tenho o *Livro do Desassossego* comigo. Abraço-o ao peito, não por ser Pessoa pai, mas por ser um objeto qualquer, parte de mim, assim como quando estamos tristes, sozinhos, solitariamente carentes, podemos por na boca a caneta, o dedo, o pincel, o lenço, a carteira, o documento, o bibelô, a flor, a fotografia e nos acarinhamos, não sei porquê, talvez pra diminuir nossa dor comiserada. Assim ressonava eu e Pessoa no peito, minha metafísica, e realmente aconchegava a mim mesmo. Perdido ser da mesma espécie.

PROTESTANTIZA-SE BRASIL!

Culto protestante. A emoção poderosa do cristianismo, sobremaneira, simples e divina. Filosofia, cultura cristã na exuberante negação da liturgia católica, de tapetes e ouros e brocados e títulos, interesses políticos, e terras roubadas e pedras preciosas e uns que disseram e muito: cortem-lhe a cabeça! fogueiras e tantos disque disques. Basta! Protestamos. E dali protestantes saíram levando seu canto, suas Bíblias, palavras de Deus, sua franca e transparente liturgia despojada. Sua fervorosidade. Seu romantismo estóico, sua vigilância com o sagrado, sua esperança e credibilidade, confiança no Absoluto. Protestantiza-se Brasil e assim vês se descobres o valor da tua gente. Assim como os pretos da América do Norte, a protestantização estará para o pobre brasileiro na mesma proporção de necessária dignidade civilizatória.

PEQUENA SUJA SEM CHOCOLATES

Estava na cama, dez da noite, a luz azulada prateada confunde sempre, funde na mesma cor, possíveis amanheceres e anoitecer. É tarde em mim, não há trevas nem luz, há apenas uma sensação morna, meu medo intacto, mas dormente que quer e vem a tona e eu afago-lhe os ombros duros, a face mórbida, os maxilares presos.

Levanto, não resisto ao naco de chocolate e a memória eterna da pequena suja no poema da Tabacaria. Lhes falava dos medos. Então, eu punha a pomada que me deu o oftalmologista para os olhos nos ouvidos, já que tenho ruídos estranhos e a sensação quando vou dormir de algo se movimentando dentro deles. Li a bula, era otorrino. Meti nos ouvidos e tive a ligeira melhora. Chamo o médico hoje, ele disse pra parar. Olhou dentro de meu ouvido (ritus desintimista) e disse: — É, é assim mesmo. Puto, saí sem ele explicar nada. Escroto, finge que não entende o meu francês, um riso amarelo, fingido. É assim mesmo o quê? O que é assim mesmo? Orelha de aidético, é isso? E quanto a inflamação no dedo, diz que me mandará uma água para eu fazer imersão por dez minutos. Que ódio! Saí rápido, não sei o que tem nesta água. Não há nada que eu mais deteste do que utilizar, consumir alguma droga ou produto, sem saber de verdade do que se trata. Mergulho o dedo numa água verde clara com cheiro de éter, o dedo está mais inchado e penso, espero que talvez seja este o processo e trate-se de uma água que puxa. Lateja. Latejo. Aceito que outro a fazer? Lá fora os rapazes conversam. Fecho a janela, não tô a fim. Impossível o calor. Masco o último chiclete que é bom para os dentes...

SEGUNDO MISTÉRIO DOLOROSO

Penso no meu amigo que me deu de presente o primeiro vidro de Hivid, o anti viral. Tirou a receita, disse que eu não deveria lê-la, pois que era fácil impressionar-me. Fiquei aviltado, mas tava acamado com a toxo, que não era toxo, e sem energia até para briga. Aceitei, já que diferentemente do Azt, tomei e não senti picas. Bom, aceitei, também pois que imaginava que fosse lê-la logo a seguir. Merda! Entrei na prisão antes que o vidro se acabasse e aqui também não dão a bula, portanto, contrariamente à lei de direitos humanos. Tomo o meu quarto vidro de Hivid e pela primeira vez na vida, ingiro sem saber o quê, apenas porque me mandaram e o medo me acena o suficiente pra não querer outra infecção oportunista, malfeitora. Não, não aqui, não quero e não vou gemer pra estas paredes.

Jogo a ponta do cigarro por entre as grades, e eu não acertando o buraco, faço espalhar as cinzas no parapeito que acabara de lavar. Antes de lavá-lo, bato os pés em sinal ao vizinho de baixo, o marroquino mais bonito e mais forte, viril, um garanhão terno e suave como uma fêmea, depois de bater os pés sinalizando, deixo a água correr, me faz tão bem. Desde criança durante a vida só repito o ritus generalizado de minha mãe. Paredes, vitrôs, janelas. Mãe renovava os ares, até de casas alheias. Mãe lavava com água. Sempre tenho a noção da purificação sentida, experimentada, já que em São Paulo a classe média da periferia lavava as calçadas, ainda se lava! Cresci de pé no chão de barro vermelho e pés no chão de cimento de calçadas lavadas. Então, joguei o cigarro e fui obrigado a jogar um pouco mais de água pela sujeira espalhada pelas cinzas, esquecendo-me de avisá-lo, pecado, já que via de regra, o príncipe marroquino está sentado no parapeito da janela, imóvel. Ele que é sereno em sua solidão, já está com seis meses de cadeia e sem julgamento. Só ouço os chingamentos na sua voz rouca, grave de bofe que não está para brincadeiras. Ficou puto, já havia acontecido antes e eu pedi desculpas e disse que quando fosse lavar o beiral da janela, daria um toque. Hoje inclusive me atrevi a chamar-lhe pelo nome *Mohamed, excuse-moi, excuse-moi*, gritei. Merda! O dedo da outra mão, o segundo, o vizinho do mindinho, também começa a inflamar, vou escrevendo com ora um, ora outro, emplastrados do ungüento que não sei do que se trata. À parte que sinto o cheiro e a frieza intermitente do líquido com éter. Sempre o éter esteve relacionado com o espiritismo e era o sinal concreto de que algum bom espírito estivesse operando seus milagres ou transformações. Estou seminu com o meu calção, o largo de algodão colorido. Escrevo com o pé sobre a cadeira, e fitando-me vejo meu pau belo, grande e escuro, quase preto, me orgulho sempre que meu pau se fotografado solitário, desmembrado de meu corpo, possa ser reconhecido com um pau de negão, ou ao menos de mulato. Dorme querido, dorme que amores e agrados eu te prometo.

COMENDO PELAS BORDAS

> *"Quanto mais eu faço amor, mas tenho vontade de fazer revolução,*
> *quanto mais eu faço revolução mas tenho vontade de fazer amor"*
> Pixação de muro, Paris, maio, 68

E é importante confessar que sei onde contraí o vírus, ou onde deixei porta aberta pra que ele entrasse em mim. E Deus? Pois eu nunca deixei de querer-Lhe, mas me deixou naqueles momentos, órfão sem si. Ou ao menos a nossa mania de usarmos Deus como aproveitando dele de verdade, assim quiseram milagres os judeus, os gregos, os egípcios, indianos, muçulmanos. Deus que (é) mãe (e) protege. Pois que não me protegeu. Ou me protegeu demais, e finalmente nós de nada entendemos. Somos galinhas tontas e quando assim teorizo, construo um Zênite Meca com a cruz, com o falo, com a árvore, com o mar e me apago pelo nada, sendo eu, e sou mais um, apenas um mais outro, nestas liturgias, ritos cerimoniais. Quando nos entregamos pelo totem, pelo rito, cremos e vem então fé e esperança — única hoje possível forma de revolução — ter fé e esperança num mundo que se desmorona e clama melhorança. E se batermos a cabeça, dobrarmos os joelhos, se totemizarmos. Então, eu delirava ou devaneava que se pedirmos, implorarmos... (implorarmos é o máximo da humilhação, não é?)

Deus é medonho, avisa pai Saramago, este Deus de Amor, é medonho. É um Deus (triste e divina imagem e semelhança) sujeito a paixões, achaques, quereres e não quereres. Então, Ele vai dar-nos de volta a imunidade, tem me dito em sonho — ou seria desejo d'alma profundo? Eu não tenho outro a fazer, pois neste monastério, não só da prisão, mas no que tenho comido pelas bordas de toda a colcha de retalho que é a vida de artista e nesta sarjeta da privação condenso tudo o que já ia em mim. E não quero a crença no em nada. Quero Deus, quero humanidade.

DEUS SE COME-SE

Lá fora o canto santo. O chamado à oração é como a fulgurante luz trespassada no bisotê do cristal, e o som límpido do mesmo cristal movente. Às vezes imagino uma grega que tenha perdido a hora da consulta com o oráculo, porque ficou nas termas e adormeceu. E então apenas acode o chamado na segunda vez e assim logo na terceira chamada finalmente está pronta e desperta e atenta. Então, de vez em quando, eu como fosse grega dormente ou preta descalça, e apenas na terceira vez, consigo *acordar* para o esforço natural da devoção das práticas espirituais. Quando não se tem arte (feitura) ou religião prática, não se tem humanidades nobres. Como sempre eu hoje não estava em mim, e saído de mim, submisso e entregue ao pensar e por isso perco as outras duas. E quando conseguimos dignamente ficar totalmente envolvidos, eu quando presencio estas chamadas de Deus, a devoção dos homens me tira o fôlego e me amansa, e é ela que tem me nutrido alma neste oceano desolador da vida vivída, aqui ou em qualquer acolá, e saber isto me faz cada vez mais querer ser menos profundo.

A primeira vez: **ALLAH Ho AKBAR** termina o coro de sapos homens. Deus é grande. Deus é maior. Deus é único. Até os pássaros param pra ouvir. Virá tal canto d'alma funda, pura e serena, anima de vida humana. Deus parece então Deus chamando por Deus. Conheci um poeta das ruas de São Paulo grafiteiro e filósofo, que grafitava os postes com cores e hieróglifos, amava um especialmente: **DEUS SE COME-SE** falava ele. Repito: DEUS, QUER-SE à si. Nos quer, quer tudo. E eu o quero. Tambores batam, canções de mantras búdicos, indianos, taoístas, pontos, hinos, evangelhos, Deus pede culto. Esta é a lei da tradição. Imutável. Se perdemos este fio, nos jogamos e assim tantos estão fazendo no abismo do não ser nada da humanidade. Fatalidade humana que fosse esfinge, a mesma que um dia dissera: melhor homem era não teres nascido... Digamos que não temos escolha, o novo homem afinal, não é convidado, é escolhido. Por isto esse Deus, Dio Boia (Deus carrasco), diriam os venetos meus antepassados e não encontraríamos paganidade tamanha nos brasileiros ou nos asiáticos sírios ou africanos, que por já serem mais pagãos não conferiram similitude a esta expressão.

SILÊNCIO

Se Deus não se criasse por si. Nós o teceríamos como que tecendo um simulacro.
Teceria de mão e coração o ídolo, a efígie, a estátua, a porta do templo, o tabernáculo, o sudário, o santíssimo, o fundamento.

Os dias custam. Hoje no pátio pela manhã caminhei com os pretos, e nossa tristeza nos iguala, irmana. Fiquei dez minutos com o espanhol novo na ala. Ele é realmente péssimo, pessimista, mal humorado, fica traduzindo o que fala o outro espanhol, e eu lhe digo duramente: Eu compreendo tudo que ele diz, não tem precisão que você o traduza. Ontem ele começou uma briga com outro marroquino, e pela sua maneira de ameaçar, sei que não é um bom sujeito, ao contrário, é mau sujeito, desses tipos que desprezo, nem pra sexo valem a pena. O Alan anda ocupado com o jordaniano, que acabou de se mudar pra esta ala. Eu o já havia encontrado no comboio para o palácio, onde geralmente todos os presos vão bem vestidos, isto é, com as roupas que "caíram" no dia da prisão. Ele então era relevante figura, além do caro e discreto figurino, tem algo nos cabelos brancos, na cara morena, de grandes olhos e sorriso farto. Deve ter uns setenta anos, sei que já fez três cirurgias do coração e vendo-o caminhando e gesticulando a falar com Alan, caminhando à minha frente, vejo nele nobreza, refinamento e serenidade. Seu filho tem uma loja de turismo na Califórnia, é seguramente gente de bem, mora na Suíça, e imagino que sua família deverá estar passando seus bocados. Roubou-me o amigo, e o consinto assim, bem o merece, o Alan, que é também um bom homem e assim tenho maior liberdade. Embora sempre prezando-o, faço de tudo pra não ficar, caminhar só com o Alan. Agora então, borboleteio como sempre. Admirei tal movimento do afeto humano.

Então os pretos, os turcos, os espanhóis, me perdoem não ter outro cognome, mas este é o usual na prisão européia, é tão usual e serve pra tudo, e finalmente pra nada, assim como os números dos presos. O que gosto nesta vida de escritor obrigado, é o travão sob a mesa e o rosc, rosc do barulho do pé, e da sensação do roçar das meias entre eles e a madeira. E já se vão bem oito dias que não faço mais do que massagear as mãos e com extrema dificuldade pela inflamação no dedão. Esta mesma dificuldade que me atasana ao escrever, mas eu aqui solitário espectador de mim mesmo, sei como nós sabemos, que a platéia ainda aplaude, ainda pede bis, a platéia só deseja ser feliz.

Os corvos grunhem, pelo jeito se exilaram por um dia ou dois. É sempre estranho olhar pros altos dos telhados das torres e vê-los plácidos, expectantes, nenhum outro animal, ou mesmo pássaro ficaria tão verossimilmente empoleirado nos tetos de um cárcere, como um corvo. Testemunha da realidade passiva e metafisicamente atraente, falador da linguagem da metafísica. Sinto que aqui o mal é transmutado por milagre da lei dos homens e do temor a Deus. Pois que não sei se já lhes disse que sou um neo-pagão ecumênico cristão moralista. Sim, sim eu quero, exulto e admiro, sou um discípulo do bem. Penso na vigília que meus amigos e mãe fizeram no dia do julgamento às três horas da madrugada. Todos em jejum, em orações e sei que o velho que fora julgado naquela hora — o caso de quinze milhões de dólares, que pegou a condenação irrisória de doze meses de prisão — tirou vantagem nisso. Deus sabe o que faz, e tenho certeza que a corrente fez com que ele também tirasse proveito, assim como o marroquino *fachê* mal encarado que entrara antes de mim. Todos tiraram proveito das antenas de fé brasileira. O mais incrível é que hoje o marroquino me trata bem como se tivesse sabido que as Marias que rezaram em vigília eram minhas...

PAI PESSOA

"(...) Tenho de escrever como cumprindo um castigo. E o maior castigo é o de saber que o que escrevo, resulta inteiramente fútil, falhado e incerto"

Crio. Creio. Escrevo no canto da mesa. Tem hoje prioridade a salada, e o regozijo de poder contar com ervilhas e cenouras. A mesa está posta, o pano de prato branco e sujo com listras vermelhas (para mim, memória de árabes, ou italianos plebeus é comovente), o vidro de mel, encontrado como oferenda às seis e meia da manhã, quando o carcereiro abriu pela primeira vez a porta. Agradeci o mel de presente. Desde sempre não há ungüento ou bálsamo, sumo ou caldo, que se assemelhe com o mel. Nem palavra, só a palavra fel que é tão exuberante, embora comece com éfe e não com o eme, de mãe, de Maria. O fato de estar escrevendo no canto da mesa é pra não incomodar a solidão da ceia do poeta solitário e humano. Escrevo eu despoeta, inigual, eu também solitário, mas diferente como poucos, eu que ainda sou-me. E aqui neste cantinho de madeira de pinho, conchavando com as almas habitantes do mim mesmo, tento sair e tirar-me do inferno e pra isto, devo tecer, coser um livro, um manifesto, um ensaio, canto esotérico, científico, sei lá, só não me perdoarei se eu entrar pela estatística, pois em mim vai a impressão de que o fato de mergulhar o dedo no ungüento verde limão transparente tem me ajudado a desinfetá-lo, embora eu escreva as últimas vinte laudas tentando calcar o mínimo a caneta bic. De verdade, um livro deveria ser lido no seu manuscrito, assim teríamos outra dimensão do escritor; em primeiro lugar que ele se apresentará (como tantos) impreciso, falho, sujo, deserudito, e na maioria dos casos, com os borrões de letra feia. Em seguida, como no caso de atormentados românticos em que o estilo da pena transcreve a literalidade da letra signo, ou transcreve momentâneas esquizofrenias, e nos remete a subir com eles escadas íngremes de estados da alma ou a descer ladeiras deslizantes, escorregadias de humores de achaques e de paraísos fluídicos de relaxamentos. Conhecendo a letra, podemos nos cansar mais, mas teríamos a dimensão clara, o sabor ruim dos miasmas, o sabor bom dos lagos tranqüilos e cais paradisíacos. Assim é a parábola do viver a vida, formas imprecisas — precisas do ciclo do ir e vir, subir e descer, entrar e sair. E afinal, a escrita foi feita para ser lida e na lida da lida da vida para cansar-nos. Cansaço que há em si descanso. Somos outro(s) e melhor ser outro(s) quanto mais outros houver neste(s) outro(s). Desassossego que sossega. Mas, quanto mais sinto e compreendo o dessentir, passo momentos de querer fugir do mim. Hoje recebi uma carta e um telefonema, que mãe não vai bem desde o dia do julgamento. Sentiu coisas estranhas, foi ver o coração, disse que parecia passar bem... Rezo a Deus e me comovo a mim mesmo com a minha prece conversa. Primeiro que eu mesmo havia prometido não chorar pra Deus. Falar com Ele feito homem maduro consciente das dores e prazeres, de opções, sortes, proximidades e distanciamentos... Mas quando pedi na reza pra que Ele poupasse outra crise, pra que não deixasse aquele provérbio dito popular nacional, de que quando vem uma desgraça, vem outra atrás de outra, e suplico-lhe com joelhos em solo não próprio nem pátrio pedindo uma trégua. Não, agora mais não. Este ano mais o ano passado bastam. Nenhum brasileiro que me rodeie, agüenta mais uma má história. Súplicas, implorações... e o destino, o Deus que se quiser, dará, provendo. Sei de mim que no choro criança, desvergonhei-me e tirei-me os véus, as vestes, assumi tudo. E por isso estou pleno. Cheio. E vazio. E passo como não querendo nada, e sabem que minto, pois que daqui sair eu quero, preciso. Inxalá...

O REI ESTÁ NU

Da janela ouço os presos e suas falas repetidas...
O pão preto, ou cinza como dizem aqui, hoje veio realmente especial, macio, tenro, úmido. Certamente sentirei saudade do pão de prisioneiro, o pior é que conheço esta alma doidivana que é a minha, sei que na memória estará marcada indelével esta vã estadia. Sinto saudade desde já, e caiamos na real nem sei quando será o dia da partida. Como repetem aqui, tudo depende de *la tete de la juge*.

Eu, menino Jesus, eu plebeu desvalido, eu à margem, eu no centro, na perda vitoriosa, eu no banco dos réus, eu Monsieur X réu comum, pequeno, bandido amador. Mas minha culpa é enorme, não por este crime que casualmente me engaiolou, mas por tantos, sobretudo o pior, por ter escolhido misturar arte e vida, clamar sim, prescrevendo, revolução antiga, hoje imprópria e só punitiva, ou melhor, só tolerada pelos menores de dezoito anos e drogados. Que mundo quis melhor e por que e pra quê? Recebo a paga do não e conceber que o mundo é mundo e ele que se crie, se foda, se exploda, se aglomere, se suje e se destrua como quiser, que invadam o Brasil, que o vendam à Austrália, já que óbvio seria se dissesse aos EUA, que acabem com os teatros, ou que já acabado este, que consumam teatro de má qualidade, que coroem os que acharem reais, já que os reis são os que estão nus.

O cheiro da comida sob o meu nariz me faz querer não escrever, embora não tenha fome ainda, e não quero a mesa retirar... Quero ir pra casa, podem compreender? Ou falo muito, falo óbvio e repetido? Tento não mais enumerar as paginas, daqui pra frente, certo de que isto facilitará a minha entrega, certo de que modificará alguma coisa, pois esta vida de encarcerado vai ficando tediosa como a vida normal, e vocês sabem, estamos aqui para transformar o tédio em flor, é preferível que escolhamos e a assumamos dor, produzindo gestos que tirem o eu do si mesmo e chegando mais perto do eu mim, distanciando-me. Creio que ai resume-se o conceito artaudiano de que Teatro (Arte) sejam entradas e saídas.

Hoje me quero forte, ao menos os braços, e encorpo o bícepes, o trícepes, flexiono, me canso e me entedio, mas não desisto, me quero mais bonito. Tenho medo de ser soropositivo e feio, não suportaria tanta marginalização, nem minha, nem deles, nem de vocês. Não sei, mas vocês sabem e se passa igual com vocês, feito a burguesa de peruca loira do livro de contos de Fonseca (um primo irmão de Rodrigues), a burguesa bandida, segundo a plebéia do conto, vive no espelho... e eu vivo a me mapear, olho-me os olhos, os dentes, a boca, as gengivas, a pele do corpo, do rosto, toco, reconheço cada sinal, cada espinha, cada diferente bolinha, textura, calor, frio, pelos, cabelos, me perscruto, me sei de olhos, de ponta de dedos, de cheiros, de buscas, de fato e fatalmente busco em mim desnormalidades. Normal?

E mãe me fez bem quando desde o princípio, idéia Teatro, me impulsionou, diferente de mãe dela, vó minha, em quem eu também via mãe, que sendo vó e mãe dizia: — "Quando você vai arrumar serviço?" Eu rio agora lembrando dela, eu dizia: vó, eu trabalho muito, dou um duro danado, dirijo, produzo, dou aulas, cursos, escrevo e ela: — "E quanto ganha?" (titubeio): vó, por enquanto pouco, mas logo, logo. Ela: — "Então isso não é trabalho, eu tô falando e quero que você me fale de serviço, desses que a gente empreende e no final do mês tem algum (faz gesto de grana) de volta." Antes tivesse caído na real previsto a sabedoria simples, o óbvio das palavras de velha avó materialista (ou concreta?).

MÃE PESSOA

Saudade... não quero que aperte-me o peito a saudade da minha avó.

Olho o calendário, retiro a folhinha de hoje, faltam agora sete dias para o fim ou o começo de tudo. Preu ser-lhes franco o que queria de verdade era não me importar com tudo, com a pena, a praia, a viagem, o todo mundo, o emprego (que aliás, nem sei se perdi), a condenação, a prisão, a saúde, a alimentação, o buscado, a expulsão, minha valia, a des, o sim, o não; estou farto desta minha supra valorização (sem tréguas) dos valores, dos quantos do mundo dos homens. Sou eu então, mais um canalha, mais um pobre diabo, avacalhador de vida vivida, um mendigo do ser.

Abro as pernas e movo-as pra lá e pra cá, meu pau fica duro, mexo mais as pernas e se tivesse paciência poderia ejacular. Tentei não enumerar, mas vi que o bloco se desfez na brochura como os outros, e sei que corro o risco de se espalharem os papéis. Como já me conheço não tão organizado como em primeira instância aparento, fui obrigado a trazer a centena de sete que andava desnumerada desde a página setecentos e dois. Estamos na dezessete, e a mim me parece que nunca antes eu escrevera tal número. Há algo nele de estranho, algo de três cruzes, 717. Setecentos e dezessete.

Estou no *Livro do Desassossego*, página trezentos e setenta e seis, onde encontro o ouro do reino, a pedra filosofal, o elixir da longa vida, e não posso acreditar.

Não é mentira, embora eu como amador e poeta aponte a mim mesmo como um industrializador de mentiras. Não posso descrever as pérolas que encontrei no final do livro. Vacilo em continuar a pegar as páginas restantes, penso em deixá-las para amanhã. Bebo água, acendo um cigarro.

Vou à parede e retiro a folhinha do dia doze, então compreendo o cabalístico número setecentos e dezessete e volto à parede. Treze de junho, resolvo repegar a parte do *Desassossego* separada, restante. Começo pelo fim, vejo uma foto sensualíssima do poeta mãe, me dá um certo tesão. Leio as referências sobre o autor. Duas coisas máximas me fazem agradecer sem cessar, sabendo construindo-me sonhador e místico. Os fundamentos como homem, cidadão, artista, sonhador e amador das almas que sofrem, que procuram como eu... Na última folha se revela: hoje faz aniversário de nascimento o Mestre, precisamente cento e oito anos. Exulto, e o não menos incrível é saber que ele viveu na África (do Sul) e agora tudo pra mim tece-se mais obscuro e claro do que nunca.

> *"Já que não podemos extrair beleza da vida, busquemos ao menos extrair beleza de não poder extrair beleza da vida. Façamos de nossa falência uma vitória, uma coisa positiva e erguida com colunas, majestade e aquiescência espiritual. Se a vida não nos deu mais do que uma cela de reclusão, façamos por ornamentá-la, ainda que mais não seja, com as sombras dos nossos sonhos."*
>
> Pessoa
> O velho poeta

À MINHA MÃE

Amar, pensar na saúde de minha mãe, na paixão humana que carrega de amar um filho, de amor ao filho, padecimento em paraíso. Mãe, eu te peço, vai devagar, não aumenta o pendão da minha lida, e ao mesmo que te digo, vai e te ama, tísica dama, dor e camélias. Tu que carregaste laranjeiras em tua cintura fina de menina, que mesmo na dúvida, acreditavas em mim, desde sempre, sabendo que irias dar flores, e por elas, gerar o melhor, outra flor, mesmo que de pétalas negras, e se não fosse assim, tu jesuificarias teu filho, e o entregarias feito tu o Abraão, pois desde cedo me encaminhaste ao templo, à imolação, a entrega. Tu sofres e a cada dia percebo o quanto não sei amar.

E amanhã falo com mãe no telefone. Sai desse romantismo, ô mãe. Ser mãe de um romântico, basta! Vives, mas distancia-te. Eu e tu, pobre mãe. E sei que o que dói, é saber que disponho eu de mais instrumentos do que tu, e nada! Pobre filho, esvazio-me, me descubro nada, sem medida, sem valer, sem valia, sem valor, até sem amor, ou com o amor que está doutro lado, de fora, de longe. Embora hoje saiba que meu distanciamento me permita por amor respirar fundo a cada dor de vida, a cada desliberdade, em qualquer cela, de qualquer caverna, em qualquer quitinete de qualquer grande cidade, na solidão terrível do lugar no campo, do sem amigos, do teatro vazio, do não esbarrar mais em ninguém, em algo que sinalize profundo, nem com o teatro. Então nada, nada entregue, todo valor dado, supra valorização não! nem da arte, nem da traição, mas sim de humildades. Não, por isso dor de minha mãe eu distancio.

Não sei se na folha passada eu decantei-a em poesia certa e disse o que a um filho cabe dizer. Vai mãe querida, te enfia na tua dor e vive-a, pois que de ti invejam os anjos e os mártires. Vai minha Dama. Então, acordo da frase poética, eu que estou cansado de poetas, cansado destes, inda mais os românticos, trágicos, e digo: não mãe, pára com isso, nada de tísica tosse, não temos tempo. Sinto-me incompleto no que queria ter dito e não disse, por pura amorosidade, pouco estofo literário, pouca areia pro caminhãozinho (que é obra literária escrita com sangue humano e choro e secreções e mucos), que é o barco da obra de gente louca (poeta) que se quer obra e se quer, se precisa, deve ser arte. E eu aqui na minha humilde veste de algodão, no meu sangue sujo que hoje se depura e me purifica, ou me faz procurar depuração na minha raquitidão, na minha maneira vulga, plebéia, marginal, pedinte, barroca, maçante, confusa, sem estilo ou pluri, poli, singular, diferenciada. Aqui vou tirando os véus de noites e galgando o fazer a cada dia amar a língua, a palavra, o verbo, a ação — linguagem. Há o sol lá fora que volta a brilhar.

THE WALL

Me acho um caso de amoroso fragmentário, sem estilo, cheio de rupturas e embananamentos. É que de verdade estou aqui perante esta mesa, olhando a foto do Rio antigo no cartão postal, um Sebastião de Boticelli, uma Assunção de Rubens, um Oxaguiãn de Caribé, (este é o meu orixá no Candomblé, o último e paradoxalmente o maior). Sensação incômoda e gratificante de estar aqui, correndo linhas, tintas sobre a folha branca e uma constatação: primeiro de que gosto deste projeto monástico de sentar na cadeira e mesmo com os cotovelos na mesa e as mãos segurando o peso da cabeça que fita, que nada quer e sem alternativa que caiba, deito a pena a rolar... Não posso mensurar o que seja mais dolorosamente ambicioso e vil, presunçoso e barato, quase ridículo, ouço vozes, ridículo. Pois tá bem, que ridículo é ser-se sem olhar outros que já foram, por isso nada me resta senão continuar querer sendo, sê-los. A segunda constatação é muito pior, pois imagino que só estou aqui de frente a mesa e tudo que eu já lhes descrevi e ia me esquecendo que além da folha deitada, há em minha frente a parede em pé... e o muro? Pinkfloydiano, te lembras? É o muro, e sem politicismos ou desarquiteturações, são necessárias as desconstruções, as demolições dos muros. Então, é terrivelmente cruel a revelação de que não há saída, porque há o muro, e não há revolução que de mim possa brotar que o faça ruir e me deixar passar, e este muro além de parede, além de The Wall, é o ser em mim e toda a minha herança. Então, confesso que a segunda constatação, é que talvez seja eu um quebrador de muros. Palavras que ouvi quando criança e não conseguia decifrar. Esse menino não é baton, mas está em todas as bocas. No meu caso de garoto sacana que vivia sendo bulinado e bulinador de homens, meninos e meninas já na tenra idade. Meu tio veio falar comigo me perguntando sobre sexo, no final da conversa que não demorara muito, me disse: — Quando você tiver que fazer, faz sozinho. Faz sozinho, confesso que cheguei a beijar o espelho, a esfregar-me na parede porque o pinto eu já tocava, e não achava que ele falava disto de sustentar-se. Achava que ele falava de uma real possibilidade usada pela humanidade habitualmente de se fazer sozinho.

NÃO TENHO MAIS ASSUNTO

Então, eu contava que sentei na mesa e tive a sensação que era melhor eu procurar outra coisa pra brincar, outro jogo, jogada. Sim, pois talvez um livro seja estrita e fatalmente uma jogada humana, uma jogada de vida, em tudo que a palavra brasileira trás de força e de certa bandidez. Senti vazio, o vazio de não ter mais assunto, ou melhor, não mais ter forma de assuntar... forma de assuntar reparem...

Rasguei o dedo com o aparelho de barbear quebrando-o, usando-o como agulha, fendi a base do polegar sobre a unha no ponto H do pulmão, saiu, com uma dor causticante, um quase nada de pus, que fazia latejar muito, creio que só assim vai melhorar. Meto-o no copo com água, gozando os saberes da alopatia sempre desprezada, como um ser especial que houvesse encontrado a(s) estrela(s) do Oriente. E apenas hoje sei, o que é a estrela do Oriente.

CHAMBRE 57 AINDA OS ÚLTIMOS NÚMEROS

Eu e Nelson, o preto de Gana, falamos com intimidade quase dois meses, e só hoje descubro que não falo inglês o suficiente, nem ele o francês para que conversemos mais que dois ou três minutos. Estranho, hoje há um abismo entre nós, de língua. Feliciana, encontro agora no pátio, está trabalhando de servente e pode freqüentar os dois pátios de manhã e à tarde. Estou pasmo, um jovem belga pegou 8 anos (5 de sursis, 3 fechado), cumpre 12 meses, por 100 ecstases, pegaram com ele 15.000 FB (500 dólares) e junta-se as declarações e mais a associação com sua própria esposa na venda da droga. De qualquer forma, apesar do agravante da associação, é muito pesado. Fiquei impressionado com a juíza, que até então pensei ser justa e provedora de chances. Ele é primário, é muito. Alan acha que é porque é um novo mercado e eles devem ser rigorosos para dar o exemplo, já que é tão fácil de encontrar na Holanda e não há fronteiras com a Bélgica. Em paralelo, há o caso dos pretos com 108 quilos de cannabis que pegaram 8 meses (2 anos/primário). Báh! Não é fácil mudar de assunto no pátio. Estou exausto, ainda mais com essa inflamação horrorosa no polegar, dá dó... Acho vergonhoso quando tomo com o olhar (sem ver) um plano geral e aéreo da folha sobre a mesa e vejo tantos números, quantos, valores, datas, e sei que isto penaliza fluxo de escritura realmente criativa. Isso me faz pensar que tenho ainda a caminhar enquanto credor da fé, enquanto adulto independente, enquanto culpado que assume e deve aceitar. O preto Oliver está calmo, feliz até. Passa também no 57 e confia, caminhando atrás de mim no corredor de volta do pátio, espalma as duas mãos nas minhas espáduas e diz: — ALLAH HO AKBAR e completa com a fala árabe, Inxalá. Estou eu aqui de novo rejeitado num sábado à noite impedido de ir à missa. Lá fora o sol brilha, querendo veranear e sei que ele virá mais forte, estando eu em Saint Gilles, em Lowvan, em Bruges, em Saint Hubert, estando em território belga ou nacional, sim ou não, ele virá mais forte, próximo, quente e brilhante e impassível, sobre os maus e sobre os bons, não é assim? E Deus não. Não há ao menos que eu conheça ou tenha ouvido falar, qualquer tradição ou cultura que conceberá a idéia de que Deus seja impassível, seja testemunha passiva de nossos bons e nossos maus.

OXAGUIÃM

Então, há que se lutar assim, sem paradeiro, sem cesso, trégua, porto, atalho, descanso. Assim, se a luta pela sobrevivência tende a levar o Deus em si, e por isso é sagrada, então, eu me corôo novamente e me ofereço berço, cova e caixão sobre meus pés descalços. A coroa de ouro eu entrego-me e ainda um escudo dourado, pois que pedra, espada, caixa e cajado eu já lhos encontrei, mas não consegui levar-lhes sempre comigo. A lenda de meu orixá Oxaguiãn, é exatamente esta: chegar todo de branco e ser sujo de lama por Exú, e aí, ser confundido príncipe que é com um mero andarilho emporcalhado. E assim tomado pelo que não é, malvisto e proibido de entrar na festa de Xangô, este que deveria ser o primeiro, provido de toda a anfitrianidade, fora maltratado e só reconhecido e reparado quando todos os convivas já estavam no banquete. Portanto, o primeiro fora o último no panteão mitológico afro-brasileiro.

Os últimos serão os primeiros?

EXEUEU BABÁ ÊPA BABÁ

Eu lhes comecei a falar da mão inflamada e quero dizer que ela ferve. Procuro posições da caneta pra tentar não pirar. Estou aqui tirando caspas e vendo se acho uma via pra esquecer de tudo e todos lá fora, e só pensar no presente, estar aqui, com alguém invisível, abstrato, mas a quem eu me dirijo concretamente! comigo, e com ninguém de fato. Já que de fato, você está aqui apenas em teoria, em devir, em possibilidade e eu estou como sempre estive, e agora mais que nunca um artista combalido, marcado, mais maldito, e por isso mais político do que nunca, de quem tudo pode-se esperar. **Quando perderam-se as amarras...** "*A moral está presa em mim por um fio tênue*", diria Genet. Zerei e agora tudo é uma possibilidade, qualquer passo, ato, é o número um, mesmo que pese chumbo ou que não valha nada. Assim como este fruto abortado de minha rasa literatice. Me sinto banana verde colocada na estufa pra amarelecer. Aceito. Mesmo porque não tenho outra escolha, mas de verdade aceito porque o bem em mim é o meu maior território.

ORA NÃO RIAM DE MIM

Duas folhas de alface sobre a mesa, um tomate vermelho.

A voz do preto vizinho do lado. Vou partir hoje para África. Vai com Deus Nelson. (ele não compreende) With God! Bonne chance. Fecho os olhos, boa sorte a nós todos, rezo à Deus. Domingo, dezesseis, sete horas da manhã. O carcereiro me acorda, revista a cela e pergunta se quero ir ao pátio. Levanto-me e digo sim. Tomo o café e aguardo, rezo e leio. Olho pelo espelho, já estão todos no pátio, logo compreendo, o besta do carcereiro me esqueceu. Acendo a luz para chamá-lo, grito no vão da porta: ei chefe, ei chefe. Fico puto e digo pra mim mesmo manter a calma, como se eu sofresse do coração. Sempre hoje em dia digo: te aquiete, calma, de nada vai adiantar enervar-se. E por instante me vi, se eu fosse outro, a quebrar o espelho, os armários, a pia, a mesa, a cadeira, os vidros da janela, e me senti bem com o estrago e com a ameaça deixada clara, do que o monstro em mim pode ser capaz. Na realidade, engulo a fera, já que de fato este não sou eu, e falo pedinte com o carcereiro: o pátio. Ele diz: — "Mas você não pediu". Eu disse: por favor, se não caminho, venho a ficar louco. Ele abre a porta, exulto como um beijo de gente amada. No pátio, caminho ávido de movimento, de minha janela antes de sair, vi os corpos lindos, esculturais dos presos jovens e morenos.

Senhor Victor, estou apaixonado por ele (fala um francês delicioso, calmamente), não se diz que este homem tem alta pressão arterial, parece manso, tem humor, é inteligente e de uma elegância nobre. Não me canso de olhar-lhe os dentes, são dos poucos sãos desta fastidiosa paisagem, são brancos, fortes e limpos. Ele me pergunta o que eu tô fazendo aqui, longe do meu país, eu digo porque sou idiota, imbecil, um louco. Ele mangando: — Isso nós já sabíamos, agora por que você está aqui? Falo do documento dos avós italianos, de desistir da cidadania européia (afinal pra quê?). Só não falo do projeto carta à ONU, ao departamento de saúde, patrocínio de antivirais para artistas que conheço. Fodam-se se acham que.

Dormi, almocei, dormi novamente e já lhes falei de certo, como é terrível acordar na prisão dentro da cela, seja manhã ou o sono leve da siesta. Hoje dormi pesado, profundo, sono de justos. Levante alguém a mão a dizer que não o seja eu. De verdade, neste esforço me parece que chego a produzir o regular e tudo que se não suporta é teatro ou literatura de qualidade regular. Pode ver filme regular, um comercial regular, um quadro, uma escultura, uma canção, uma dança, um texto. Mas não um livro, nem um espetáculo de teatro, estes últimos se não forem no mínimo bons, é um pavor, melhor não vê-los, não tentar comê-los correndo-se o risco de indigestão ou de flatulência. Imagino que ser preso em Roma deva ser de faltar os ares. Vantagem de poder cozinhar na cela e comer entre "amigos". Vantagem da beleza rasgada e sexual italiana, de um certo clima de festa, de *buo appetito*. E desvantagem dura da espera louca da retardatária lei italiana e de suas penas consideráveis, como Suíça, Espanha, Portugal, Dinamarca e França. Consideradas penas duras, a condenação é normalmente dobrada nestes países. E não casualmente é onde o tráfico em termos de violência, tráfico em si, pessoas envolvidas, consumidores e overdoses é imenso. Cada dia cresce mais... No caso de países como Holanda, Suécia, a desimportância quanto ao valor da droga gera certa tranqüilidade. Aqui da minha solidão, da minha longínqua distância do mundo vivido, *au delás* da ilha messiânica terra dos futuros; a Ilha Brasil. Aqui do meu coração não triste, mas querendo o amor, acreditando sim, porquê não, que construiremos uma territorialidade de terra prometida na mais bela das paragens.

A Europa toda, sobretudo os vizinhos da Holanda pressionando-a a serem rudes com a droga e o ministro e a opinião pública holandesa, verdadeiros na recusa de acreditarem na não necessidade de serem mais severos, já que sobretudo, o índice de violência, criminalidade e mortalidade (overdose por heroína de habitude neste continente), é duas ou três vezes menor em terras batavas. Quem disse que não existe primeiro mundo? Ele talvez seja pra mim branco demais e isto assusta, mas é inegável o nível civilizatório. Os coffee shops de Marijuana, os clubes, os magos agricultores, o posicionamento político do "saberem", que é menos mal que o tabagismo ou o alcoolismo, e isso por si só deveria ser propagado ou ao menos liberado.

FIM DO CICLO ALÁ E

Fui avisado às oito horas que não podia ir ao pátio, pois veria o diretor e me mudaria em seguida à Pre Fabr, onde os presos comem juntos e começarei meu trabalho na biblioteca. De fato, fiz a mudança, agradeci por aquela cela, 5.208. Agradeço de estar livre daqueles monstros, deixo saudade da minha visão das árvores e das casas dos burgueses que avistava da minha janela.

Comecei a trabalhar no mesmo dia, o chefe do atelier é um fotógrafo preto de cinqüenta anos, refugiado político da Tanzânia. Vive há trinta e cinco anos na Bélgica, onde é refugiado político desde sessenta e seis. Um quilo de heroína, sete anos de prisão, condenação fortíssima. Ele diz que é pelo racismo europeu. Não se pode ter dúvidas, é de verdade transparente a discriminação européia a qualquer que não seja branco. Ele é vivante, inteligente, passamos a tarde conversando e eu preocupado com o trabalho. Vocês não podem imaginar como aqui torcemos uns pelos outros. Há muito tempo não convivia no social, na comunidade com tantos compadecimentos e solidariedades, torcida, vibração. Aqui está claro, livre das perseguições dos guardas feito babás ridículas atrás da gente em tudo, haverei finalmente de viver um pouco do glamour genetiano da vida carcerária. Homens de corpos fulgurantes, emoldurados, sacanas, amigos, solidários. Ternuras masculinas que por necessitarem tanto na ausência desvalida da presença do feminino, tornam-se assim o mais feminino possível. Sabemos que o feminino não está apenas em corpos e almas fêmeas, o feminino provedor e primeiro, habita no todo, em tudo. O regime Pre Fabri se apresenta neste quarto mês de prisioneiro como uma casa de burgueses. Tem-se de tudo, todos estão felizes, há em tudo um sentido comunitário, na alegria grave que advém da segurança, diria Genet. Sei que quando Dra. Krywin falou que eu amava Jean Genet, naquele seu timbre de voz sonoro grave e ao mesmo tempo sereno, os tapetes tremeram na sala e como não havia tapetes no Palácio da Justiça, os quadros tremularam e como também não havia quadros nas paredes do Palácio, os vitrais rangeram, assim como as portas nas suas ricas madeiras de lei, de florestas européias, africanas, americanas e asiáticas, vilipendiadas por esta mesma inventora de tribunais e leis européias.

UMA COLONIA DE FÉRIAS PARA ADOLESCENTES MALCRIADOS

Estou na Pre Fabri. A visão dura da nave central, o céu carregado, chove, segundo dia do verão belga. Me esforço o máximo pra conseguir escrever com o dedão quase engessado. Fiquei três dias sem escrever, hoje sinto falta, necessito. Em verdade, por acaso no oftalmologista ontem vi a enfermeira simpática e lhe pedi que visse meu dedo. Se esperasse até segunda-feira, como propusera o médico da ala B, tava fodido.

Ouço a música nova da Córsega e preferia não existir. Não ser, ser algo ou outro que não eu. Mas fatalidade minha, sou o que sou, nada nem outro além de mim mesmo. Já há quatro dias do veredicto e a causa do polegar inflamado e de uma certa recessão, um recolhimento interior, não consigo voltar ao escrito. E ao mesmo tempo, uma sensação de que não faço grande coisa, e que de fato, não levei a cabo meu projeto anterior.

Este último parágrafo custou-me quatro dias sem escrever. O dedo inflamado, o ritmo duro do Pre Fabri, falta de tempo e uma certa melancolia sem nome, sem me deixar ao menos sofrer... Chove lá fora e só por causa desta última frase me sinto novamente descalçado, virgem e poderoso. Ouço as vozes dos homens lá fora que ilusoriamente nos remetem à rua. Como já disseram isto aqui parece uma colônia de férias severa para adolescentes malcriados. Na biblioteca escrevo à máquina preenchendo fichas.

ÚLTIMA PERSONAGEM
SERENA SÔDADE NA MADRUGADA

José, o português que tem a filha de dezesseis anos e outra de onze com a mãe em Nazaré, que é um pobre otário, que descobriu há alguns anos que gosta de homens, foi delatado por um amigo à sua mulher e mãe, ficando a partir daí sabido por toda a família e a comunidade de Nazaré. O suficiente para que ele fosse descobrir na carne o que conhecemos como proscrição: o desrespeito da mãe, do pai e dos (tão amados) irmãos... José tá preso e garfou quatro anos. Terá de cumprir dezesseis meses, pois é primário. José tá na cozinha trabalhando no meio de marroquinos assassinos, assaltantes de bancos, ladrões das altas paragens, príncipes do mal condenados a penas altas, que perguntam ao franzino dador de pinta, bandeiroso e alegre gay português de última hora — gays atrasados são terríveis, vão fundo, parece que precisam recuperar o tempo perdido. Tantos bofes não amados. Tantos tiques oprimidos. Pois na cozinha, o árabe mais amedrontador dos brutamontes lhe indaga, e já vejo eu aquela bicha franzina encostando o corpo na pia pra ver melhor o primeiro reconhecimento de sua desvalia, o árabe indaga: — Mas o que você tá fazendo aqui se você é um pacífico?
Ele responde: — Eu também me pergunto que que eu tô fazendo aqui...
A privação que experimento é um mundo de viagens nos muitos eus e vou parar com este assunto agora, pois tenho medo de afirmar que estou gostando da prisão, ai que merda. Mas o que queria dizer é que queria continuar a viagem, e ao mesmo tempo, a saudade me chama. De verdade, acendo um cigarro e sei que não fosse a peste, não fosse a crise, a prisão, estas vidas ungidas em dores e privações e desejos de transformação constante, eu diria que não tô pronto ainda pois o que me espera, a minha lenda pessoal, ao menos é a tentativa do grande golpe, da grande anarquia.

EPÍLOGO
O VEREDICTO

Fui condenado a três anos de prisão: 18 meses de sursis (liberdade condicional) e 18 meses de reclusão. Destes 18, cumpro um terço. Pois que sou primário, (sem antecedentes). Cumpro então seis meses de pena. Mas, o Ministério Público tem ainda 25 dias para *apelar*, se não estiver de acordo com esta sentença. Então lá atrás eu quis confessar a vocês que não queria escrever assim como tenho escrito e não querido escrever todos estes anos. Queria me guardar em silêncio, assim depois teria o senso célebre e grave do tempo que tudo matura. Acordei às seis e meia e gosto do dia assim. Rezei em jejum, antes fiz minha ablução, lavei as mãos, a boca, os olhos, depois limpei a casa, o chão. Trabalho como um escriturário comum, melhor dizendo, como um bibliotecário comum, doe-me as costas. Consegui finalmente fazer a ducha às onze horas, a hora reservada para os bibliotecários que não se cumpria há quatro dias, parecia uma criança ante a possibilidade do banho, eu e o preto manso. Cantei, dei gritos no banheiro e assim talvez me livre das infinitas caspas que me cobrem a cabeça e as orelhas. Eme, meu protetor e chefe, embora não existam detentos chefes, assim eu o considero, me trouxe mais duas fitas de salsa e vendo o estado de meus sapatos me levou diretamente ao vestiário. Isto é um enorme privilégio em Saint Gilles, estou de sapatos novos, elegantes e pretos. Lá fora em minha homenagem, o verão se retarda, vem a passos lentos.

A BÉLGICA expulsa dezesseis mil cidadãos estrangeiros em um ano
Dias passam... Hoje nesta correria do Pre Fabri, tirito de frio. Trabalho com dor de estômago dada a correria constante, a regra dura do tirar-nos a nós o tempo, talvez a primeira e mais derrisória desterritorialização, parecido com a vida moderna que corre sem Deus. No pátio, uma conversa fiada, abobrinha, conversa fora, jogada, risos soltos, um baseado, dois portugueses, dois brasileiros, eu um, eu com eles, e sobrou pra mim o cotó do baseado, que já não tem mais nada e ainda na terceira ou quarta baforada (nesta altura que estamos, em *train de faire*, na terceira já podemos nos confundir com os numerais, isto tem de bom o canabis THC, desvincula-nos, nos deixa incapazes a discurso, dos quantos masculinos e brancos). Morremos de rir, enquanto o Leal contava como era a tourada portuguesa, tourada com seis ou sete homens, nos chifres, no dorso, no rabo e o chicotear de corpos no ar, na terra e a proibição estupenda do assassinato do animal. Cada vez mais sou apaixonado pelos portugueses, além da língua mãe, a mais pura e a mais doce, suculenta, a mais bela. Além dela, a bonacidão, só um Portugal poderia gerar um Brasil mesmo que em pecado, em genocídio, roubo e formação... ai gênese minha que não quero lembrar dos cinco milhões de índios.

ALGUNS DIAS SE PASSARAM...

Faltam exatamente nove dias pra definitização da condenação. Hoje escuto, Bruxelas tem sete portas ancestrais, seus homens partiram na guerra dos cem anos a proteger Jerusalém, e só depois de muitos anos é que voltaram quase mortos, famintos e doentes. Suas mulheres, mães, esposas e filhas foram encontrá-los fora da cidade e depois de muito custo, é que reconheceram seus homens e os carregaram de volta a Bruxelas nas costas... O número sete é vital pros belgas. Foram edificadas construções, avenidas, instituições, relevando o número sete. O ocultismo das sociedades secretas e místicas e o espiritismo é corriqueiro. O autor de Asterix, o gaulês, é belga. Então, Bélgica é a Gália, o povo que resiste tão bravamente aos romanos, mais por sua pureza naif do que pela sua luta armada (embora os gauleses sejam uns touros em força). Estou quase compreendendo o que virá a ser a poção mágica, lendária, eu chego lá. O ar está puro, limpo como se próximos do mar, ou na alta e sempre santa montanha. O taoísmo aponta sete montanhas sagradas na China. Há também os lenços brancos dessas mesmas mulheres bruxelezas. As daqui, na gênese da cidade, esperaram, perderam, reconheceram e choraram como em tantas outras Atenas, os seus homens, e por isto passou o lugar a ser santo, como a Praça das Loucas, ou o Largo dos Enforcados... Eu adoraria estar vendo Bruxelas com estes raios de sol brilhantes, com a atmosfera limpa como neste sábado de antigamente, como se toda a cidade fosse de verdade uma boa e fiel vizinhança quase feliz. Existem cidades que num dia de sol podem ainda conservar esta noção pura (campesina) da realidade frágil e magnânima dos dias em que todos estão nas ruas.

No almoço de hoje, mais um belga renega sua terra, sua cidade bruxeleza. É mais ou menos comum os suíços, os europeus de língua francesa renegarem sua pátria, mas com os belgas, é uma regra sem par. Na mesa, o brasileiro aproveitando o ensejo, pergunta ao belga que chegou ontem: — "Você sabe da história belga?" Ele diz: — "Não, não sei quase nada da história da Bélgica." Sei no fundo que não é verdade, é que ele não lhe quer dar o valor. E completou: — "Prefiro a história francesa." Michel, um belga inteligente e gentil, disse que não havia necessidade de existir esta terra como país delimitado, que a França devia ficar com o seu pedaço, assim como a Holanda e Alemanha. E infantilmente o brasileiro terminou dizendo: — É uma terra muito pequena. Irritado com o comentário raso e violento do meu conterrâneo, me afasto da turma, e estou só como sempre fui, no meu percurso de exilado.

Pela história de Bruxelas, pelo Asterix, pelas mulheres que carregaram seus homens nas costas, por saber que a TV quase inexiste, por conhecer um pouco de seu teatro por fotografia, por lembrar dos espelhos exportados para a Casa Colombo no Rio de Janeiro, por reconhecer o homem de teatro que trocou Bélgica por São Paulo, pelas flores da Primavera que me enternecem indo enclausurado num camburão, por Brel, Brughel, Bosch, pelos pretos que andam encasacados nas ruas, pelo seu senso nenhum de pátria, pelas suas sete portas, por seus filhos descarados — e isto tem em cheio a ver com o Brasil, com o estado de ser brasileiro. Negar, talvez pra não cair morto de amores, orgulho e reconhecimento, ou talvez, por não querer admitir amar o que não é politicamente correto, ou esteticamente concreto. A fraqueza, a pequenez, a desvitória na concorrência do mundo ocidental dos primeiros mundos de vencedores e fortes.

> *"Um dia talvez compreendam que cumpri (...) o meu dever nato de intérprete (...) e quando o compreenderem, hão de escrever que na minha época fui incompreendido, que infelizmente vivi entre desafeições e juízos e que é pena que tal me acontecesse".*
> Deus em Pessoa

FIM

(um africano bate na parede, vou até a janela) Ei, mon amie, não deixa cair!

Lá fora voz árabe grita e não canta. **ALLAH HO AKBAR**

Não sei se tenho palavra boca osso me resta a sensação ultima da esperança que guardo como se ainda fosse filho de minha mãe. Na vitrola Barbará, queimo um buquê de menta seca envelhecida que me acompanha desde o começo deste mundo do cárcere. Imediatamente entram na minha cela, um "chefe" após outro, indagam atônitos crendo surpreendendo-me no supetão a fumar da erva…digo eu: é menta seca meu querido chefe! — Sou obrigado a levar tua lata de lixo para certificar-me, isto tudo é muito estranho... Entrego o saco plástico de lixo e ponho-me a rir atrás da porta e logo que saem, rio alto, que gargalho frouxo, vivo. E só agora me dou conta que rio de um europeu, que poderei rir sempre de todos os europeus (ou quase todos) e também só agora me dou conta de que a ultima cena in *Notre Dame des Fleurs*, era a queima de papéis, queimo as folhas então eu, pra dar a mística mais valia. Não os papéis mas a matriz erva sagrada, menta de meus antepassados, que me proveu da saúde nesta estrada dolorida, que me ungiu do estomago à alma, o cerne centro de meu corpo.

Isso tudo, drogas, tentativa de achar um riso frouxo, mais nada além de que um paraíso artificial, algo como ir a praça ensolarada em dia de festa, saudade doída, como faz tempo... *"Já faz tempo eu vi você na rua, cabelo ao vento gente jovem reunida"* Ai Ah! Anos 60, frutificado em nós, em mim, ramos de flores em jovens cabeças, um sonho um querer sonho utopiar com pios baixíssimos.

Aeroporto de Zaventem, ultimo sol que se cucha comigo e parte como eu. Em mim a dolorida alegre sufrança da volta, no check in, excesso de peso, mais de um metro linear de livros, algum chocolate e queijos pra meu pai, pra não deixar de ser cidadão comum que tem família e ente querido.

> *"Pertencer, eis a banalidade*
> *Credo, ideal, mulher ou profissão*
> *Tudo isso é a cela e há algumas livres."*

RIO DE JANEIRO SEIS MESES DEPOIS

Comecei a chamada tríplice terapia que claramente é o mais moderno e eficaz combatente ao vírus, os testes de carga viral hoje fornecidos pelo Estado brasileiro, juntamente com os medicamentos, e tudo de forma gratuita, comprovam o status vanguardísta nacional, que causa, e causará espécie nos primeiros mundos, e devo dizer que este avanço é creditado à Justiça brasileira e só depois à Saúde... Os 900 dólares a serem pagos pelos medicamentos de ponta, passaram a ser oferecidos gratuitamente a soropositivos pelo sistema de saúde pública. O Brasil dá um exemplo de solidariedade ao mundo moderno, levando ás últimas conseqüências uma corajosa luta aberta pela quebra de patentes para a produção de antivirais, e não apenas protege seus cidadãos, mas sobretudo e isto é honroso demais, atenua o sofrimento de povos que estão sendo dizimados pelo flagelo das contaminações.

Depois de dois anos com testes de carga viral negativo, significando que o vírus ainda pode agir, mas já não se encontra no esperma ou corrente sanguínea, garante um alívio imensurável no que diz respeito a poder transar com um(a) parceiro(a) e não ficar apavorado com medo de contaminar alguém.

Um profundo mal estar comemora sua quase vitória entre nós, na maioria dos lugares e nos corações humanos do planeta. Tempos de degenerescência. E ainda assim, apesar de tanto mal, reza em todos nós, e em todos esses mesmos lugares um todo bem.

equinócio da primavera do ano 2006

Este livro foi composto em Agaramond e Humnst pela *Iluminuras*, com filmes de capa produzidos pela *Formacerta* e terminou de ser impresso no dia 12 junho de 2007 na *Associação Palas Athena*, em São Paulo, SP.